职业教育新形态
财会精品系列教材

"十四五"职业教育国家规划教材

U0647197

纳税实务

微课版｜第6版

张瑞珍◎主编

杨艳俊 杨静 左卫青 刘善国◎副主编

TAX PRACTICE

人民邮电出版社

北 京

图书在版编目（CIP）数据

纳税实务：微课版 / 张瑞珍主编. -- 6 版.
北京：人民邮电出版社，2025. --（职业教育新形态财
会精品系列教材）. -- ISBN 978-7-115-66374-0

Ⅰ. F812.423

中国国家版本馆 CIP 数据核字第 20257G5W66 号

内 容 提 要

本书依据《教育部关于全面提高高等职业教育教学质量的若干意见》和国务院印发的《国家职业教育改革实施方案》的要求，以财政部、国家税务总局全新修订颁布的税收法律法规为主要依据，针对高等职业院校学生的培养目标，按照办税员岗位的工作内容，设置了走近税收、增值税、消费税、城市维护建设税及教育费附加、关税、企业所得税、个人所得税、财产和行为税八个学习项目，以岗位技能为导向、任务为载体，将工作内容与理论知识紧密结合，能够帮助学生充分掌握税收知识与办税技能。

本书可作为高等职业院校财会类专业的教学用书，也可作为各类企业在职会计人员的培训、自学教材，以及各类企业管理人员的参考书。

◆ 主　　编　张瑞珍
　　副 主 编　杨艳俊　杨　静　左卫青　刘善国
　　责任编辑　刘　琦　王　振
　　责任印制　王　郁　彭志环

◆ 人民邮电出版社出版发行　　北京市丰台区成寿寺路 11 号
　　邮编　100164　　电子邮件　315@ptpress.com.cn
　　网址　https://www.ptpress.com.cn
　　北京鑫丰华彩印有限公司印刷

◆ 开本：787×1092　1/16
　　印张：15.25　　　　　　　　　　　2025 年 4 月第 6 版
　　字数：396 千字　　　　　　　　　2025 年 8 月北京第 2 次印刷

定价：56.00 元

读者服务热线：(010)81055256　印装质量热线：(010)81055316
反盗版热线：(010)81055315

前言
FOREWORD

党的二十大报告指出，要全面贯彻党的教育方针，落实立德树人根本任务。《国家职业教育改革实施方案》中指出，要按照专业设置与产业需求对接、课程内容与职业标准对接、教学过程与生产过程对接的要求，完善中等、高等职业学校课程设置标准。在遵循国家政策指引、反映税收法规变化的前提下，我们修订编写了高等职业院校财会类专业适用的这本《纳税实务（微课版第6版）》。本书有以下主要特点。

（1）在编写理念上，本书坚持落实立德树人根本任务，遵循高职财会类专业学生成长规律，以专业核心课程为切入点，适应专业建设、课程建设、教学模式与方法改革创新等方面的要求；校企共同开发，企业人员深度参与，突出体现"以学生为中心"的职业教育理念和产教融合特征。

（2）在编写体例上，本书针对课程特点，采用"项目"形式来编写。除项目一外，本书其余项目均由"项目引入""相关知识""项目实施""项目小结""练习与实训"构成。项目中还加入了"视野拓展""试一试""记一记""查一查""AI助学导航"等小栏目，增加了本书的德育性与趣味性。"练习与实训"精心筛选了一定数量的习题和实训题，供学生检测学习效果。"税收史事专栏"则选取学生喜闻乐见的税收历史故事，着力讲好中国税收故事。

（3）在内容选取上，本书设置了走近税收、增值税、消费税、城市维护建设税及教育费附加、关税、企业所得税、个人所得税、财产和行为税八个学习项目，在符合国家教学标准的基础上与岗位实践、技能竞赛及资格认证考试融为一体。本书内容还体现了税收政策变化频繁的特点，依据最新税收法律法规编写。

（4）本书体现了"互联网+教育"的智慧学习理念，学生用手机等终端设备扫描书中二维码，即可观看视频，实现移动学习。

（5）本书依托智慧职教MOOC搭建了全方位、立体化的"纳税实务"课程资源体系，配套教材《纳税实务习题与实训（第3版）》与本书同步出版。

本书由张瑞珍任主编，杨艳俊、杨静、左卫青、刘善国任副主编。各项目编写人员及分工如下：项目一、项目二、项目三由淄博职业技术大学张瑞珍编写，项目四由武汉浙科友通软件有限公司刘善国编写，项目五、项目六由淄博职业技术大学杨艳俊编写，项目七由淄博职业技术大学左卫青编写，项目八由淄博职业技术大学杨静编写。张瑞珍负责全书总纂和定稿。

由于编者水平有限，书中难免存在不妥之处，敬请广大读者批评指正。

编　者
2025年2月

目　录

CONTENTS

项目一　走近税收 001

相关知识.................................001

一、认识税收............................001

二、税的征收与管理....................006

项目小结.................................017

练习与实训..............................017

项目二　增值税 020

项目引入.................................020

相关知识.................................021

一、增值税的基本要素及税收优惠.......021

二、增值税应纳税额的计算.............033

三、增值税出口退税制度...............041

四、电子发票（增值税专用发票）.......044

五、增值税征收管理....................046

项目实施.................................048

一、计算应缴纳的增值税税额..........048

二、填写增值税及附加税费申报表......048

项目小结.................................059

练习与实训..............................059

项目三　消费税 065

项目引入.................................065

相关知识.................................066

一、消费税的基本要素.................066

二、消费税应纳税额的计算.............074

三、消费税征收管理....................082

项目实施.................................084

一、计算应缴纳的消费税税额..........084

二、填写消费税及附加税费申报表.......084

项目小结.................................086

练习与实训..............................086

**项目四　城市维护建设税及
教育费附加 092**

项目引入.................................092

相关知识.................................092

一、城市维护建设税....................092

二、教育费附加及地方教育附加...........094

项目实施.................................095

一、计算应缴纳的城市维护建设税税额及

教育费附加 095

二、填写城市维护建设税及教育费附加申
报表 095
项目小结 095
练习与实训 096

项目五　关税 **098**

项目引入 098
相关知识 098
一、关税的基本要素及税收优惠 098
二、关税应纳税额的计算 101
三、关税征收管理 103
项目实施 104
一、计算进口关税应纳税额 104
二、计算出口关税应纳税额 104
项目小结 104
练习与实训 104

项目六　企业所得税 **107**

项目引入 107
相关知识 109
一、企业所得税的基本要素及税收
优惠 109
二、企业所得税应纳税所得额的计算 117
三、资产的税务处理 125
四、企业所得税应纳税额的计算 128
五、源泉扣缴 131

六、企业所得税征收管理 132
项目实施 133
一、计算应补缴的企业所得税税额 133
二、填写企业所得税纳税申报表 133
项目小结 143
练习与实训 143

项目七　个人所得税 **149**

项目引入 149
相关知识 150
一、个人所得税的基本要素及税收
优惠 150
二、个人所得税应纳税额的计算 157
三、个人所得税征收管理 168
项目实施 171
一、计算应纳个人所得税税额 171
二、计算预扣预缴个人所得税税额 171
三、填写个人所得税纳税申报表 172
项目小结 174
练习与实训 175

项目八　财产和行为税 **180**

项目引入 180
相关知识 181
一、城镇土地使用税 181
二、房产税 188

三、车船税 190

四、印花税 194

五、耕地占用税 199

六、资源税 203

七、土地增值税 209

八、契税 215

九、环境保护税 218

十、车辆购置税 221

项目实施 225

　　一、计算应缴纳城镇土地使用税、耕地占

　　　　用税、房产税税额 225

　　二、填写纳税申报表 225

项目小结 227

练习与实训 227

参考文献 **235**

项目一　走近税收

素质目标

1. 培养学生爱岗敬业、诚实守信的职业道德
2. 培养学生遵纪守法、诚信纳税的意识
3. 培养学生团队协作、团队互助的意识
4. 培养学生一丝不苟的职业精神

知识目标

1. 掌握税收的概念和特征
2. 掌握税制构成要素
3. 掌握税务管理、税款征收的法律规定
4. 了解税收法律关系
5. 了解税收的分类
6. 了解税务检查

能力目标

1. 会办理税务登记业务
2. 会领购发票

相关知识

一、认识税收

税收是政府收入的重要来源，是人类社会经济发展到一定阶段的产物。社会剩余产品和国家的存在是税收产生的基本前提。马克思指出："赋税是政府机器的经济基础，而不是其他任何东西。"[①]他还指出："国家存在的经济体现就是捐税，工人存在的经济体现就是工资。"[②]恩格斯指出："为了维持这种公共权力，就需要公民缴纳

[①] 马克思. 哥达纲领批判[M]//马克思，恩格斯. 马克思恩格斯全集：第19卷. 北京：人民出版社，1963：32.

[②] 马克思. 道德化的批评和批评化的道德[M]//马克思，恩格斯. 马克思恩格斯全集：第4卷. 北京：人民出版社，1958：342-343.

费用——捐税，捐税是以前的氏族社会完全没有的。"[3] 19世纪美国大法官霍尔姆斯说："税收是我们为文明社会付出的代价。"这些都说明了税收对国家经济生活和社会文明的重要作用。

在我国社会主义制度下，国家、集体和个人之间的根本利益是一致的，税收的本质是"取之于民、用之于民、造福于民"。只有使发展成果体现在人民生活水平和质量的提高上，才能真正实现社会和谐，这就是税收促进发展，发展为了民生的意义所在。一方面，政府通过税收杠杆调控经济、调节分配，指导经济和谐、健康发展；通过税收汇集财力，提供公共产品并使其发挥效能，完善乡村根底设备，优化经济社会发展的硬件条件；通过促进依法治税，为经济发展创造公共合作的软环境。另一方面，税收与民生密切相关。改善民生，必须以发展经济、增加财力为前提，没有税收的持续稳定增长，保障和改善民生就是空谈。税收作为国家财政收入的主要来源，是国家经济发展的重要杠杆，是调节利益分配的重要经济手段，与发展和民生息息相关，在构建和谐社会新的历史进程中，税收必将发挥越来越重要的作用。

视野拓展

在汉语中，"税"由"禾"和"兑"组成。"禾"指农产品，"兑"有送达的意思。"税"的英文为"tax"，意指出于公共目的向政府支付货币。

请扫描右侧二维码，观看视频"说文解税"，理解税收的意义，树立依法纳税意识。分享你对"税收取之于民，用之于民"的理解。

说文解税

（一）税收的概念及特征

税收是国家为满足社会公共需要，凭借公共权力，按照法律所规定的标准和程序，参与国民收入分配，强制地、无偿地取得财政收入的一种方式。

税收作为政府筹集财政收入的一种规范形式，具有区别于其他财政收入形式的特点。税收的特征可以概括为强制性、无偿性和固定性。

（1）税收的强制性。税收的强制性是指国家凭借其公共权力以法律、法令形式对税收征纳双方的权利（权力）与义务进行制约，既不是由纳税主体按照个人意志自愿缴纳，也不是按照征税主体随意征税，而是依据法律进行征税。

（2）税收的无偿性。税收的无偿性是指国家征税后，税款一律纳入国家财政预算，由财政统一分配，而不直接向具体纳税人返还或支付报酬。税收的无偿性是对个体纳税人而言的，其享有的公共利益与其缴纳的税款不一定对等，但就纳税人整体而言是对等的，政府使用税款的目的是向社会全体成员（包括具体纳税人）提供社会需要的公共产品和公共服务。因此，税收的无偿性表现为个体的无偿性、整体的有偿性。

（3）税收的固定性。税收的固定性是指国家征税预先规定了统一的征税标准，包括纳税人、课税对象、税率、纳税期限和纳税地点等。这些标准一经确定，在一定时间内是相对稳定的。

税收的"三性"相互联系、缺一不可。只有无偿征收，才能满足一般的社会公共需要。而要无偿取得税款，就必须凭借法律的强制性手段。固定性则是保证强制、无偿征收的适当限度的必然结果。

---

③ 恩格斯. 家庭、私有制和国家起源[M]//马克思，恩格斯. 马克思恩格斯全集：第21卷. 北京：人民出版社，1965：194-195.

（二）税制构成要素

税制构成要素即税收制度的构成要素，也称税法的构成要素。一般包括纳税人、征税对象、税目、税率、计税依据、纳税环节、纳税期限、纳税地点、税收优惠、法律责任等项目。其中纳税人、征税对象和税率是三大基本要素。

（1）纳税人。纳税人即纳税主体，又称纳税义务人，是指直接负有纳税义务的法人、自然人及其他组织。

与纳税人相联系的另一个概念是扣缴义务人。扣缴义务人是税法规定的，在其经营活动中负有代扣税款并向国家缴纳的义务的单位。扣缴义务人必须按照税法规定代扣税款，并在规定期限缴入国库。

（2）征税对象。征税对象即纳税客体，又称课税对象，是指税收法律关系中征纳双方权利、义务所指向的对象。不同的征税对象是区分不同税种的重要标志。我国现行税种都有自己特定的征税对象。

（3）税目。税目是税法中具体规定的应当征税的项目，它是征税对象的具体化。规定税目一是为了明确征税的具体范围；二是为了对不同的征税项目加以区分，从而制定高低不同的税率。例如，消费税具体规定了烟、酒等15个税目。

（4）税率。税率是对征税对象规定的征收比例或征收额度。税率是计算税额的尺度，也是衡量税负的重要标志。税率是税收法律制度的核心要素。我国现行使用的税率主要有比例税率、定额税率、超额累进税率、超率累进税率。适用超额累进税率的税种是个人所得税，适用超率累进税率的税种是土地增值税。

试一试

根据税收法律制度的规定，下列各项中，属于我国税法规定的税率形式的有(　　　　)。

A．比例税率　　　　B．定额税率　　　　C．超额累进税率　　　　D．全额累进税率

（5）计税依据。计税依据是指计算应纳税额的依据或标准，即根据什么来计算纳税人应缴纳的税额，一般有从价计征和从量计征两种。从价计征，是以计税金额为计税依据，计税金额是指征税对象的数量乘以计税价格的数额。从量计征，是以征税对象的重量、体积、数量等为计税依据。

（6）纳税环节。纳税环节主要指税法规定的征税对象在从生产到消费的流转过程中应当缴纳税款的环节。

（7）纳税期限。纳税期限是指纳税人按照税法规定缴纳税款的期限。如消费税的纳税期限分别为1日、3日、5日、10日、15日、1个月或1个季度。

（8）纳税地点。纳税地点主要是指根据各个税种征税对象的纳税环节和有利于对税款的源泉控制而规定的纳税人（包括代征、代扣、代缴义务人）的具体纳税地点。

（9）税收优惠。税收优惠是指国家对某些纳税人和征税对象给予鼓励和照顾的一种特殊规定。制定这种特殊规定，一方面是为了鼓励和支持某些行业或项目的发展，另一方面是为了照顾某些纳税人的特殊困难。税收优惠主要包括以下内容。

① 减税和免税。减税是指对应征税款减少征收部分税款。免税是指对按规定应征收的税款给予免除。减税和免税具体又分两种情况：一种是税法直接规定的长期减免税项目；另一种是依

法给予的一定期限内的减免税措施，期满之后仍依规定纳税。

② 起征点。起征点也称征税起点，是指对征税对象开始征税的数额界限。征税对象的数额没有达到规定起征点的不征税；达到或超过起征点的，就其全部数额征税。

③ 免征额。免征额是指对征税对象总额中免予征税的数额，即对征税对象中的部分给予减免，只就减除后的剩余部分计征税款。

（10）法律责任。法律责任是指对违反国家税法规定的行为人采取的处罚措施，一般包括违法行为和因违法而应承担的法律责任两部分内容。违法行为是指违反税法规定的行为，包括作为和不作为。因违反税法而应承担的法律责任包括行政责任和刑事责任。纳税人和税务人员违反税法规定，都将依法承担法律责任。

（三）税收的分类

截至2024年12月，我国共开征了18个税种，分别是增值税、消费税、关税、企业所得税、个人所得税、资源税、城镇土地使用税、耕地占用税、土地增值税、房产税、车船税、契税、车辆购置税、印花税、城市维护建设税、环境保护税、烟叶税、船舶吨税。这些税种依据不同的划分方法可以进行下列分类。

1. 依据征税对象分类

依据征税对象的不同，税收可以分为货物和劳务税、所得税、财产和行为税三大类。

（1）货物和劳务税。主要包括增值税、消费税、关税、车辆购置税。

（2）所得税。主要包括企业所得税和个人所得税。

（3）财产和行为税。包括房产税、车船税、契税、印花税、环境保护税等。

2. 依据计税依据分类

依据计税依据的不同，税收可以分为从价税和从量税。

从价税是以征税对象的价值量（如销售收入、应纳税所得额）为标准，按照一定比例计算征收的税，如增值税、企业所得税等；从量税是按征税对象的重量、件数、容积、面积等为标准，按固定税额征收的税，如车船税、城镇土地使用税等。

3. 依据税负能否转嫁分类

依据税负能否转嫁，税收可以分为直接税和间接税。

直接税是指纳税人承担税负，不发生税负转嫁关系的一类税，如企业所得税、房产税等；间接税是可以将税负转嫁给他人，纳税人只是间接地承担税款的税种，如增值税、消费税、关税等。

4. 依据税收与价格的关系分类

依据税收与价格的关系划分，税收可分为价内税和价外税。

价内税的税款是作为征税对象的商品或服务的价格的有机组成部分，消费者对转嫁给自己的税收负担难以感知，而且，随着商品的流转，会出现"税上加税"的重复征税问题，如消费税。价外税是税款独立于征税对象的价格之外的税，如增值税。从发票上，消费者清楚地知道商品和服务本身的价格是多少，税款是多少。价外税一般不存在重复征税问题。

5. 按税收收入归属分类

按税收收入归属的不同，税收可以分为中央税、地方税和中央与地方共享税。

（1）中央税。中央税归中央政府支配和使用，包括消费税、车辆购置税、关税、海关代征的进口环节的增值税。

（2）地方税。地方税归地方政府支配和使用，包括城镇土地使用税、耕地占用税、土地增值税、房产税、车船税、契税等。

（3）中央与地方共享税。中央与地方共享税由中央政府与地方政府共同享有，按一定比例分成，包括增值税、企业所得税、个人所得税等。

AI助学导航

我国目前开征的18个税种中，哪些是由海关负责征收与管理的？请使用文心一言、通义千问、DeepSeek等AI工具搜索结果。

（四）税收法律关系

税收法律关系是由税收法律规范确认和调整的，国家和纳税人之间发生的具有权利和义务内容的社会关系。税收法律关系由主体、客体和内容三部分组成。

1. 税收法律关系的主体

税收法律关系的主体也称为税法主体，是指在税收法律关系中享有权利和承担义务的当事人。税收法律关系的主体分为征税主体和纳税主体。

（1）征税主体。征税主体是指在税收法律关系中代表国家享有征税权的一方当事人，即税务主管机关，包括各级税务机关和海关等。

（2）纳税主体。纳税主体是指在税收法律关系中负有纳税义务的一方当事人，即通常所说的纳税人，包括自然人、法人和其他组织。

在税收法律关系中，双方当事人虽然是行政管理者和被管理者的关系，但法律地位是平等的。

试一试

根据税收法律制度的规定，下列各项中，属于税收法律关系主体的有(　　　　)。
A．征税对象　　　　B．纳税人　　　　C．海关　　　　D．税务机关

2. 税收法律关系的客体

税收法律关系的客体是指税收法律关系主体的权利义务所指向的对象，也就是征税对象。例如，企业所得税法律关系的客体就是生产经营所得和其他所得，房产税法律关系的客体就是房产。

3. 税收法律关系的内容

税收法律关系的内容是指税收法律关系主体所享有的权利和所承担的义务，主要包括征税主体的权利和义务与纳税主体的权利和义务。

（1）征税主体的权利和义务。

征税主体享有的权利包括税收立法权、税务管理权、税款征收权、税务检查权、税务行政处罚权及其他职权。

征税主体承担的义务包括：宣传税收法律、行政法规，普及纳税知识，无偿为纳税人提供纳税咨询服务；依法为纳税人、扣缴义务人的情况保守秘密，为检举违反税法行为者保密；加强

队伍建设，提高税务人员的政治和业务素质；秉公执法，忠于职守，清正廉洁，礼貌待人，文明服务，尊重和保护纳税人、扣缴义务人的权利，依法接受监督；不得索贿受贿、徇私舞弊、玩忽职守、不征或者少征应征税款；不得滥用职权多征税款或者故意刁难纳税人和扣缴义务人；依法进行回避；建立健全内部制约和监督管理制度。

💡 AI助学导航

我国目前开征的18个税种中，已经立法的有哪些？请使用文心一言、通义千问、DeepSeek等AI工具搜索结果。

（2）纳税主体的权利和义务。

纳税主体享有的权利包括知情权、要求保密权、依法享受税收优惠权、申请退还多缴税款权、申请延期申报权、索取有关税收凭证的权利、委托税务代理权、陈述与申辩权、对未出示税务检查证和税务检查通知书的拒绝检查权、依法要求听证的权利、税收法律救助权及税收监督权。

纳税主体承担的义务包括：按期办理税务登记，及时核定应纳税种、税目的义务；依法设置账簿、保管账簿和有关资料以及开具、使用、取得和保管发票的义务；财务会计制度和会计核算软件备案的义务；按照规定安装、使用税控装置的义务；按期、如实办理纳税申报的义务；按期缴纳和解缴税款的义务；接受税务检查的义务；代扣、代缴税款的义务；及时提供信息的义务；报告其他涉税信息的义务。

👷 试一试

根据税收法律制度的规定，下列各项中，属于纳税主体权利的是(　　　　)。
A．税务管理权　　　　　　　　　B．税款征收权
C．税务检查权　　　　　　　　　D．委托税务代理权

二、税的征收与管理

税的征收与管理的一般程序包括税务登记、账簿和凭证管理、发票管理、纳税申报、税款征收和税务检查。《中华人民共和国税收征收管理法》对税务机关和纳税人在各环节的权利、义务进行了规范，并明确了不履行义务应承担的行政或法律责任。

税的征收与管理

📝 视野拓展

爱国、敬业、诚信、友善是社会主义核心价值观在公民个人层面的价值准则，这既是我们每一位纳税人在纳税过程中应遵循的行为准则，也是每一位税务人员在税收征管过程中的工作准则。

请思考社会主义核心价值观的基本内容，分析社会主义核心价值观在税收领域该如何体现。

（一）税务登记

税务登记是税务机关对纳税人的基本情况及生产经营项目进行登记管理的一项基本制度，是税务机关对纳税人实施管理、了解掌握税源情况的基础，也是纳税人为履行纳税义务就有关纳税事宜依法向税务机关办理登记的一种法定手续。

税务登记是整个税收征收管理的起点。税务登记的作用在于掌握纳税人的基本情况和税源分布情况。从税务登记开始，纳税人的身份及征纳双方的法律关系即得到确认。

1. 税务登记申请人

企业，企业在外地设立的分支机构和从事生产、经营的场所，个体工商户和从事生产、经营的事业单位（统称从事生产、经营的纳税人），都应当办理税务登记。

前述规定以外的纳税人，除国家机关、个人和无固定生产经营场所的流动性农村小商贩外（统称非从事生产经营但依照规定负有纳税义务的单位和个人），也应当办理税务登记。

根据税收法律、行政法规的规定，负有扣缴税款义务的扣缴义务人（国家机关除外），应当办理扣缴税款登记。

2. 税务登记主管机关

县以上（含本级，下同）税务局（分局）是税务登记的主管税务机关，负责税务登记的设立登记、变更登记、注销登记以及非正常户处理、报验登记等有关事项。

县以上税务局（分局）按照国务院规定的税收征收管理范围，实施属地管理。有条件的城市，可以按照"各区分散受理、全市集中处理"的原则办理税务登记。

> **试一试**
>
> 根据税收征收管理法律制度的规定，下列情形中，纳税人应当办理税务登记的有（　　　　）。
> A. 纳税人变更法定代表人
> B. 纳税人变更经营范围
> C. 实行定期定额征收方式的个体工商户停业
> D. 纳税人到外县进行临时生产经营活动

3. 税务登记的内容

我国现行税务登记包括设立（开业）税务登记、变更税务登记、停业复业税务登记、外出经营报验登记以及注销税务登记。

从事生产、经营的纳税人应当自领取营业执照之日起30日内，向生产、经营地或者纳税义务发生地的主管税务机关申报办理税务登记，如实填写税务登记表，并按照税务机关的要求提供有关证件、资料。

纳税人税务登记内容发生变化的，若已在市场监管部门办理变更登记，自2023年4月1日起无须向税务机关报告登记变更信息；若纳税人按规定不需要在市场监管部门办理变更登记，或者其变更登记的内容与市场主体登记内容无关的，应当自税务登记内容实际发生变化之日起30日内，或者自有关机关批准或者宣布变更之日起30日内，到原税务机关办理变更税务登记。

纳税人发生解散、破产、撤销以及其他情形，依法终止纳税义务的，应当在向市场监管部门或者其他机关办理注销登记前，持有关证件和资料向原税务登记机关申报办理注销税务登记；按规定不需要在市场监管部门或者其他机关办理注册登记的，应当自有关机关批准或者宣告终止之日起15日内，持有关证件和资料向原税务登记机关申报办理注销税务登记。

从事生产、经营的纳税人到外县（市）临时从事生产、经营活动的，应按规定申报办理税务登记手续。

（二）账簿和凭证管理

账簿是纳税人、扣缴义务人连续记录其各种经济业务的账册和簿籍。凭证是纳税人用来记录其各种经济业务，明确经济责任，并据以登记账簿的书面证明。税务部门按照税收法律、行政法规和财务会计制度规定，对纳税人的会计账簿、凭证等实行管理和监督，这是税收征管的重要环节。

（1）设置账簿的时限。从事生产、经营的纳税人，应当自领取营业执照或者发生纳税义务之日起15日内，按照国家有关规定设置账簿。

扣缴义务人应当自税收法律、行政法规规定的扣缴义务发生之日起10日内，按照所代扣、代收的税种，分别设置代扣代缴、代收代缴税款账簿。

（2）备案制度。从事生产、经营的纳税人应当自领取税务登记证件之日起15日内，将其财务、会计制度或者财务、会计处理办法报送主管税务机关备案。

纳税人使用计算机记账的，应当在使用前将会计电算化系统的会计核算软件、使用说明书及有关资料报送主管税务机关备案。

试一试

根据税收征收管理法律制度规定，从事生产、经营的纳税人应当自领取营业执照之日起一定期限内，按照国家有关规定开设账簿。该期限为（　　）日。

A. 7　　　　　　　B. 15　　　　　　　C. 30　　　　　　　D. 45

（3）账簿及凭证保管要求。账簿、记账凭证、报表、完税凭证、发票、出口凭证以及其他有关涉税资料应当合法、真实、完整。账簿、记账凭证、报表、完税凭证、发票、出口凭证以及其他有关涉税资料应当保存10年，但法律、行政法规另有规定的除外。

（三）发票管理

发票是在购销商品、提供和接受服务以及从事其他经营活动中，开具、收取的收付款凭证。发票是确定经济收支行为发生的法定凭证，是会计核算的原始依据。

1. 发票的类型和联次

发票包括纸质发票和电子发票。电子发票与纸质发票具有同等法律效力。国家积极推广使用电子发票。

纸质发票的基本联次包括存根联、发票联、记账联。存根联由收款方或开票方留存备查；发票联由付款方或受票方作为付款原始凭证；记账联由收款方或开票方作为记账原始凭证。省以上税务机关可根据纸质发票管理情况以及纳税人经营业务需要，增减除发票联以外的其他联次，并确定其用途。

2．发票的领用

（1）领用发票的程序。

需要领用发票的单位和个人，应当持设立登记证件或者税务登记证件，以及经办人身份证明，向主管税务机关办理发票领用手续。领用纸质发票的，还应当提供按照国务院税务主管部门规定式样制作的发票专用章的印模。主管税务机关根据领用单位和个人的经营范围、规模和风险等级，在5个工作日内确认领用发票的种类、数量以及领用方式。

单位和个人领用发票时，应当按照税务机关的规定报告发票使用情况，税务机关应当按照规定进行查验。

（2）代开发票。

需要临时使用发票的单位和个人，可以凭购销商品、提供或者接受服务以及从事其他经营活动的书面证明、经办人身份证明，直接向经营地税务机关申请代开发票。依照税收法律、行政法规规定应当缴纳税款的，税务机关应当先征收税款，再开具发票。税务机关根据发票管理的需要，可以按照国务院税务主管部门的规定委托其他单位代开发票。禁止非法代开发票。

（3）外地经营领用发票。

临时到本省、自治区、直辖市以外从事经营活动的单位或者个人，应当凭所在地税务机关的证明，向经营地税务机关领用经营地的发票。临时在本省、自治区、直辖市以内跨市、县从事经营活动领用发票的办法，由省、自治区、直辖市税务机关规定。

3．发票的开具和使用

（1）发票的开具。

销售商品、提供服务以及从事其他经营活动的单位和个人，对外发生经营业务收取款项，收款方应当向付款方开具发票；特殊情况下，由付款方向收款方开具发票。特殊情况是指：收购单位和扣缴义务人支付个人款项时；国家税务总局认为其他需要由付款方向收款方开具发票的。

所有单位和从事生产、经营活动的个人在购买商品、接受服务以及从事其他经营活动支付款项，应当向收款方取得发票。取得发票时，不得要求变更品名和金额。

开具发票应当按照规定的时限、顺序、栏目，全部联次一次性如实开具，开具纸质发票应当加盖发票专用章。

安装税控装置的单位和个人，应当按照规定使用税控装置开具发票，并按期向主管税务机关报送开具发票的数据。使用非税控电子器具开具发票的，应当将非税控电子器具使用的软件程序说明资料报主管税务机关备案，并按照规定保存、报送开具发票的数据。单位和个人开发电子发票信息系统自用或者为他人提供电子发票服务的，应当遵守国务院税务主管部门的规定。

任何单位和个人不得为他人、为自己开具与实际经营业务情况不符的发票，不得让他人为自己开具与实际经营业务情况不符的发票，不得介绍他人开具与实际经营业务情况不符的发票。

📝 视野拓展

发票是消费者的购物凭证，也是税务部门进行税务管理的基础和依据。消费者是否向商家索要发票，关系到国家税款能否足额入库。购买商品或接受服务时索要发票，就间接地为国家税收做出了贡献。同时，发票也是消费者维权的凭证。

生活中，如果索要发票时遇到"不开发票就给你便宜点儿"的情形，你会怎么处理？

（2）发票的使用。

任何单位和个人应当按照发票管理规定使用发票，不得有下列行为：转借、转让、介绍他人转让发票、发票监制章和发票防伪专用品；知道或者应当知道是私自印制、伪造、变造、非法取得或者废止的发票而受让、开具、存放、携带、邮寄、运输；拆本使用发票；扩大发票使用范围；以其他凭证代替发票使用；窃取、截留、篡改、出售、泄露发票数据。

开具发票的单位和个人应当建立发票使用登记制度，配合税务机关进行身份验证，并定期向主管税务机关报告发票使用情况。开具发票的单位和个人应当在办理变更或者注销税务登记的同时，办理发票的变更、缴销手续。开具发票的单位和个人应当按照国家有关规定存放和保管发票，不得擅自损毁。已经开具的发票存根联，应当保存5年。

4. 发票的检查

税务机关在发票管理中有权进行下列检查。

（1）检查印制、领用、开具、取得、保管和缴销发票的情况。

（2）调出发票查验。

（3）查阅、复制与发票有关的凭证、资料。

（4）向当事各方询问与发票有关的问题和情况。

（5）在查处发票案件时，对与案件有关的情况和资料，可以记录、录音、录像、照相和复制。

印制、使用发票的单位和个人，必须接受税务机关依法检查，如实反映情况，提供有关资料，不得拒绝、隐瞒。税务人员进行检查时，应当出示税务检查证。税务机关需要将已开具的发票调出查验时，应当向被查验的单位和个人开具发票换票证。发票换票证与所调出查验的发票有同等的效力。被调出查验发票的单位和个人不得拒绝接受。税务机关需要将空白发票调出查验时，应当开具收据；经查无问题的，应当及时返还。

（四）纳税申报

纳税申报是纳税人按照税法规定的期限和内容，向税务机关提交有关纳税事项书面报告的法律行为，是纳税人履行纳税义务、承担法律责任的主要依据，是税务机关税收管理信息的主要来源和税务管理的一项重要制度。

1. 纳税申报的内容

纳税申报的内容主要体现在纳税申报表或代扣代缴、代收代缴税款报告表中，主要项目包括税种、税目，应纳税项目或者应代扣代缴、代收代缴税款项目，计税依据，扣除项目及标准，适用税率或者单位税额，应退税项目及税额、应减免税项目及税额，应纳税额或者应代扣代缴、代收代缴税额，税款所属期限、延期缴纳税款、欠税、滞纳金等。

2. 纳税申报的方式

纳税申报的方式是指纳税人和扣缴义务人在纳税申报期限内，依照规定到指定税务机关进行申报纳税的形式。纳税申报的方式主要有以下几种。

（1）自行申报。自行申报也称直接申报，是指纳税人和扣缴义务人在规定的申报期限内，自行直接到主管税务机关指定的办税服务场所办理纳税申报手续。这是一种传统的申报方式。

（2）邮寄申报。邮寄申报是指经税务机关批准的纳税人、扣缴义务人使用统一的纳税申报专用信封，通过邮政部门办理交寄手续，并以邮政部门收据作为申报凭据的纳税申报方式。邮寄申报以寄出的邮戳日期为实际申报日期。

（3）数据电文申报。数据电文申报是指经税务机关批准的纳税人、扣缴义务人以税务机关确定的电话语音、电子数据交换和网络传输等电子方式进行纳税申报。这种方式应用了新的电子信息技术，代表着纳税申报方式的发展方向，使用范围逐渐扩大。纳税人、扣缴义务人采取数据电文方式申报纳税的，其申报日期以税务机关计算机网络系统收到该数据电文的时间为准，与数据电文相对应的纸质申报材料的报税期限由税务机关确定。

（4）其他方式。实行定期定额缴纳税款的纳税人，可以采取简易申报、简并征期等方式申报纳税。

3. 纳税申报的要求

（1）纳税人办理纳税申报时，应当如实填写纳税申报表，并根据不同的情况相应报送有关证件、资料。

（2）纳税人在纳税期内没有应纳税款的，也应当按照规定办理纳税申报。纳税人享受减税、免税待遇的，在减税、免税期间应当按照规定办理纳税申报。

4. 纳税申报的延期办理

纳税人、扣缴义务人按照规定的期限办理纳税申报或者报送代扣代缴、代收代缴税款报告表确有困难，需要延期的，应当在规定的期限内向税务机关提出书面延期申请，经税务机关核准，在核准的期限内办理。

纳税人、扣缴义务人因不可抗力，不能按期办理纳税申报或者报送代扣代缴、代收代缴税款报告表的，可以延期办理；但是，应当在不可抗力情形消除后立即向税务机关报告。税务机关应当查明事实，予以核准。

（五）税款征收

税款征收是指税务机关依据国家税收法律、行政法规确定的标准和范围，通过法定程序将纳税人应纳税款组织征收入库的一系列活动。税款征收是税收征管活动的中心环节，也是纳税人履行纳税义务的体现。

1. 税款征收方式

税款征收方式，是指税务机关根据各税种的不同特点和纳税人的具体情况而确定的计算、征收税款的形式和方法。

（1）查账征收。查账征收，是指针对财务会计制度健全的纳税人，税务机关依据其报送的纳税申报表、财务会计报表和其他有关纳税资料，依照适用税率，计算其应缴纳税款的税款征收方式。这种征收方式较为规范，符合税收法律规定的基本原则，适用于财务会计制度健全，能够如实核算和提供生产经营情况，并能正确计算应纳税款和如实履行纳税义务的纳税人。

（2）查定征收。查定征收，是指针对账务不全，但能控制其材料、产量或进销货物的纳税单位或个人，税务机关依据正常条件下的生产能力对其生产的应税产品查定产量、销售额并据以确定其应缴纳税款的税款征收方式。这种征收方式适用于生产经营规模较小、产品零星、税源分散、会计账册不健全，但能控制原材料或进销货的小型厂矿和作坊。

（3）查验征收。查验征收，是指税务机关对纳税人的应税商品、产品，通过查验数量，按市场一般销售单价计算其销售收入，并据以计算其应缴纳税款的税款征收方式。这种征收方式适用于纳税人财务制度不健全，生产经营不固定，零星分散、流动性大的税源。

（4）定期定额征收。定期定额征收，是指税务机关对小型个体工商户在一定经营地点、一定经营时期、一定经营范围内的应纳税经营额（包括经营数量）或所得额进行核定，并以此为计税依据，确定其应缴纳税额的一种税款征收方式。这种征收方式适用于经主管税务机关认定和县（含县级）以上税务机关批准的生产经营规模小，达不到《个体工商户建账管理暂行办法》规定的设置账簿标准，难以查账征收，不能准确计算计税依据的个体工商户（包括个人独资企业）。

（5）扣缴征收。扣缴征收包括代扣代缴和代收代缴两种征收方式。扣缴义务人依照法律、行政法规的规定履行代扣、代收税款的义务。税务机关按照规定付给扣缴义务人代扣、代收手续费。对法律、行政法规没有规定负有代扣、代收税款义务的单位和个人，税务机关不得要求其履行代扣、代收税款义务。扣缴义务人依法履行代扣、代收税款义务时，纳税人不得拒绝；纳税人拒绝的，扣缴义务人应当及时报告税务机关处理。

（6）委托代征。委托代征，是指税务机关根据有利于税收控管和方便纳税的原则，按照国家有关规定，通过委托形式将税款委托给代征单位或个人以税务机关的名义代为征收，并将税款缴入国库的一种税款征收方式。税务机关向代征单位或个人发给委托代征证书，受托代征单位或个人按照代征证书的要求，以税务机关的名义依法征收税款，纳税人不得拒绝；纳税人拒绝的，受托代征单位或个人应当及时报告税务机关处理。这种征收方式适用于零星分散和异地缴纳的税收。

试一试

根据税收征收管理法律制度的规定，对于生产不固定、账册不健全，但能控制进销货的纳税人，适用的税款征收方式是（　　　）。

A．查账征收　　　　B．查定征收　　　　C．定期定额征收　　　D．查验征收

2. 应纳税额的核定与调整

（1）纳税人有下列情形之一的，税务机关有权核定其应纳税额。

① 依照法律、行政法规的规定可以不设置账簿的。

② 依照法律、行政法规的规定应当设置账簿但未设置的。

③ 擅自销毁账簿或者拒不提供纳税资料的。

④ 虽设置账簿，但账目混乱或者成本资料、收入凭证、费用凭证残缺不全，难以查账的。

⑤ 发生纳税义务，但未按照规定的期限办理纳税申报，经税务机关责令限期申报，逾期仍不申报的。

⑥ 纳税人申报的计税依据明显偏低，又无正当理由的。

（2）核定应纳税额的方法。

为减少核定应纳税额的随意性，使核定的税额更接近纳税人的实际情况和法定负担水平，税务机关有权采用下列任何一种方法核定其应纳税额。

① 参照当地同类行业或者类似行业中经营规模和收入水平相近的纳税人的税负水平核定。

② 按照营业收入或者成本加合理的费用和利润的方法核定。

③ 按照耗用的原材料、燃料、动力等推算或者测算核定。

④ 按照其他合理方法核定。

当其中一种方法不足以正确核定应纳税额时，可以同时采用两种以上的方法核定。纳税人对税务机关采取上述方法核定的应纳税额有异议的，应当提供相关证据，经税务机关认定后，调整应纳税额。

下列情形中，税务机关有权核定纳税人应纳税额的有(　　　　)。

A．有偷税、骗税前科的

B．拒不提供纳税资料的

C．按规定应设置账簿而未设置的

D．虽设置账簿，但账目混乱，难以查账的

3．税款征收的保障措施

为了保证税款征收的顺利进行，《中华人民共和国税收征收管理法》及其实施细则赋予了税务机关在税款征收过程中针对不同情况可以采取相应征收措施的职权。

（1）责令缴纳。

① 纳税人未按照规定期限缴纳税款的，扣缴义务人未按照规定期限解缴税款的，税务机关可责令限期缴纳，并从滞纳税款之日起，按日加收滞纳税款万分之五的滞纳金。逾期仍未缴纳的，税务机关可以采取税收强制执行措施。加收滞纳金的起止时间，为法律、行政法规规定或者税务机关依照法律、行政法规的规定确定的税款缴纳期限届满次日起至纳税人、扣缴义务人实际缴纳或者解缴税款之日止。

② 对未按照规定办理税务登记的从事生产、经营的纳税人，以及临时从事经营的纳税人，税务机关核定其应纳税额，责令其缴纳应纳税款。纳税人不缴纳的，税务机关可以扣押其价值相当于应纳税款的商品、货物。扣押后缴纳应纳税款的，税务机关必须立即解除扣押，并归还所扣押的商品、货物；扣押后仍不缴纳应纳税款的，经县以上税务局（分局）局长批准，依法拍卖或者变卖所扣押的商品、货物，以拍卖或者变卖所得抵缴税款。

③ 税务机关有根据认为从事生产、经营的纳税人有逃避纳税义务行为的，可在规定的纳税期之前责令其限期缴纳应纳税款。逾期仍未缴纳的，税务机关有权采取其他税款征收措施。

④ 纳税担保人未按照规定的期限缴纳所担保的税款，税务机关可责令其限期缴纳应纳税款。逾期仍未缴纳的，税务机关有权采取其他税款征收措施。

（2）责令提供纳税担保。

纳税担保，是指经税务机关同意或确认，纳税人或其他自然人、法人、经济组织以保证、抵押、质押的方式，为纳税人应当缴纳的税款及滞纳金提供担保的行为，包括经税务机关认可的有纳税担保能力的保证人为纳税人提供的纳税保证，以及纳税人或者第三人以其未设置或者未全部设置担保物权的财产提供的担保。

① 适用纳税担保的情形。

a．税务机关有根据认为从事生产、经营的纳税人有逃避纳税义务行为，在规定的纳税期之前经责令其限期缴纳应纳税款，在限期内发现纳税人有明显的转移、隐匿其应纳税的商品、货物，以及其他财产或者应纳税收入的迹象的。

b．欠缴税款、滞纳金的纳税人或者其法定代表人需要出境的。

c．纳税人同税务机关在纳税上发生争议而未缴清税款，需要申请行政复议的。

d．税收法律、行政法规规定可以提供纳税担保的其他情形。

② 纳税担保的范围。

纳税担保范围包括税款、滞纳金和实现税款、滞纳金的费用。费用包括抵押、质押登记费用，质押保管费用，以及保管、拍卖、变卖担保财产等相关费用支出。

用于纳税担保的财产、权利的价值不得低于应当缴纳的税款、滞纳金，并考虑相关的费用。纳税担保的财产价值不足以抵缴税款、滞纳金的，税务机关应当向提供担保的纳税人或纳税担保人继续追缴。用于纳税担保的财产、权利的价格估算，除法律、行政法规另有规定外，参照同类商品的市场价、出厂价或者评估价格估算。

（3）采取税收保全措施。

税务机关责令具有税法规定情形的纳税人提供纳税担保而纳税人拒绝提供纳税担保或无力提供纳税担保的，经县以上税务局（分局）局长批准，税务机关可以采取下列税收保全措施。

① 书面通知纳税人开户银行或者其他金融机构冻结纳税人的金额相当于应纳税款的存款。

② 扣押、查封纳税人的价值相当于应纳税款的商品、货物或者其他财产。其他财产包括纳税人的房地产、现金、有价证券等不动产和动产。

需要注意的是，个人及其所抚养家属维持生活必需的住房和用品（不包括机动车辆、金银饰品、古玩字画、豪华住宅或者一处以外的住房），不在税收保全措施的范围之内。税务机关对单价在5 000元以下的其他生活用品，不采取税收保全措施。

（4）采取强制执行措施。

从事生产、经营的纳税人、扣缴义务人未按照规定的期限缴纳或者解缴税款，纳税担保人未按照规定的期限缴纳所担保的税款，由税务机关责令限期缴纳，逾期仍未缴纳的，经县以上税务局（分局）局长批准，税务机关可以采取下列强制执行措施。

① 强制扣款，即书面通知其开户银行或者其他金融机构从其存款中扣缴税款。

② 拍卖变卖，即扣押、查封、依法拍卖或者变卖其价值相当于应纳税款的商品、货物或者其他财产，以拍卖或者变卖所得抵缴税款。

税务机关采取强制执行措施时，对上述纳税人、扣缴义务人、纳税担保人未缴纳的滞纳金同时强制执行。个人及其所抚养家属维持生活必需的住房和用品，不在强制执行措施的范围之内。税务机关对单价在5 000元以下的其他生活用品，不采取强制执行措施。

试一试

根据税收征收管理法律制度的规定，下列各项中，属于税收保全措施的是（　　　）。

A．暂扣纳税人营业执照

B．书面通知纳税人开户银行从其存款中扣缴税款

C．拍卖纳税人价值相当于应纳税款的货物，以拍卖所得抵缴税款

D．查封纳税人价值相当于应纳税款的货物

（5）税收优先权。

税务机关征收税款，税收优先于无担保债权，法律另有规定的除外。纳税人欠缴的税款发生在纳税人以其财产设定抵押、质押或者纳税人的财产被留置之前的，税收应当先于抵押权、质权、留置权执行。

纳税人欠缴税款，同时又被行政机关决定处以罚款、没收违法所得的，税收优先于罚款、没收违法所得。

（6）阻止出境。

欠缴税款的纳税人或者其法定代表人在出境前未按规定结清应纳税款、滞纳金或者提供纳

税担保的，税务机关可以通知出境管理机关阻止其出境。

（六）税务检查

税务检查又称纳税检查，是指税务机关依照国家有关税收法律、行政法规的规定，对纳税人、扣缴义务人履行纳税义务、扣缴义务情况进行审查监督的一种行政检查。税务检查是确保国家财政收入稳定和税收法律、行政法规、规章贯彻落实的重要手段，是国家经济监督体系中不可缺少的组成部分。

1. 税务机关在税务检查中的职权与职责

（1）税务机关有权进行下列税务检查。

① 检查纳税人的账簿、记账凭证、报表和有关资料，检查扣缴义务人代扣代缴、代收代缴税款账簿、记账凭证和有关资料。

② 到纳税人的生产、经营场所和货物存放地检查纳税人应纳税的商品、货物或者其他财产，检查扣缴义务人与代扣代缴、代收代缴税款有关的经营情况。

③ 责成纳税人、扣缴义务人提供与纳税或者代扣代缴、代收代缴税款有关的文件、证明材料和有关资料。

④ 询问纳税人、扣缴义务人与纳税或者代扣代缴、代收代缴税款有关的问题和情况。

⑤ 到车站、码头、机场、邮政企业及其分支机构检查纳税人托运、邮寄应纳税商品、货物或者其他财产的有关单据、凭证和有关资料。

⑥ 经县以上税务局（分局）局长批准，凭全国统一格式的检查存款账户许可证明，查询从事生产、经营的纳税人、扣缴义务人在银行或者其他金融机构的存款账户。税务机关在调查税收违法案件时，经设区的市、自治州以上税务局（分局）局长批准，可以查询案件涉嫌人员的储蓄存款。税务机关查询所获得的资料，不得用于税收以外的用途。

（2）税务机关对从事生产、经营的纳税人以前纳税期的纳税情况依法进行税务检查时，发现纳税人有逃避纳税义务行为，并有明显的转移、隐匿其应纳税的商品、货物以及其他财产或者应纳税的收入的迹象的，可以按照税法规定的批准权限采取税收保全措施或者强制执行措施。

（3）税务机关调查税务违法案件时，对与案件有关的情况和资料，可以记录、录音、录像、照相和复制。税务机关依法进行税务检查时，有权向有关单位和个人调查纳税人、扣缴义务人和其他当事人与纳税或者代扣代缴、代收代缴税款有关的情况。

（4）税务机关派出的人员进行税务检查时，应当出示税务检查证和税务检查通知书，并有责任为被检查人保守秘密；未出示税务检查证和税务检查通知书的，被检查人有权拒绝检查。

试一试

根据税收征收管理法律制度的规定，税务机关在实施税务检查时，可以采取的措施有（　　　）。

A．检查纳税人会计资料

B．检查纳税人货物存放地的应纳税商品

C．检查纳税人托运、邮寄应纳税商品的单据、凭证

D．经法定程序批准，查询纳税人在银行的存款账户

2. 被检查人在税务检查中的义务

纳税人、扣缴义务人必须接受税务机关依法进行的税务检查，如实反映情况，提供有关资料，不得拒绝、隐瞒。

税务机关依法进行税务检查时，有关单位和个人有义务向税务机关如实提供有关资料及证明材料。

3. 纳税信用管理

纳税信用管理，是指税务机关对纳税人的纳税信用信息开展的采集、评价、确定、发布和应用等活动。有利于促进纳税人诚信自律、提高税法遵从度，推进社会信用体系建设。

（1）纳税信用评价的主体。

国家税务总局主管全国纳税信用管理工作。省以下税务机关负责所辖地区纳税信用管理工作的组织和实施。下列企业参与纳税信用评价。

① 已办理税务登记，从事生产、经营并适用查账征收的企业纳税人。

② 从首次在税务机关办理涉税事宜之日起时间不满一个评价年度的企业。评价年度是指公历年度，即1月1日至12月31日。

③ 评价年度内无生产经营业务收入的企业。

④ 适用企业所得税核定征收办法的企业。

非独立核算分支机构可自愿参与纳税信用评价。

（2）纳税信用信息采集。

纳税信用信息采集是指税务机关对纳税人纳税信用信息的记录和收集。纳税信用信息包括纳税人信用历史信息、税务内部信息、外部信息。

纳税信用信息采集工作由国家税务总局和省税务机关组织实施，按月采集。

（3）纳税信用评价。

① 纳税信用评价的方式。纳税信用评价采取年度评价指标得分和直接判级方式。评价指标包括税务内部信息和外部评价信息。年度评价指标得分采取扣分方式。近三个评价年度内存在非经常性指标信息的，从100分起评；近三个评价年度内没有非经常性指标信息的，从90分起评。

② 纳税信用评价周期。纳税信用评价周期为一个纳税年度，有下列情形之一的纳税人，不参加本期的评价：纳入纳税信用管理时间不满一个评价年度的；因涉嫌税收违法被立案查处尚未结案的；被审计、财政部门依法查出税收违法行为，税务机关正在依法处理，尚未办结的；已申请税务行政复议、提起行政诉讼尚未结案的；其他不应参加本期评价的情形。

③ 纳税信用评价结果。纳税信用评价结果的确定和发布遵循谁评价、谁确定、谁发布的原则。税务机关每年4月确定上一年度纳税信用评价结果，并为纳税人提供自我查询服务。

纳税信用级别设A、B、M、C、D五级。税务机关对纳税人的纳税信用级别实行动态调整。纳税人信用评价状态变化时，税务机关可采取适当方式通知、提醒纳税人。税务机关对纳税信用评价结果，按分级分类原则，依法有序开放：主动公开A级纳税人名单及相关信息；根据社会信用体系建设需要，以及与相关部门信用信息共建共享合作备忘录、协议等规定，逐步开放B、M、C、D级纳税人名单及相关信息；定期或者不定期公布重大税收违法失信主体信息。纳税人对纳税信用评价结果有异议的，可以书面向作出评价的税务机关申请复评。作出评价的税务机关应按规定进行复核。

税务机关按照守信激励、失信惩戒的原则，对不同信用级别的纳税人实施分类服务和管理。

💡 **AI助学导航**

核定征收企业，可以参与纳税信用等级评价吗？请使用文心一言、通义千问、DeepSeek等AI工具搜索结果。

④ 纳税信用修复。纳入纳税信用管理的企业纳税人，符合法定条件的，可在规定期限内向主管税务机关申请纳税信用修复。主管税务机关自受理纳税信用修复申请之日起15个工作日内完成审核，并向纳税人反馈信用修复结果。

纳税信用修复完成后，纳税人按照修复后的纳税信用级别适用相应的税收政策和管理服务措施，之前已适用的税收政策和管理措施不做追溯调整。

💡 **AI助学导航**

哪些情形可以进行纳税信用修复？请使用文心一言、通义千问、DeepSeek等AI工具搜索结果。

📝 项目小结

本项目由认识税收、税的征收与管理两部分组成。在认识税收部分，介绍了税收的概念及特征、税制构成要素、税收的分类和税收法律关系；在税的征收与管理部分，介绍了税务登记、账簿和凭证管理、发票管理、纳税申报、税款征收和税务检查。本项目的知识结构如图1-1所示。

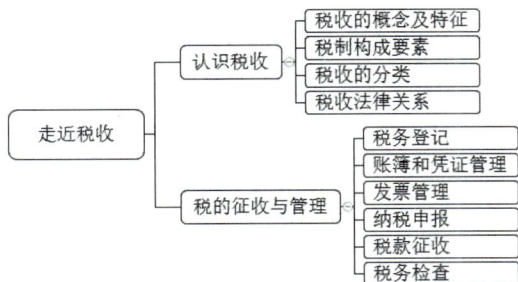

图 1-1　走近税收之知识结构

✍ 练习与实训

（一）单项选择题

1. 税收作为一种特定的分配形式，有着自身固有的特征，下列各项中，属于税收特征的是（　　）。
   A. 强制性、无偿性、合法性　　　　　　B. 强制性、合理性、合法性
   C. 强制性、无偿性、固定性　　　　　　D. 固定性、合理性、合法性
2. 下列各项中，属于区分不同税种主要标志的是（　　）。
   A. 税目　　　　B. 征税对象　　　　C. 纳税地点　　　　D. 纳税人

3. 下列各项中，属于衡量纳税人税收负担重要标志的是（　　）。

    A. 纳税期限 　　　　B. 减税免税 　　　　C. 税率 　　　　D. 纳税环节

4. 下列税种中，目前采用超额累进税率的是（　　）。

    A. 土地增值税 　　B. 城市维护建设税 　　C. 个人所得税 　　D. 增值税

5. 下列税种中，不属于货物和劳务税的是（　　）。

    A. 增值税 　　　　B. 消费税 　　　　C. 关税 　　　　D. 企业所得税

6. 下列税款中，属于中央政府与地方政府共享的是（　　）。

    A. 海关代征的进口消费税税款 　　　　B. 车辆购置税税款

    C. 增值税税款 　　　　D. 消费税税款

7. 从事生产、经营的纳税人应在领取营业执照之日起一定期限内开设账簿，该期限为（　　）。

    A. 15日 　　　　B. 20日 　　　　C. 25日 　　　　D. 30日

8. 下列纳税人中，可以以简易申报方式申报纳税的是（　　）。

    A. 以查账征收方式缴纳税款的纳税人 　　B. 以定期定额征收方式缴纳税款的纳税人

    C. 以查定征收方式缴纳税款的纳税人 　　D. 以查验征收方式缴纳税款的纳税人

9. 下列税款征收方式中，财务制度不健全，生产经营不固定，税源零星、分散的纳税人适用的是（　　）。

    A. 查账征收 　　　　B. 查定征收 　　　　C. 查验征收 　　　　D. 定期定额征收

10. 下列各项中，不属于税收保全措施的是（　　）。

    A. 责令纳税人暂时停业，直至缴足税款

    B. 扣押纳税人的价值相当于应纳税款的商品

    C. 查封纳税人的价值相当于应纳税款的货物

    D. 书面通知纳税人开户银行冻结纳税人的金额相当于应纳税款的存款

（二）多项选择题

1. 税收的实质是国家为了行使其职能取得财政收入的一种方式，特征主要表现在（　　）。

    A. 非惩罚性 　　B. 固定性 　　　　C. 强制性 　　　　D. 无偿性

2. 下列各项中，属于我国税收法律关系主体的有（　　）。

    A. 海关 　　　　B. 税务机关

    C. 在我国境内有所得的外国企业 　　D. 在我国境内有所得的外籍个人

3. 下列各项中，属于征税主体权利的有（　　）。

    A. 税务管理权 　　　　B. 税款征收权

    C. 税务检查权 　　　　D. 行政复议与诉讼权

4. 我国现行的税率形式有（　　）。

    A. 比例税率 　　B. 定额税率 　　C. 超额累进税率 　　D. 超率累进税率

5. 依据计税依据的不同，税收可以分为（　　）。

    A. 从价税 　　　B. 从量税 　　　C. 价内税 　　　D. 价外税

6. 下列税种中，属于中央与地方共享税的有（　　）。

    A. 车辆购置税 　　B. 增值税 　　C. 企业所得税 　　D. 关税

7. 下列税种中，属于中央税的有（　　）。

    A. 企业所得税 　　　　B. 车辆购置税

    C. 海关代征的进口环节增值税 　　D. 海关代征的进口环节消费税

8. 个体工商户王某的下列财产中，在税收保全措施的范围之内的有（　　　　）。

    A. 豪华住宅　　　　B. 古玩字画　　　　C. 价值3 000元的计算机　　　D. 机动车辆

（三）判断题

1. 税收的主体是税务机关。 （　　　　）

2. 税收法律关系的主体分为征税主体和纳税主体。 （　　　　）

3. 税收法律关系的内容，仅包括税收法律关系主体所享有的权利。 （　　　　）

4. 增值税属于中央税，其税收收入属于中央政府的财政收入。 （　　　　）

5. 邮寄申报以寄出地的邮戳日期为实际申报日期。 （　　　　）

6. 未按照规定期限缴纳或解缴税款的，税务机关除责令限期缴纳外，还会从滞纳税款之日起，按日加收滞纳税款万分之五的滞纳金。 （　　　　）

7. 税收保全措施包括书面通知纳税人开户银行或者其他金融机构冻结纳税人的全部存款。 （　　　　）

8. 税务检查应实行回避制度。 （　　　　）

▲ 税收史事专栏

"税"字的幸福初心

    "税"，通常释义为国家征收的货币或实物，而"税"字蕴含的本意和初心，又是什么呢？

    在《说文解字》中，"税"字被释义为"租"，意为"田赋"。而"赋"字被释义为"敛""收"。从释义来看，"税""租"为名词，"赋""敛""收"更接近动词。其中，"赋"字从"贝"从"武"，分别代表货币和军事。

    《汉书》记载，"有税有赋，税以足食，赋以足兵"。这说明，早期的"税"是向农民收取谷物，用于日常行政开支；"赋"是向贵族收取货币，用于国防军费开支。后来，军赋也开始向耕地征收，"赋"与"税"逐渐合一。随着明代中叶"一条鞭法"和清代"摊丁入亩"的实施，税及各种杂派合一，形成"赋税""税收"等沿用至今的词语。

    "税"字的偏旁"禾"意为禾苗，反映出古代实物税收主要来源于耕地收获的谷物。"税"字的另一半为"兑"字，《说文解字》将"兑"字释义为"说也"，也就是今天的"悦"字。

    在造字者看来，农民将谷物缴纳给国家，换取人民的生产、生活平安，这是国喜民悦的幸事，所以"税"字要包含一个表达喜悦之意的"兑"字。

    然而，我国历史上由于统治者的税收治理失败，导致税收通常与痛苦紧密相连。历代农民起义多缘起于赋敛之痛，常喊出"不纳粮"等类似口号。即便封建统治者为巩固政权，进行赋税改革，也难以走出"黄宗羲定律"的怪圈。

    中国特色社会主义进入新时代以来，税收改革不断深化，人民的获得感、幸福感、安全感与日增强。

    我国税务机关奉行以纳税人为中心的理念，秉持为民、便民、利民原则，着力建设人民满意的服务型税务机关。同时，我国通过税收筹集的财政资金优先用于保障民生支出，实现税收取之于民、用之于民、造福于民。共建、共治、共享的税收治理格局正在形成，"税"字也不断走向"悦"字，从而回归和体现其"国喜民悦"的幸福初心。

项目二　增值税

素质目标

1. 培养学生爱岗敬业、诚实守信的职业道德
2. 培养学生遵纪守法、诚信纳税的意识
3. 培养学生团队协作、团队互助的意识
4. 培养学生一丝不苟的职业精神

知识目标

1. 掌握增值税的构成要素
2. 掌握增值税的进项税额和销项税额
3. 了解增值税的税收优惠

能力目标

1. 会计算一般纳税人和小规模纳税人增值税应纳税额
2. 会处理增值税的纳税申报事宜

项目引入

长江实业有限责任公司为增值税一般纳税人。法定代表人：李四。纳税人识别号：5136088116****20XF。地址及电话：吕梁市北京路88号，2828215。开户银行及账户：吕梁市工商银行，160300583****3366。主要产品：电视机。主要原材料：电子零件。长江实业有限责任公司2025年1月发生的相关增值税业务整理如下。

（1）4日，向昊天商场销售A型电视机500台，不含增值税价格3 500元/台，增值税税率为13%，开具增值税专用发票。昊天商场在20天内付清货款，长江实业有限责任公司按合同约定，给予5%的销售折扣。

（2）6日，购进原材料，取得增值税专用发票，发票注明金额1 200 000元、税额156 000元。

（3）9日，外购食用植物油一批，发放给职工作为福利，取得增值税专用发票，发票注明金额100 000元、税额9 000元。

（4）10日，因仓管人员管理不善，丢失一批电视机，经计算所耗费的原材料及有关货物的进项税额为6 000元。

（5）13日，将自产的10台A型电视机捐赠给某小学。

（6）15日，申报缴纳上月增值税24 963元。

（7）17日，外购一批工程物资，用于企业仓库的扩建，取得的普通发票注明金额20 000元、税额2 600元。

（8）21日，公司将闲置的厂房及其内置设备对外租赁（合同分签）。开具的增值税专用发票注明当期厂房租赁金额8 000元、税额720元；设备租赁金额4 000元、税额520元。

（9）23日，公司通过EMS向所有客户寄出邀请函，邀请所有客户到公司参加新产品发布会，收到邮政部门开具的增值税专用发票注明邮寄费金额4 500元、税额405元。

（10）24日，销售2012年购进的小汽车（购进时未抵扣进项税额）一辆，含增值税售价10 000元，开具普通发票。

（11）27日，办公室负责人报销本月差旅费用，票面金额均为218元铁路电子客票两张；增值税专用发票注明住宿费金额2 000元、税额120元；普通发票注明餐饮费金额600元、税额36元。

任务：（1）计算本月应缴纳的增值税税额。

（2）填写增值税及附加税费申报表。

相关知识

一、增值税的基本要素及税收优惠

增值税是对销售商品或者服务过程中实现的增值额征收的一种税。

增值税最早于1954年在法国推行。我国于1979年引进增值税并开始试点，1984年9月18日，国务院发布了《中华人民共和国增值税条例（草案）》，标志着增值税作为一个法定的独立税种在我国正式建立。1993年12月13日，国务院令第134号发布了《中华人民共和国增值税暂行条例》（以下简称《增值税暂行条例》），2008年11月10日国务院令第538号、2016年2月6日国务院令第666号、2017年11月19日国务院令第691号修订《增值税暂行条例》。2008年12月15日财政部、国家税务总局令第50号发布《中华人民共和国增值税暂行条例实施细则》（以下简称《增值税暂行条例实施细则》），2011年10月28日财政部、国家税务总局令第65号修正《增值税暂行条例实施细则》。为进一步完善增值税制，消除重复征税，促进经济结构优化，经国务院常务会议决定，自2012年1月1日起，在上海市开展交通运输业和部分现代服务业营业税改征增值税试点。2016年3月23日，财政部、国家税务总局印发《关于全面推开营业税改征增值税试点的通知》，自2016年5月1日起，在全国范围内全面推开"营改增"试点。2024年12月25日第十四届全国人民代表大会常务委员会第十三次会议通过《中华人民共和国增值税法》，自2026年1月1日起施行。这些构成我国增值税法律制度的主要内容。本项目依据《中华人民共和国增值税法》编写。

增值税的基本要素及税收优惠

视野拓展

增值税作为我国最主要的税种之一，在经济生活中占据举足轻重的地位。数据显示，2024年我国实现税收总收入174 972亿元，其中，增值税税收收入规模达到了66 672亿元，占税总收入的比重接近40%。

思考会计人员客观公正地核算增值税有什么重要意义。

（一）增值税的征税范围

凡在中华人民共和国境内（以下简称境内）销售货物、服务、无形资产、不动产（以下称应税交易），以及进口货物的行为，均属于增值税征税范围。在境内发生应税交易的含义如下：销售货物的，货物的起运地或者所在地在境内；销售或者租赁不动产、转让自然资源使用权的，不动产、自然资源所在地在境内；销售金融商品的，金融商品在境内发行，或者销售方为境内单位和个人；销售服务（租赁不动产、销售金融商品除外）、无形资产（自然资源使用权除外）的，服务、无形资产在境内消费，或者销售方为境内单位和个人。

记一记

下列情形不属于在境内销售服务或者无形资产。
① 境外单位或者个人向境内单位或者个人销售完全在境外发生的服务。
② 境外单位或者个人向境内单位或者个人销售完全在境外使用的无形资产。
③ 境外单位或者个人向境内单位或者个人出租完全在境外使用的有形动产。
④ 财政部和国家税务总局规定的其他情形。

---

1. 销售货物

货物是指有形动产，包括电力、热力、气体在内。销售货物，是指有偿转让货物的所有权。有偿，是指从购买方取得货币、货物或者其他经济利益。

2. 销售服务

销售服务是指提供加工、修理修配服务，交通运输服务，邮政服务，电信服务，建筑服务，金融服务，现代服务，生活服务。

（1）加工、修理修配服务。加工是指受托加工货物，即委托方提供原料及主要材料，受托方按照委托方的要求，制造货物并收取加工费的业务。修理修配是指受托对损伤和丧失功能的货物进行修复，使其恢复原状和功能的业务。销售加工、修理修配服务，是指有偿提供加工、修理修配服务。

（2）交通运输服务，是指利用运输工具将货物或者旅客送达目的地，使其空间位置发生转移的业务活动，包括陆路运输服务、水路运输服务、航空运输服务和管道运输服务。

① 陆路运输服务，是指通过陆路（地上或地下）运送货物或者旅客的运输业务活动，包括铁路运输服务和其他陆路运输服务。

出租车公司向使用本公司自有出租车的出租车司机收取的管理费用，按照陆路运输服务缴纳增值税。

② 水路运输服务，是指通过江、河、湖、川等天然、人工水道或者海洋航道运送货物或者旅客的运输业务活动，包括水路运输的程租、期租业务。

程租业务是指运输企业为租船人完成某一特定航次的运输任务并收取租赁费的业务。

期租业务是指运输企业将配备有操作人员的船舶承租给他人使用一定期限，承租期内听候承租方调遣，不论是否经营，均按天向承租方收取租赁费，发生的固定费用均由船东负担的业务。

③ 航空运输服务，是指通过空中航线运送货物或者旅客的运输业务活动。航空运输的湿租业务，属于航空运输服务。航天运输服务，按照航空运输服务缴纳增值税。

湿租业务是指航空运输企业将配备有机组人员的飞机承租给他人使用一定期限，承租期内听候承租方调遣，不论是否经营，均按一定标准向承租方收取租赁费，发生的固定费用均由承租方承担的业务。

④ 管道运输服务，是指通过管道设施输送气体、液体、固体物质的运输业务活动。

无运输工具承运业务，按照交通运输服务缴纳增值税。

无运输工具承运业务是指经营者以承运人身份与托运人签订运输服务合同，收取运费并承担承运人责任，然后委托实际承运人完成运输服务的经营活动。

（3）邮政服务，是指中国邮政集团公司及其所属邮政企业提供邮件寄递、邮政汇兑和机要通信等邮政基本服务的业务活动，包括邮政普遍服务、邮政特殊服务和其他邮政服务。

① 邮政普遍服务，是指函件、包裹等邮件寄递，以及邮票发行、报刊发行和邮政汇兑等业务活动。

② 邮政特殊服务，是指义务兵平常信函、机要通信、盲人读物和革命烈士遗物的寄递等业务活动。

③ 其他邮政服务，是指邮册等邮品销售、邮政代理等业务活动。

（4）电信服务，是指利用有线、无线的电磁系统或者光电系统等各种通信网络资源，提供语音通话服务，传送、发射、接收或者应用图像、短信等电子数据和信息的业务活动，包括基础电信服务和增值电信服务。

① 基础电信服务，是指利用固网、移动网、卫星、互联网，提供语音通话服务的业务活动，以及出租或者出售带宽、波长等网络元素的业务活动。

② 增值电信服务，是指利用固网、移动网、卫星、互联网、有线电视网络，提供短信和彩信服务、电子数据和信息的传输及应用服务、互联网接入服务等业务活动。卫星电视信号落地转接服务，按照增值电信服务缴纳增值税。

（5）建筑服务，是指各类建筑物、构筑物及其附属设施的建造、修缮、装饰，线路、管道、设备、设施等的安装以及其他工程作业的业务活动，包括工程服务、安装服务、修缮服务、装饰服务和其他建筑服务。

① 工程服务，是指新建、改建各种建筑物、构筑物的工程作业，包括与建筑物相连的各种设备或者支柱、操作平台的安装或者装设工程作业，以及各种窑炉和金属结构工程作业。

② 安装服务，是指生产设备、动力设备、起重设备、运输设备、传动设备、医疗实验设备以及其他各种设备、设施的装配、安置工程作业，包括与被安装设备相连的工作台、梯子、栏杆的装设工程作业，以及被安装设备的绝缘、防腐、保温、油漆等工程作业。

固定电话、有线电视、宽带、水、电、燃气、暖气等经营者向用户收取的安装费、初装费、开户费、扩容费以及类似收费，按照安装服务缴纳增值税。

③ 修缮服务，是指对建筑物、构筑物进行修补、加固、养护、改善，使之恢复原来的使用价值或者延长其使用期限的工程作业。

④ 装饰服务，是指对建筑物、构筑物进行修饰装修，使之美观或者具有特定用途的工程作业。

⑤ 其他建筑服务，是指上列工程作业之外的各种工程作业服务，如钻井（打井）、拆除建筑物或者构筑物、平整土地、园林绿化、疏浚（不包括航道疏浚）、建筑物平移、搭脚手架、爆破、矿山穿孔、表面附着物（包括岩层、土层、沙层等）剥离和清理等工程作业。

（6）金融服务，是指经营金融保险的业务活动，包括贷款服务、直接收费金融服务、保险服务和金融商品转让。

① 贷款服务，是指将资金贷与他人使用而取得利息收入的业务活动。

各种占用、拆借资金取得的收入，包括金融商品持有期间（含到期）利息（保本收益、报酬、资金占用费、补偿金等）收入、信用卡透支利息收入、买入返售金融商品利息收入、融资融券收取的利息收入，以及融资性售后回租、押汇、罚息、票据贴现、转贷等业务取得的利息及利息性质的收入，按照贷款服务缴纳增值税。

以货币资金投资收取的固定利润或者保底利润，按照贷款服务缴纳增值税。

📝 **视野拓展**

小王到银行申请购房贷款，工作人员调出他的个人征信报告后，告诉他现在无法从任何一家银行贷到款，原因是他在中国银行的信用卡有多次逾期还款记录。由于有不守信用的记录，小王贷款购房计划暂时破灭。

思考诚信与贷款有什么联系。联系身边事实，简述诚信在金融生活中的重要性。

---

② 直接收费金融服务，是指为货币资金融通及其他金融业务提供相关服务并且收取费用的业务活动，包括提供货币兑换、账户管理、电子银行、信用卡、信用证、财务担保、资产管理、信托管理、基金管理、金融交易场所（平台）管理、资金结算、资金清算、金融支付等服务。

③ 保险服务，是指投保人根据合同约定，向保险人支付保险费，保险人对于合同约定的可能发生的事故因其发生所造成的财产损失承担赔偿保险金责任，或者当被保险人死亡、伤残、疾病或者达到合同约定的年龄、期限等条件时承担给付保险金责任的商业保险行为，包括人身保险服务和财产保险服务。

④ 金融商品转让，是指转让外汇、有价证券、非货物期货和其他金融商品所有权的业务活动。其他金融商品转让包括基金、信托、理财产品等各类资产管理产品和各种金融衍生品的转让。

（7）现代服务，是指围绕制造业、文化产业、现代物流产业等提供技术性、知识性服务的业务活动，包括研发和技术服务、信息技术服务、文化创意服务、物流辅助服务、租赁服务、鉴证咨询服务、广播影视服务、商务辅助服务和其他现代服务。

① 研发和技术服务，包括研发服务、合同能源管理服务、工程勘察勘探服务和专业技术服务。

a. 研发服务，也称技术开发服务，是指对新技术、新产品、新工艺或者新材料及其系统进行研究与试验开发的业务活动。

b. 合同能源管理服务，是指节能服务公司与用能单位以契约形式约定节能目标，节能服务公司提供必要的服务，用能单位以节能效果支付节能服务公司投入及其合理报酬的业务活动。

c. 工程勘察勘探服务，是指在采矿、工程施工前后，对地形、地质构造、地下资源蕴藏情况进行实地调查的业务活动。

d. 专业技术服务，是指气象服务、地震服务、海洋服务、测绘服务、城市规划、环境与生态监测服务等专项技术服务。

② 信息技术服务，是指利用计算机、通信网络等技术对信息进行生产、收集、处理、加工、存储、运输、检索和利用，并提供信息服务的业务活动，包括软件服务、电路设计及测试服务、信息系统服务、业务流程管理服务和信息系统增值服务。

a. 软件服务，是指提供软件开发服务、软件维护服务、软件测试服务的业务活动。

b. 电路设计及测试服务，是指提供集成电路和电子电路产品设计、测试及相关技术支持服务的业务活动。

c. 信息系统服务，是指提供信息系统集成、网络管理、网站内容维护、桌面管理与维护、信息系统应用、基础信息技术管理平台整合、信息技术基础设施管理、数据中心、托管中心、信息安全服务、在线杀毒、虚拟主机等业务活动，包括网站对非自有的网络游戏提供的网络运营服务。

d. 业务流程管理服务，是指依托信息技术提供的人力资源管理、财务经济管理、审计管理、税务管理、物流信息管理、经营信息管理和呼叫中心等服务的活动。

e. 信息系统增值服务，是指利用信息系统资源为用户附加提供的信息技术服务，包括数据处理、分析和整合、数据库管理、数据备份、数据存储、容灾服务、电子商务平台等。

③ 文化创意服务，包括设计服务、知识产权服务、广告服务和会议展览服务。

a. 设计服务，是指把计划、规划、设想通过文字、语言、图画、声音、视觉等形式传递出来的业务活动，包括工业设计、内部管理设计、业务运作设计、供应链设计、造型设计、服装设计、环境设计、平面设计、包装设计、动漫设计、网游设计、展示设计、网站设计、机械设计、工程设计、广告设计、创意策划、文印晒图等。

b. 知识产权服务，是指处理知识产权事务的业务活动，包括对专利、商标、著作权、软件、集成电路布图设计的登记、鉴定、评估、认证、检索等服务。

c. 广告服务，是指利用图书、报纸、杂志、广播、电视、电影、幻灯、路牌、招贴、橱窗、霓虹灯、灯箱、互联网等各种形式为客户的商品、经营服务项目、文体节目或者通告、声明等委托事项进行宣传和提供相关服务的业务活动，包括广告代理和广告的发布、播映、宣传、展示等。

d. 会议展览服务，是指为商品流通、促销、展示、经贸洽谈、民间交流、企业沟通、国际往来等举办或者组织安排的各类展览和会议的业务活动。

④ 物流辅助服务，包括航空服务、港口码头服务、货运客运场站服务、打捞救助服务、装卸搬运服务、仓储服务和收派服务等。

a. 航空服务，包括航空地面服务和通用航空服务。

航空地面服务是指航空公司、飞机场、民航管理局、航站等向在境内航行或者在境内机场停留的境内外飞机或者其他飞行器提供的导航等劳务性地面服务的业务活动，包括旅客安全检查服务、停机坪管理服务、机场候机厅管理服务、飞机清洗消毒服务、空中飞行管理服务、飞机起降服务、飞行通信服务、地面信号服务、飞机安全服务、飞机跑道管理服务、空中交通管理服务等。

通用航空服务是指为专业工作提供飞行服务的业务活动，包括航空摄影、航空培训、航空测量、航空勘探、航空护林、航空吊挂播撒、航空降雨、航空气象探测、航空海洋监测、航空科学实验等。

b. 港口码头服务，是指港务船舶调度服务、船舶通信服务、航道管理服务、航道疏浚服务、灯塔管理服务、航标管理服务、船舶引航服务、理货服务、系解缆服务、停泊和移泊服务、海上船舶溢油清除服务、水上交通管理服务、船只专业清洗消毒检测服务和防止船只漏油服务等为船只提供服务的业务活动。港口设施经营人收取的港口设施保安费按照港口码头服务缴纳增值税。

c．货运客运场站服务，是指货运客运场站提供的货物配载服务、运输组织服务、中转换乘服务、车辆调度服务、票务服务、货物打包整理、铁路线路使用服务、加挂铁路客车服务、铁路行包专列发送服务、铁路到达和中转服务、铁路车辆编解服务、车辆挂运服务、铁路接触网服务、铁路机车牵引服务等业务活动。

d．打捞救助服务，是指提供船舶人员救助、船舶财产救助、水上救助和沉船沉物打捞服务的业务活动。

e．装卸搬运服务，是指使用装卸搬运工具或者人力、畜力将货物在运输工具之间、装卸现场之间或者运输工具与装卸现场之间进行装卸和搬运的业务活动。

f．仓储服务，是指利用仓库、货场或者其他场所代客贮放、保管货物的业务活动。

g．收派服务，是指接受寄件人委托，在承诺的时限内完成函件和包裹的收件、分拣、派送服务的业务活动。

⑤租赁服务，包括融资租赁服务和经营租赁服务。

a．融资租赁服务，是指具有融资性质和所有权转移特点的租赁活动。即出租人根据承租人所要求的规格、型号、性能等条件购入有形动产或者不动产租赁给承租人，合同期内租赁物所有权属于出租人，承租人只拥有使用权，合同期满付清租金后，承租人有权按照残值购入租赁物，以拥有其所有权。不论出租人是否将租赁物销售给承租人，均属于融资租赁。

b．经营租赁服务，是指在约定时间内将有形动产或者不动产转让他人使用且租赁物所有权不变更的业务活动。

将建筑物、构筑物等不动产或者飞机、车辆等有形动产的广告位出租给其他单位或者个人用于发布广告；车辆停放服务、道路通行服务（包括过路费、过桥费、过闸费等）、水路运输的光租业务、航空运输的干租业务，均按照经营租赁服务缴纳增值税。

光租业务，是指运输企业将船舶在约定的时间内出租给他人使用，不配备操作人员，不承担运输过程中发生的各项费用，只收取固定租赁费的业务活动。

干租业务，是指航空运输企业将飞机在约定的时间内出租给他人使用，不配备机组人员，不承担运输过程中发生的各项费用，只收取固定租赁费的业务活动。

试一试

根据增值税法律制度的规定，下列各项中，应按"现代服务——租赁服务"缴纳增值税的是（　　）。

A．水陆运输企业的程租服务　　　　　　B．航空运输企业的湿租服务

C．水陆运输企业的期租服务　　　　　　D．车辆停放服务

⑥鉴证咨询服务，包括认证服务、鉴证服务和咨询服务。

a．认证服务，是指具有专业资质的单位利用检测、检验、计量等技术，证明产品、服务、管理体系符合相关技术规范、相关技术规范的强制性要求或者标准的业务活动。

b．鉴证服务，是指具有专业资质的单位受托对相关事项进行鉴证，发表具有证明力的意见的业务活动，包括会计鉴证、税务鉴证、法律鉴证、职业技能鉴定、工程造价鉴证、工程监理、资产评估、环境评估、房地产土地评估、建筑图纸审核、医疗事故鉴定等。

c．咨询服务，是指提供信息、建议、策划、顾问等服务的活动，包括金融、软件、技术、财务、税收、法律、内部管理、业务运作、流程管理、健康等方面的咨询。翻译服务和市场调查

服务按照咨询服务缴纳增值税。

⑦ 广播影视服务，包括广播影视节目（作品）的制作服务、发行服务和播映（含放映，下同）服务。

a. 广播影视节目（作品）的制作服务，是指进行专题（特别节目）、专栏、综艺、体育、动画片、广播剧、电视剧、电影等广播影视节目和作品制作的服务，具体包括与广播影视节目和作品相关的策划、采编、拍摄、录音、音视频文字图片素材制作、场景布置、后期的剪辑、翻译（编译）、字幕制作、片头（片尾、片花）制作、特效制作、影片修复、编目和确权等业务活动。

b. 广播影视节目（作品）的发行服务，是指以分账、买断、委托等方式，向影院、电台、电视台、网站等单位和个人发行广播影视节目（作品）以及转让体育赛事等活动的报道及播映权的业务活动。

c. 广播影视节目（作品）的播映服务，是指在影院、剧院、录像厅及其他场所播映广播影视节目（作品），以及通过电台、电视台、卫星通信、互联网、有线电视等无线或者有线装置播映广播影视节目（作品）的业务活动。

⑧ 商务辅助服务，包括企业管理服务、经纪代理服务、人力资源服务和安全保护服务。

a. 企业管理服务，是指提供总部管理、投资与资产管理、市场管理、物业管理、日常综合管理等服务的业务活动。

b. 经纪代理服务，是指各类经纪、中介、代理服务，包括金融代理、知识产权代理、货物运输代理、代理报关、法律代理、房地产中介、职业中介、婚姻中介、代理记账、拍卖等。

c. 人力资源服务，是指提供公共就业、劳务派遣、人才委托招聘、劳动力外包等服务的业务活动。

d. 安全保护服务，是指提供保护人身安全和财产安全，维护社会治安等的业务活动，包括场所住宅保安、特种保安、安全系统监控以及其他安保服务。

⑨ 其他现代服务，是指除研发和技术服务、信息技术服务、文化创意服务、物流辅助服务、租赁服务、鉴证咨询服务、广播影视服务和商务辅助服务以外的现代服务。

（8）生活服务，是指为满足城乡居民日常生活需求提供的各类服务活动，包括文化体育服务、教育医疗服务、旅游娱乐服务、餐饮住宿服务、居民日常服务和其他生活服务。

① 文化体育服务，包括文化服务和体育服务。

a. 文化服务，是指为满足社会公众文化生活需求提供的各种服务，包括文艺创作、文艺表演、文化比赛，图书馆的图书和资料借阅，档案馆的档案管理，文物及非物质遗产保护，组织举办宗教活动、科技活动、文化活动，提供游览场所。

b. 体育服务，是指组织举办体育比赛、体育表演、体育活动，以及提供体育训练、体育指导、体育管理的业务活动。

② 教育医疗服务，包括教育服务和医疗服务。

a. 教育服务，是指提供学历教育服务、非学历教育服务、教育辅助服务的业务活动。

b. 医疗服务，是指提供医学检查、诊断、治疗、康复、预防、保健、接生、防疫服务等方面的服务，以及与这些服务有关的提供药品、医用材料器具、救护车、病房住宿和伙食的业务。

③ 旅游娱乐服务，包括旅游服务和娱乐服务。

a. 旅游服务，是指根据旅游者的要求，组织安排交通、游览、住宿、餐饮、购物、文娱、商务等服务的业务活动。

b. 娱乐服务，是指为娱乐活动同时提供场所和服务的业务，包括歌厅、舞厅、夜总会、酒吧、台球、高尔夫球、保龄球、游艺（包括射击、狩猎、跑马、游戏机、蹦极、卡丁车、热气球、动力伞、射箭、飞镖等）。

④ 餐饮住宿服务，包括餐饮服务和住宿服务。

a. 餐饮服务，是指通过同时提供饮食和饮食场所的方式为消费者提供饮食消费服务的业务活动。

b. 住宿服务，是指提供住宿场所及配套服务等的活动，包括宾馆、旅馆、旅社、度假村和其他经营性住宿场所提供的住宿服务。

⑤ 居民日常服务，是指主要为满足居民个人及其家庭日常生活需求提供的服务，包括市容市政管理、家政、婚庆、养老、殡葬、照料和护理、救助救济、美容美发、按摩、桑拿、氧吧、足疗、沐浴、洗染、摄影扩印等服务。

⑥ 其他生活服务，是指除文化体育服务、教育医疗服务、旅游娱乐服务、餐饮住宿服务和居民日常服务之外的生活服务。

> **试一试**
>
> 根据增值税法律制度的规定，下列各项中，应按"生活服务"缴纳增值税的是（　　　）。
> A．广播影视服务　　　　　　　　B．交通运输服务
> C．装卸搬运服务　　　　　　　　D．旅游娱乐服务

3. 销售无形资产

销售无形资产是指转让无形资产所有权或者使用权的业务活动。无形资产包括技术、商标、著作权、商誉、自然资源使用权和其他权益性无形资产。

技术包括专利技术和非专利技术。

自然资源使用权包括土地使用权、海域使用权、探矿权、采矿权、取水权和其他自然资源使用权。

其他权益性无形资产包括基础设施资产经营权、公共事业特许权、配额、经营权（包括特许经营权、连锁经营权、其他经营权）、经销权、分销权、代理权、会员权、席位权、网络游戏虚拟道具、域名、名称权、肖像权、冠名权、转会费等。

4. 销售不动产

销售不动产是指转让不动产所有权的业务活动。不动产包括建筑物、构筑物等。建筑物包括住宅、商业营业用房、办公楼等可供居住、工作或者进行其他活动的建造物。构筑物包括道路、桥梁、隧道、水坝等建造物。

转让建筑物有限产权或者永久使用权的，转让在建的建筑物或者构筑物所有权的，以及在转让建筑物或者构筑物时一并转让其所占土地的使用权的，按照销售不动产缴纳增值税。

5. 进口货物

进口货物是指将货物从我国境外移送至我国境内的行为。凡进入我国海关境内的货物，应于进口报关时向海关缴纳进口环节增值税。

6. 视同应税交易

有下列情形之一的，视同应税交易，应当依法缴纳增值税。

（1）单位和个体工商户将自产或者委托加工的货物用于集体福利或者个人消费。

（2）单位和个体工商户无偿转让货物。

（3）单位和个人无偿转让无形资产、不动产或者金融商品。

📝 **记一记**

有下列情形之一的，不属于应税交易，不征收增值税。
（1）员工为受雇单位或者雇主提供取得工资、薪金的服务。
（2）收取行政事业性收费、政府性基金。
（3）依照法律规定被征收、征用而取得补偿。
（4）取得存款利息收入。

（二）增值税的纳税人

增值税的纳税人是指在我国境内销售货物、服务、无形资产、不动产以及进口货物的单位和个人。单位是指企业、行政单位、事业单位、军事单位、社会团体及其他单位；个人是指个体工商户和其他个人。

单位以承包、承租、挂靠方式经营的，承包人、承租人、挂靠人（以下称承包人）以发包人、出租人、被挂靠人（以下称发包人）名义对外经营并由发包人承担相关法律责任的，以该发包人为纳税人。否则，以承包人为纳税人。

增值税的纳税人分为小规模纳税人和一般纳税人。

1. 小规模纳税人

增值税小规模纳税人标准为年应征增值税销售额500万元及以下。

小规模纳税人会计核算制度健全，能够提供准确税务资料的，可以向税务机关申请登记为一般纳税人，不再作为小规模纳税人。

2. 一般纳税人

增值税一般纳税人标准为年应征增值税销售额500万元以上。

年应税销售额未超过小规模纳税人标准的其他个人以及按照政策规定选择按照小规模纳税人纳税的，不得办理一般纳税人登记。

纳税人自一般纳税人生效之日起，按照增值税一般计税方法计算应纳税额，并可以按规定领用增值税专用发票，财政部、国家税务总局另有规定的除外。

纳税人一经认定为一般纳税人，不得转为小规模纳税人，国家税务总局另有规定的除外。

3. 扣缴义务人

中华人民共和国境外的单位和个人在境内销售服务，在境内未设有经营机构的，以其境内代理人为扣缴义务人；在境内没有代理人的，以购买方为扣缴义务人。

（三）增值税的税率与征收率

我国现行增值税税率设计使用了税率与征收率相结合的办法。

1. 增值税税率

（1）13%税率。增值税一般纳税人销售货物（适用9%税率的货物除外）、进口货物（适用9%税率的货物除外）、销售加工修理修配服务、销售有形动产租赁服务，除适用零税率之外，均适用13%税率。

（2）9%税率。增值税一般纳税人销售交通运输服务、邮政服务、基础电信服务、建筑服务、不动产租赁服务，销售不动产，转让土地使用权，适用9%税率。增值税一般纳税人销售或者进口下列货物，适用9%税率。

① 农产品、食用植物油、食用盐。

② 自来水、暖气、冷气、热水、煤气、石油液化气、天然气、二甲醚、沼气、居民用煤炭制品。

③ 图书、报纸、杂志、音像制品、电子出版物。

④ 饲料、化肥、农药、农机、农膜。

试一试

一般纳税人发生的下列应税销售行为中，适用9%税率的是（　　　）。

A．销售农机　　　　　　　　　　　　B．销售农机配件

C．受托加工农机　　　　　　　　　　D．受托加工农机配件

（3）6%税率。增值税一般纳税人销售增值电信服务、金融服务、现代服务（除有形动产租赁服务和不动产租赁服务外）、生活服务，销售无形资产（除转让土地使用权外），适用6%税率。

（4）零税率。纳税人出口货物，税率为零，国务院另有规定的除外。

境内的单位和个人销售的下列服务和无形资产，适用增值税零税率。

① 国际运输服务。

② 航天运输服务。

③ 向境外单位提供的完全在境外消费的研发服务、合同能源管理服务、设计服务、广播影视节目（作品）的制作和发行服务、软件服务、电路设计及测试服务、信息系统服务、业务流程管理服务、离岸服务外包业务、转让技术。

④ 国务院规定的其他服务。

2．增值税征收率

小规模纳税人以及一般纳税人选择简易办法计税的，征收率为3%，另有规定的除外。具体为以下情形。

（1）一般纳税人销售自己使用过的依据增值税法律制度规定的不得抵扣且未抵扣进项税额的固定资产，按简易办法依3%征收率减按2%征收增值税。

（2）一般纳税人销售自己使用过的其他固定资产（以下简称已使用过的固定资产），应区分不同情形征收增值税。

① 销售自己使用过的2009年1月1日以后购进或者自制的固定资产，按照适用税率征收增值税。

② 2008年12月31日以前未纳入扩大增值税抵扣范围试点的纳税人，销售自己使用过的2008年12月31日以前购进或者自制的固定资产，按照简易办法依3%征收率减按2%征收增值税。

③ 2008年12月31日以前已纳入扩大增值税抵扣范围试点的纳税人，销售自己使用过的在本地区扩大增值税抵扣范围试点以前购进或者自制的固定资产，按照简易办法依3%征收率减按2%征收增值税；销售自己使用过的在本地区扩大增值税抵扣范围试点以后购进或者自制的固定资产，按照适用税率征收增值税。

试一试

甲公司为增值税一般纳税人，2025年1月转让一台2008年购入的未抵扣过进项税额的设备，取得含增值税销售额10 506元。甲公司选择享受相关税收减免政策，且未开具增值税专用发票。已知一般纳税人销售自己使用过的未抵扣过进项税额的固定资产，按照简易办法依照3%征收率减按2%征收增值税。计算甲公司该业务应缴纳增值税税额的下列算式中，正确的是（   ）。

A. 10 506÷（1+3%）×2%=204（元）　　　　B. 10 506÷（1+2%）×2%=206（元）

C. 10 506÷（1+2%）×3%=309（元）　　　　D. 10 506÷（1+3%）×3%=306（元）

（3）一般纳税人销售自己使用过的除固定资产以外的物品，按照适用税率征收增值税。

（4）小规模纳税人（除其他个人外）销售自己使用过的固定资产，减按2%征收率征收增值税。

小规模纳税人（除其他个人外）销售自己使用过的除固定资产以外的物品，按3%征收率征收增值税。

（5）纳税人销售旧货，按照简易办法依照3%征收率减按2%征收增值税。

旧货，是指进入二次流通的具有部分使用价值的货物（含旧汽车、旧摩托车和旧游艇），但不包括自己使用过的物品。

自2020年5月1日至2027年12月31日，从事二手车经销业务的纳税人销售其收购的二手车，减按0.5%征收率征收增值税。销售额的计算公式为

$$销售额=含税销售额÷（1+0.5\%）$$

（6）一般纳税人发生下列应税行为可以选择适用简易计税方法计税，不允许抵扣进项税额。

① 公共交通运输服务，包括轮客渡、公交客运、地铁、城市轻轨、出租车、长途客运、班车。

② 经认定的动漫企业为开发动漫产品提供的动漫脚本编撰、形象设计、背景设计、动画设计、分镜、动画制作、摄制、描线、上色、画面合成、配音、配乐、音效合成、剪辑、字幕制作、压缩转码（面向网络动漫、手机动漫格式适配）服务，以及在境内转让动漫版权（包括动漫品牌、形象或者内容的授权及再授权）。

③ 电影放映服务、仓储服务、装卸搬运服务、收派服务和文化体育服务。

④ 以纳入"营改增"试点之日前取得的有形动产为标的物提供的经营租赁服务。

⑤ 在纳入"营改增"试点之日前签订的尚未执行完毕的有形动产租赁合同。

一般纳税人发生财政部和国家税务总局规定的特定应税销售行为，可以选择适用简易计税方法计税，但一经选择，36个月内不得变更。

试一试

一般纳税人发生下列应税销售行为，可以选择适用简易计税方法计征增值税的有（   ）。

A. 公交运输服务　　B. 文化体育服务　　　　C. 管道运输服务　　　　D. 装卸搬运服务

（7）建筑企业一般纳税人提供建筑服务属于老项目的，可以选择简易办法依照3%征收率计征增值税。

（8）一般纳税人销售自产的下列货物，可选择按照简易办法依照3%征收率征收增值税。

① 县级及县级以下小型水力发电单位生产的电力。

② 建筑用和生产建筑材料所用的砂、土、石料或其他矿物连续生产的砖、瓦、石灰。

③ 用微生物、微生物代谢产物、动物毒素、人或动物的血液或组织制造的生物制品。

④ 商品混凝土。

⑤ 自来水。

自2023年1月1日至2027年12月31日，增值税小规模纳税人，适用3%征收率的应税销售收入，减按1%征收率征收增值税。

记一记

（1）纳税人发生两项以上应税交易涉及不同税率、征收率的，应当分别核算适用不同税率、征收率的销售额；未分别核算的，从高适用税率。

（2）纳税人发生一项应税交易涉及两个以上税率、征收率的，按照应税交易的主要业务适用税率、征收率。

（四）增值税的税收优惠

1. 免征增值税项目

下列项目免征增值税。

（1）农业生产者销售的自产农产品，农业机耕、排灌、病虫害防治、植物保护、农牧保险以及相关技术培训业务，家禽、牲畜、水生动物的配种和疾病防治。

（2）医疗机构提供的医疗服务。

（3）古旧图书，自然人销售的自己使用过的物品。

（4）直接用于科学研究、科学试验和教学的进口仪器、设备。

（5）外国政府、国际组织无偿援助的进口物资和设备。

（6）由残疾人的组织直接进口供残疾人专用的物品，残疾人个人提供的服务。

（7）托儿所、幼儿园、养老机构、残疾人服务机构提供的育养服务，婚姻介绍服务，殡葬服务。

（8）学校提供的学历教育服务，学生勤工俭学提供的服务。

（9）纪念馆、博物馆、文化馆、文物保护单位管理机构、美术馆、展览馆、书画院、图书馆举办文化活动的门票收入，宗教场所举办文化、宗教活动的门票收入。

试一试

根据增值税法律制度的规定，下列各项中，属于增值税免税项目的是（　　　）。

A．存款利息

B．被保险人获得的保险赔付

C．农业生产者销售的自产农产品

D．小规模纳税人销售自己使用过的固定资产

2．起征点

小规模纳税人发生应税交易，销售额未达到起征点的，免征增值税；达到起征点的，依法全额计算缴纳增值税。

起征点标准由国务院规定，报全国人民代表大会常务委员会备案。

> **记一记**
>
> 自2023年1月1日至2027年12月31日，增值税小规模纳税人发生增值税应税销售行为，合计月销售额未超过10万元（以1个季度为1个纳税期的，季度销售额未超过30万元）的，免征增值税。增值税小规模纳税人适用3%征收率的应税销售收入，减按1%征收率征收增值税；适用3%预征率的预缴增值税项目，减按1%预征率预缴增值税。

3．纳税人兼营免税、减税项目的

纳税人兼营增值税优惠项目的，应当单独核算增值税优惠项目的销售额；未单独核算的项目，不得享受税收优惠。

4．纳税人放弃增值税优惠的

纳税人可以放弃增值税优惠；放弃优惠的，在36个月内不得享受该项税收优惠，小规模纳税人除外。

二、增值税应纳税额的计算

增值税的计税方法，包括一般计税方法和简易计税方法。一般纳税人发生应税销售行为适用一般计税方法计税；小规模纳税人发生应税销售行为适用简易计税方法计税。

> 增值税应纳
> 税额的计算

（一）一般纳税人应纳税额的计算

一般纳税人发生应税销售行为采取一般计税方法计算应纳税额的，应纳税额为当期销项税额抵扣当期进项税额后的余额。其计算公式为

$$应纳税额 = 当期销项税额 - 当期进项税额$$

当期进项税额大于当期销项税额的部分，纳税人可以按照国务院的规定选择结转下期继续抵扣或者申请退还。

1．销项税额

销项税额，是指纳税人发生应税交易，按照销售额乘以适用的税率计算的增值税税额。其计算公式为

$$销项税额 = 销售额 \times 适用税率$$

（1）销售额的一般规定。

销售额，是指纳税人发生应税交易取得的与之相关的价款，包括货币和非货币形式的经济利益对应的全部价款，不包括按照一般计税方法计算的销项税额和按照简易计税方法计算的应纳税额。

（2）含税销售额的换算。

增值税是价外税，销售额中不应含有增值税税款。如果销售额中包含了增值税税款即销项

税额，则应将含税销售额换算成不含税销售额。其计算公式为

$$不含税销售额=含税销售额÷（1+增值税税率）$$

（3）特殊销售方式下销售额的确定。

① 折扣方式销售。折扣销售是指销货方在销售货物时，因购货方购货数量较大等而给予购货方的价格优惠。纳税人采取折扣方式销售货物，如果销售额和折扣额在同一张发票上分别注明，可以按折扣后的销售额征收增值税；如果将折扣额另开发票，不论其在财务上如何处理，均不得从销售额中减除折扣额。

这里需要注意的是，折扣销售不同于销售折扣。

销售折扣是指销货方在发生应税销售行为后，为了鼓励购货方及早偿还货款，而协议许诺给予购货方的一种折扣优惠。销售折扣在会计实务中又称现金折扣，例如，10天内付款，折扣为3%；20天内付款，折扣为1%；30天内全价付款。销售折扣发生在销货之后，属于理财费用，因此，销售折扣不得从销售额中减除。

试一试

甲公司为增值税一般纳税人，2025年1月采取折扣方式销售货物，不含增值税售价452 000元，因购货方购货数量较大而给予购货方5%的价格优惠，销售额和折扣额在同一张发票上分别注明。已知增值税税率为13%。计算甲公司当月该笔业务增值税销项税额的下列算式中，正确的是（　　）。

A. 452 000×13%=58 760（元）
B. 452 000×（1−5%）×13%=55 822（元）
C. 452 000÷（1+13%）×13%=52 000（元）
D. 452 000×（1−5%）÷（1+13%）×13%=49 400（元）

② 以旧换新方式销售。以旧换新是指纳税人在销售货物时，折价收回同类旧货物，并以折价款部分冲减新货物价款的一种销售方式。纳税人采取以旧换新方式销售货物的，应按新货物的同期销售价格确定销售额，不得扣减旧货物的收购价格。

但是对金银首饰以旧换新业务，可以按销售方实际收取的不含增值税的全部价款征收增值税。

试一试

甲公司为增值税一般纳税人，2025年1月采取以旧换新方式销售某型号冰箱100台，该型号新冰箱同期含增值税销售价格为3 390元/台，旧冰箱收购价格为339元/台。已知增值税税率为13%。计算甲公司当月该笔业务增值税销项税额的下列算式中，正确的是（　　）。

A. 100×3 390×13%=44 070（元）
B. 100×3 390÷（1+13%）×13%=39 000（元）
C. 100×（3 390−339）×13%=39 663（元）
D. 100×（3 390−339）÷（1+13%）×13%=35 100（元）

③ 还本销售方式销售。还本销售是指纳税人在销售货物后，到一定期限将全部或部分货款

一次或分次退还给购货方的一种销售方式。这种方式实际上是一种筹资，是以货物换取资金的使用价值，到期还本不付息。纳税人采取还本销售方式销售货物，其销售额就是货物的销售价格，不得从销售额中减除还本支出。

试一试

甲公司为增值税一般纳税人，2025年1月采取还本销售方式销售自行车，含增值税价格为565元/辆，已销售400辆，2年后还本90%。已知增值税税率为13%。计算甲公司当月该笔业务增值税销项税额的下列算式中，正确的是（　　　）。

A．$400 \times 565 \times 13\% = 29\,380$（元）

B．$400 \times 565 \div (1+13\%) \times 13\% = 26\,000$（元）

C．$400 \times 565 \times 90\% \times 13\% = 26\,442$（元）

D．$400 \times 565 \times 90\% \div (1+13\%) \times 13\% = 23\,400$（元）

④ 以物易物方式销售。以物易物是指购销双方不是以货币结算，而是以同等价款的货物相互结算，以此实现货物购销的一种方式。以物易物双方都应作购销处理，以各自发出的货物核算销售额并计算销项税额，以各自收到的货物按规定核算购货额并计算进项税额。在以物易物活动中，应分别开具合法的票据，如收到的货物不能取得相应的增值税专用发票或其他合法票据的，不能抵扣进项税额。

⑤ 直销方式销售。直销企业先将货物销售给直销员，直销员再将货物销售给消费者的，直销企业的销售额为其向直销员收取的全部价款和价外费用。直销员将货物销售给消费者时，应按照现行规定缴纳增值税。

直销企业通过直销员向消费者销售货物，直接向消费者收取货款，直销企业的销售额为其向消费者收取的全部价款和价外费用。

试一试

甲公司为增值税一般纳税人，2025年1月采取直销方式销售保健品，甲公司先将保健品销售给直销员，取得含增值税销售额113万元；直销员当月全部销售给消费者，取得含增值税销售额226万元。已知增值税税率为13%。计算甲公司当月上述业务增值税销项税额的下列算式中，正确的是（　　　）。

A．$113 \times 13\% = 14.69$（万元）　　　　　B．$113 \div (1+13\%) \times 13\% = 13$（万元）

C．$226 \times 13\% = 29.38$（万元）　　　　　D．$226 \div (1+13\%) \times 13\% = 26$（万元）

（4）包装物押金。

包装物是指纳税人包装本单位货物的各种物品。一般情况下，销货方向购货方收取包装物押金，购货方在规定时间内返还包装物，销货方再将收取的包装物押金返还。纳税人为销售货物而出租、出借包装物收取的押金，单独记账核算的，且时间在1年以内，又未过期的，不并入销售额征税；但对因逾期未收回包装物不再退还的押金，应按所包装货物的适用税率计算增值税税款。实践中，应注意以下具体规定。

① "逾期"是指按合同约定实际逾期或以1年为期限，对收取1年以上的押金，无论是否退

还均并入销售额征税。

② 包装物押金是含税收入，在并入销售额征税时，需要先将该押金换算为不含税收入，再计算应纳增值税税款。

③ 从1995年6月1日起，对销售除啤酒、黄酒外的其他酒类产品而收取的包装物押金，无论是否返还以及会计上如何核算，均应并入当期销售额征收增值税。

试一试

甲公司为增值税一般纳税人，2025年1月销售自产玻璃取得含增值税销售额2 260 000元，另出借包装物，向购买方收取期限为3个月的单独记账核算的包装物押金84 750元。本月逾期未收回包装物不再退还的包装物押金45 200元。已知增值税税率为13%。计算甲公司当月上述业务增值税销项税额的下列算式中，正确的是（　　　）。

A．2 260 000÷（1+13%）×13%=260 000（元）

B．（2 260 000+84 750）÷（1+13%）×13%=269 750（元）

C．（2 260 000+84 750+45 200）÷（1+13%）×13%=274 950（元）

D．（2 260 000+45 200）÷（1+13%）×13%=265 200（元）

（5）视同应税交易销售额。

纳税人发生视同应税交易以及销售额为非货币形式的，纳税人应当按照市场价格确定销售额。

销售额明显偏低或者偏高且无正当理由的，税务机关可以依照《中华人民共和国税收征收管理法》和有关行政法规的规定核定销售额。

试一试

甲公司为增值税一般纳税人，2025年3月将一批自产洗衣液作为福利发放给职工，该批洗衣液生产成本为10 000元。同类洗衣液含增值税市场售价为12 430元。已知增值税税率为13%。计算甲公司当月该笔业务增值税销项税额的下列算式中，正确的是（　　　）。

A．10 000×13%=1 300（元）

B．10 000÷（1+13%）×13%=1 150.44（元）

C．12 430×13%=1 615.90（元）

D．12 430÷（1+13%）×13%=1 430（元）

2．进项税额

进项税额，是指纳税人购进货物、服务、无形资产、不动产支付或者负担的增值税税额。

（1）准予从销项税额中抵扣的进项税额。根据国家税收法律制度的规定，准予从销项税额中抵扣的进项税额，限于下列增值税扣税凭证上注明的增值税税额和按照规定扣除率计算的进项税额。

① 从销售方取得的增值税专用发票（含机动车销售统一发票，下同）上注明的增值税税额。

② 从海关取得的海关进口增值税专用缴款书上注明的增值税税额。

③ 购进农产品，取得一般纳税人开具的增值税专用发票或海关进口增值税专用缴款书

的，以增值税专用发票或海关进口增值税专用缴款书上注明的增值税税额为进项税额；从按照简易计税方法依照3%征收率计算缴纳增值税的小规模纳税人取得增值税专用发票的，以增值税专用发票上注明的金额和9%的扣除率计算进项税额；取得（开具）农产品销售发票或收购发票的，以农产品销售发票或收购发票上注明的农产品买价和9%的扣除率计算进项税额；纳税人购进用于生产销售或委托加工13%税率货物的农产品，按照10%的扣除率计算进项税额。其计算公式为

$$进项税额=买价×扣除率$$

购进农产品，按照《农产品增值税进项税额核定扣除试点实施办法》抵扣进项税额的除外。

试一试

甲公司为增值税一般纳税人，2025年1月从小规模纳税人处购进一批农产品，取得的增值税专用发票注明金额20万元、税额0.2万元。已知农产品扣除率为9%。甲公司该笔业务准予抵扣的进项税额为（　　）万元。

A．0.2　　　　　　　　　　　　B．1.8

C．1.818　　　　　　　　　　　D．1.962

④ 自境外单位或者个人购进服务、无形资产或者境内不动产，从税务机关或者扣缴义务人取得的代扣代缴税款的完税凭证上注明的增值税税额。

⑤ 纳税人购进国内旅客运输服务未取得增值税专用发票的，按照以下规定确定进项税额。

a．取得电子发票（普通发票）的，为发票上注明的税额。

b．取得注明旅客信息的电子发票（航空运输电子客票行程单）的，为行程单上注明的增值税税额。

c．取得注明旅客身份信息的电子发票（铁路电子客票）的，按照下列公式计算进项税额。

$$铁路旅客运输进项税额=票面金额÷（1+9\%）×9\%$$

d．取得注明旅客身份信息的公路、水路等其他客票的，按照下列公式计算进项税额。

$$公路、水路等其他旅客运输进项税额=票面金额÷（1+3\%）×3\%$$

AI助学导航

增值税一般纳税人购进国际旅客运输服务，能否抵扣进项税额？请使用文心一言、通义千问、DeepSeek等AI工具搜索结果。

试一试

甲公司为增值税一般纳税人，2025年1月派工程师出差，乘坐飞机取得电子发票（航空运输电子客票行程单）一张，注明增值税税额为72元；乘坐动车组列车取得电子发票（铁路电子客票）一张，注明票面金额为545元；乘坐网约车，取得电子发票（普通发票）一张，注明增值税税额为9元。已知铁路客运服务按9%计算进项税额。计算甲公司当月该工程师出差购进的

国内旅客运输服务准予抵扣进项税额的下列算式中，正确的是（　　）。

A．72+9＝81（元）

B．72+545÷（1+9%）×9%＝117（元）

C．545÷（1+9%）×9%+9＝54（元）

D．72+545÷（1+9%）×9%+9＝126（元）

（2）不得从销项税额中抵扣的进项税额。纳税人的下列进项税额不得从其销项税额中抵扣。

① 适用简易计税方法计税项目对应的进项税额。

② 免征增值税项目对应的进项税额。

③ 非正常损失项目对应的进项税额。

非正常损失，是指因管理不善造成货物被盗、丢失、霉烂变质，以及因违法造成货物或者不动产被依法没收、销毁、拆除的情形。

④ 购进并用于集体福利或者个人消费的货物、服务、无形资产、不动产对应的进项税额。

⑤ 购进并直接用于消费的餐饮服务、居民日常服务和娱乐服务对应的进项税额。

⑥ 国务院规定的其他进项税额。

试一试

增值税一般纳税人支付的下列进项税额中，不得从销项税额中抵扣的是（　　）。

A．购进生产用原材料所支付的进项税额

B．购进管理部门用电所支付的进项税额

C．购进用作固定资产的小汽车所支付的进项税额

D．购进用于职工活动的乒乓球台所支付的进项税额

（3）适用一般计税方法的纳税人，兼营简易计税方法计税项目、免征增值税项目而无法划分不得抵扣的进项税额的，按照下列公式计算不得抵扣的进项税额。

不得抵扣的进项税额＝当期无法划分的全部进项税额×（当期简易计税方法计税项目销售额+免征增值税项目销售额）÷当期全部销售额

税务机关可以按照上述公式依据年度数据对不得抵扣的进项税额进行清算。

3. 应纳税额的计算举例

【例2-1】甲服装商场为增值税一般纳税人，2025年1月发生以下业务。

（1）零售各种服装，取得含增值税销售额565万元。

（2）将零售价2.26万元的儿童服装无偿捐赠给某贫困山区小学。

（3）当月购入服装，取得的增值税专用发票注明金额277万元、税额36.01万元。

（4）购进设备一台，取得的增值税专用发票注明金额10万元、税额1.3万元。

（5）由于管理不善，上月购入的账面价值5万元的衣服被盗。

已知： 该企业取得的增值税专用发票均符合抵扣规定，销售服装适用的增值税税率为13%。

要求： 计算甲服装商场当月应缴纳的增值税税额。

解析： 无偿捐赠儿童服装做视同应税交易处理；管理不善造成的非正常损失，进项税额不可以抵扣，应按规定做进项税额转出处理。

（1）准予抵扣的进项税额=36.01+1.3=37.31（万元）

（2）销项税额=（565+2.26）÷（1+13%）×13%=65.26（万元）

（3）进项税额转出额=5×13%=0.65（万元）

（4）应缴纳增值税税额=65.26-（37.31-0.65）=28.6（万元）

【例2-2】甲小机电制造企业为增值税一般纳税人，2025年1月发生经济业务如下。

（1）购进一批原材料，取得增值税专用发票注明金额100万元、税额13万元。支付运费，取得普通发票注明金额2万元、税额0.18万元。

（2）接受其他企业投资转入材料一批，取得增值税专用发票注明金额50万元、税额6.5万元。

（3）购进低值易耗品，取得增值税专用发票注明金额5万元、税额0.65万元。

（4）销售产品一批，取得不含增值税价款300万元。

（5）采取以旧换新方式销售产品，新产品含增值税售价为9.04万元，旧产品作价2万元。

（6）因仓库管理不善，上月购进的一批工具被盗，该批工具的采购成本为10万元。

已知：该企业取得的增值税专用发票均符合抵扣规定，销售产品适用的增值税税率为13%。

要求：计算甲小机电制造企业当月应缴纳的增值税税额。

解析：购进材料的进项税额准予抵扣，支付运费未取得增值税专用发票，不得抵扣进项税额；接受投资材料的进项税额和购进低值易耗品的进项税额准予抵扣；以旧换新业务应按照新产品的市场销售价格计算销项税额；购进工具因管理不善被盗，应按规定做进项税额转出处理。

（1）准予抵扣的进项税额=13+6.5+0.65=20.15（万元）

（2）销项税额=300×13%+9.04÷（1+13%）×13%=40.04（万元）

（3）进项税额转出额=10×13%=1.3（万元）

（4）应缴纳增值税税额=40.04-（20.15-1.3）=21.19（万元）

（二）小规模纳税人应纳税额的计算

1. 应纳税额的计算公式

小规模纳税人发生应税销售行为，按简易计税方法计税，即按销售额和规定征收率计算应纳税额，不得抵扣进项税额。其计算公式为

$$应纳税额=销售额×征收率$$

公式中销售额与增值税一般纳税人计算应纳增值税的销售额规定内容一致，是纳税人发生应税交易取得的与之相关的价款，包括货币和非货币形式的经济利益对应的全部价款。

2. 含税销售额的换算

简易计税方法下的销售额不包括应纳税额，纳税人采用销售额和应纳税额合并定价方法的，按照下列公式换算销售额。

$$不含税销售额=含税销售额÷（1+征收率）$$

3. 应纳税额的计算举例

【例2-3】甲公司为按季纳税的增值税小规模纳税人，主要从事汽车修理和装潢业务。2024年第4季度提供汽车修理业务取得含增值税销售额450 000元，销售汽车装饰用品取得含增值税销售额45 000元；购进的修理用配件被盗，账面成本为10 000元。

已知：增值税征收率为1%。

要求：计算甲公司当季应缴纳的增值税税额。

解析： 小规模纳税人取得的销售额是含增值税的，需换算成不含税销售额；进项税额不得抵扣，所以也不存在进项税额转出之说。

应缴纳增值税税额＝（450 000+45 000）÷（1+1%）×1%=4 900.99（元）

【例2-4】 乙公司为按季纳税的增值税小规模纳税人，主要从事商业咨询服务。2024年第4季度发生以下业务。

（1）向一般纳税人企业提供资讯信息服务，取得含增值税销售额484 800元。

（2）向小规模纳税人提供注册信息服务，取得含增值税销售额30 300元。

（3）购进办公用品，取得增值税专用发票注明金额20 000元、税额2 600元。

已知： 增值税征收率为1%。

要求： 计算乙公司当季应缴纳的增值税税额。

解析： 小规模纳税人取得的销售额是含增值税的，需换算成不含税销售额；购进货物进项税额不得抵扣。

应缴纳增值税税额＝（484 800+30 300）÷（1+1%）×1%=5 100（元）

🔆 AI助学导航

小规模纳税人能否自己选择按月或按季纳税？请使用文心一言、通义千问、DeepSeek等AI工具搜索结果。

（三）进口货物应纳税额的计算

1. 应纳税额的计算公式

纳税人进口货物，无论是一般纳税人还是小规模纳税人，均按照组成计税价格和规定的税率计算应纳税额，不得抵扣发生在境外的任何税金。组成计税价格的计算公式为

$$组成计税价格=关税计税价格+关税$$

如果进口货物属于消费税应税消费品，其组成计税价格中还要包括进口环节已纳消费税税额。其计算公式为

$$组成计税价格=关税计税价格+关税+消费税$$

$$应纳税额=组成计税价格\times税率$$

📕 查一查

小规模纳税人进口货物的增值税税率是否为13%或9%？

2. 进口货物应纳税额的计算举例

【例2-5】 甲外贸公司2025年1月进口货物一批，海关审定的关税计税价格为90万元，货物报关后，甲外贸公司按照规定缴纳了关税10万元，并取得了海关开具的完税凭证。

已知： 增值税税率为13%，该货物不属于消费税应税消费品。

要求： 计算甲外贸公司当月该笔业务进口环节应缴纳的增值税税额。

解析：纳税人进口货物，按照组成计税价格和规定的税率计算应纳税额，非应税消费品的组成计税价格=关税计税价格+关税。

组成计税价格=90+10=100（万元）

进口环节应缴纳增值税税额=100×13%=13（万元）

三、增值税出口退税制度

在国际贸易业务中，对我国报关出口的货物退还或免征其在国内各生产环节和流转环节按税法规定缴纳的增值税和消费税。

（一）适用增值税退（免）税政策范围

1．出口企业出口货物

出口企业，是指依法办理工商登记、税务登记、对外贸易经营者备案登记，自营或委托出口货物的单位或个体工商户，以及依法办理工商登记、税务登记但未办理对外贸易经营者备案登记，委托出口货物的生产企业。

出口货物，是指企业向海关报关后实行离境并销售给境外单位或个人的货物，分为自营出口货物和委托出口货物两类。

生产企业，是指具有生产能力（包括加工修理修配能力）的单位或个体工商户。

2．出口企业或其他单位视同出口货物

（1）出口企业对外援助、对外承包、境外投资的出口货物。

（2）出口企业经海关报关进入国家批准的出口加工区、保税物流园区、保税港区、综合保税区等并销售给特殊区域内单位或境外单位、个人的货物。

（3）免税品经营企业销售的货物（国家规定不允许经营和限制出口的货物、卷烟和超出免税品经营企业《企业法人营业执照》规定经营范围的货物除外）。

（4）出口企业或其他单位销售的用于国际金融组织或外国政府贷款国际招标建设项目的中标机电产品。

（5）生产企业向海上石油天然气开采企业销售的自产的海洋工程结构物。

（6）出口企业或其他单位销售给国际运输企业用于国际运输工具上的货物。

（7）出口企业或其他单位销售给特殊区域内生产企业生产耗用且不向海关报关而输入特殊区域的水（包括蒸汽）、电力、燃气。

3．出口企业对外提供加工修理修配服务

对外提供加工修理修配服务，是指对进境复出口货物或从事国际运输的运输工具进行的加工修理修配。

4．增值税一般纳税人提供零税率应税服务

（1）自2014年1月1日起，增值税一般纳税人提供适用零税率的应税服务，实行增值税退（免）税办法。

（2）自2016年5月1日起，跨境应税行为适用增值税零税率。

（二）增值税退（免）税办法

出口货物、加工修理修配服务、零税率应税服务，实行增值税退（免）税政策，包括免抵退税办法和免退税办法。

1. 增值税免抵退税办法

生产企业出口自产货物和视同自产货物及对外提供加工修理修配服务，以及列名的生产企业出口非自产货物，免征增值税，相应的进项税额抵减应纳增值税税额（不包括适用增值税即征即退、先征后退政策的应纳增值税税额），未抵减完的部分予以退还。

境内的单位和个人提供适用增值税零税率的服务和无形资产，适用一般计税方法的，生产企业实行免抵退税办法，外贸企业直接将服务或自行研发的无形资产出口，视同生产企业连同其出口货物实行统一免抵退税办法。

2. 增值税免退税办法

增值税免退税，是指不具有生产能力的出口企业或其他单位出口货物、加工修理修配服务，免征增值税，相应的进项税额予以退还。

适用一般计税方法的外贸企业购进服务或者无形资产出口实行免退税办法。

（三）增值税出口退税率

1. 退税率的一般规定

除财政部和国家税务总局根据国务院规定而明确的增值税出口退税率外，出口货物、服务、无形资产的退税率为其适用税率。目前我国出口退税率分为五档：13%、10%、9%、6%和零税率。

2. 退税率的特殊规定

（1）外贸企业购进按简易办法征税的出口货物、从小规模纳税人购进的出口货物，其退税率分别为简易办法实际执行的征收率、小规模纳税人征收率。

（2）出口企业委托加工修理修配货物，其加工修理修配费用的退税率，为出口货物的退税率。

（3）适用不同退税率的货物、服务以及跨境应税行为，应分开报关、核算并申报退（免）税；未分开报关、核算或划分不清的，从低适用退税率。

（四）出口退税的计算

1. 增值税退（免）税的计税依据

出口货物、加工修理修配服务的增值税退（免）税的计税依据，按出口货物、加工修理修配服务的出口发票（外销发票）、其他普通发票或购进出口货物、加工修理修配服务的增值税专用发票、海关进口增值税专用缴款书确定。

（1）生产企业出口货物、加工修理修配服务（进料加工复出口货物除外）增值税退（免）税的计税依据，为出口货物、加工修理修配服务的实际离岸价（Free On Board，FOB）。实际离岸价应以出口发票上的离岸价为准，但如果出口发票不能反映实际离岸价，主管税务机关有权予以核定。

（2）生产企业进料加工复出口货物增值税退（免）税的计税依据，按出口货物的离岸价扣除出口货物所含的海关保税进口料件的金额后确定。

（3）生产企业国内购进无进项税额且不计提进项税额的免税原材料加工后出口的货物的计税依据，按出口货物的离岸价扣除出口货物所含的国内购进免税原材料的金额后确定。

（4）外贸企业出口货物（委托加工修理修配货物除外）增值税退（免）税的计税依据，为购进出口货物的增值税专用发票上注明的金额或海关进口增值税专用缴款书上注明的计税价格。

（5）外贸企业出口委托加工修理修配货物增值税退（免）税的计税依据，为加工修理修配费用增值税专用发票上注明的金额。外贸企业应将加工修理修配使用的原材料（进料加工海关保税进口料件除外）作价销售给受托加工修理修配的生产企业，受托加工修理修配的生产企业应将原材料成本并入加工修理修配费用开具发票。

（6）出口进项税额未计算抵扣的已使用过的设备增值税退（免）税的计税依据，按下列公式确定。

$$退（免）税计税依据=增值税专用发票上注明的金额或海关进口增值税专用缴款书上注明的计税价格×已使用过的设备固定资产净值÷已使用过的设备原值$$

$$已使用过的设备固定资产净值=已使用过的设备原值-已使用过的设备已提累计折旧$$

（7）免税品经营企业销售的货物增值税退（免）税的计税依据，为购进货物的增值税专用发票上注明的金额或海关进口增值税专用缴款书上注明的计税价格。

（8）中标机电产品增值税退（免）税的计税依据，生产企业为销售机电产品的普通发票上注明的金额，外贸企业为购进货物的增值税专用发票上注明的金额或海关进口增值税专用缴款书上注明的计税价格。

（9）生产企业向海上石油天然气开采企业销售的自产的海洋工程结构物增值税退（免）税的计税依据，为销售海洋工程结构物的普通发票上注明的金额。

（10）输入特殊区域的水电气增值税退（免）税的计税依据，为作为购买方的特殊区域内生产企业购进水（包括蒸汽）、电力、燃气的增值税专用发票上注明的金额。

2．增值税免抵退税和免退税的计算

（1）生产企业出口货物、加工修理修配服务增值税免抵退税，依下列公式计算。

① 当期应纳税额的计算。

$$当期应纳税额=当期销项税额-（当期进项税额-当期不得免征和抵扣税额）$$

$$当期不得免征和抵扣税额=当期出口货物离岸价×外汇人民币折合率×（出口货物适用税率-出口货物退税率）-当期不得免征和抵扣税额抵减额$$

$$当期不得免征和抵扣税额抵减额=当期免税购进原材料价格×（出口货物适用税率-出口货物退税率）$$

② 当期免抵退税额的计算。

$$当期免抵退税额=当期出口货物离岸价×外汇人民币折合率×出口货物退税率-当期免抵退税额抵减额$$

$$当期免抵退税额抵减额=当期免税购进原材料价格×出口货物退税率$$

③ 当期应退税额和免抵税额的计算。

a．当期期末留抵税额≤当期免抵退税额，则

$$当期应退税额=当期期末留抵税额$$

$$当期免抵税额=当期免抵退税额-当期应退税额$$

b．当期期末留抵税额>当期免抵退税额，则

$$当期应退税额=当期免抵退税额$$

$$当期免抵税额=0$$

当期期末留抵税额为当期增值税纳税申报表中"期末留抵税额"。

④ 当期免税购进原材料价格包括当期国内购进的无进项税额且不计提进项税额的免税原材料的价格和当期进料加工保税进口料件的价格，其中当期进料加工保税进口料件的价格为组成计税价格。

$$当期进料加工保税进口料件的组成计税价格=当期进口料件到岸价格+$$
$$海关实征关税+海关实征消费税$$

（2）外贸企业出口货物、加工修理修配服务增值税免退税，依下列公式计算。

① 外贸企业出口委托加工修理修配货物以外的货物。

$$增值税应退税额=增值税退（免）税计税依据×出口货物退税率$$

② 外贸企业出口委托加工修理修配货物。

$$出口委托加工修理修配货物的增值税应退税额=委托加工修理修配的增值税退（免）$$
$$税计税依据×出口货物退税率$$

3. 退税率低于适用税率

退税率低于适用税率的，相应计算出的差额部分的税款计入出口货物、加工修理修配服务成本。

4. 出口退税计算举例

【例2-6】某自营出口的生产企业为增值税一般纳税人，2025年2月的有关经营业务为：购进原材料一批，取得的增值税专用发票注明金额200万元，外购货物准予抵扣的进项税额26万元通过勾选认证。上月月末留抵税款3万元，本月销售货物取得不含增值税销售额100万元，收款113万元存入银行，本月出口货物的销售额折合人民币200万元。

已知： 出口货物的征税税率为13%，退税税率为9%。

要求： 计算该企业当期的"免、抵、退"税额。

解析：（1）当期免抵退税不得免征和抵扣税额=200×（13%-9%）=8（万元）

（2）当期应纳税额=100×13%-（26-8）-3=13-18-3=-8（万元）

（3）出口货物"免、抵、退"税额=200×9%=18（万元）

（4）当期应退税额=8万元

（5）当期免抵税额=当期免抵退税额-当期应退税额=18-8=10（万元）

【例2-7】甲外贸公司2025年1月购进牛仔布委托加工成服装出口，取得的增值税专用发票注明牛仔布金额10 000元；支付不含增值税的服装加工费2 000元，受托方将原料成本并入加工修理修配费用并开具了增值税专用发票。

已知： 退税税率为13%。

要求： 计算甲外贸公司应退增值税税额。

解析： 应退增值税税额=10 000×13%+2 000×13%=1 560（元）

四、电子发票（增值税专用发票）

电子发票（增值税专用发票）是一般纳税人发生应税销售行为开具的发票，是购买方支付增值税税额并可按照增值税有关规定据以抵扣进项税额的凭证。

自2024年12月1日，在全国正式推广应用全面数字化电子发票（以下简称"数电发票"）。数电发票为单一联次，以数字化形态存在，类别包括电子发票（增值税专用发

电子发票
（增值税专用发票）

票）、电子发票（普通发票）、电子发票（航空运输电子客票行程单）、电子发票（铁路电子客票）、电子发票（机动车销售统一发票）、电子发票（二手车销售统一发票）等。数电发票可以根据特定业务标签生成建筑服务、成品油、报废产品收购等特定业务发票。

视野拓展

2024年5月31日，国家税务总局青岛市税务局通报，青岛某能源有限公司在没有真实货物交易情况下，虚构煤炭销售业务，通过伪造销售合同、票货分离、资金回流等方式对外虚开增值税专用发票1 046份，价税合计金额1亿元。

请查阅《中华人民共和国刑法》第二百零五条规定的对虚开增值税专用发票的量刑。思考虚开增值税专用发票是怎样造成国家损失的，并反思财务人员应如何抵制虚开增值税发票行为。

（一）电子发票（增值税专用发票）的票面基本内容

电子发票（增值税专用发票）的票面基本内容包括：发票名称、发票号码、开票日期、购买方信息、销售方信息、项目名称、规格型号、单位、数量、单价、金额、税率/征收率、税额、合计、价税合计、备注、开票人等。电子发票（增值税专用发票）票样如图2-1所示。

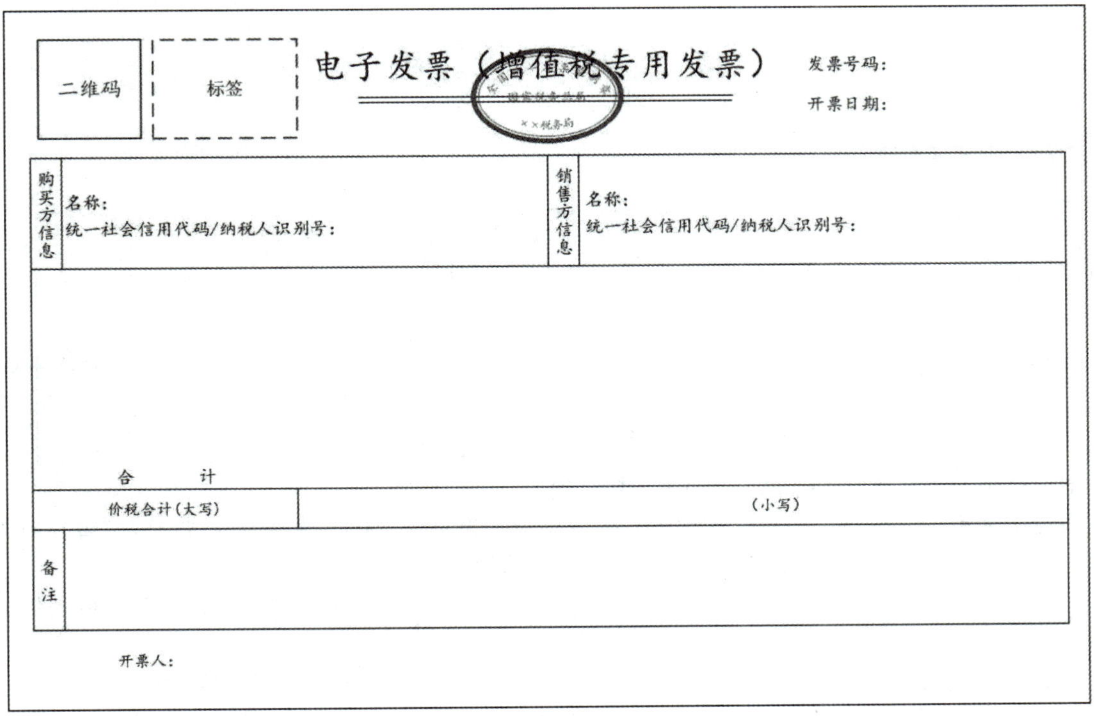
二维码　标签　电子发票（增值税专用发票）　发票号码：
开票日期：
××税务局
购买方信息　名称：
统一社会信用代码/纳税人识别号：
销售方信息　名称：
统一社会信用代码/纳税人识别号：
合　　计
价税合计（大写）　（小写）
备注
开票人：

图2-1　电子发票（增值税专用发票）票样

（二）电子发票（增值税专用发票）的开具范围

一般纳税人发生应税销售行为，应向索取电子发票（增值税专用发票）的购买方开具增值税专用发票。属于下列情形之一的，不得开具电子发票（增值税专用发票）。

（1）商业企业一般纳税人零售烟、酒、食品、服装、鞋帽（不包括劳保专用的部分）、化妆品等消费品的。

（2）应税销售行为的购买方为消费者个人的。

（3）发生应税销售行为适用免税规定的。

✎ 试一试

一般纳税人发生的下列业务中，准予开具电子发票（增值税专用发票）的是（   ）。

A. 向个人销售餐饮服务

B. 向某公司零售招待用的烟酒

C. 向一般纳税人销售加工服务

D. 向个人销售不动产

五、增值税征收管理

（一）增值税的纳税义务发生时间

增值税纳税义务发生时间，按照下列规定确定。

（1）纳税人发生应税交易，其纳税义务发生时间为收讫销售款项或者取得索取销售款项凭据的当日；先开具发票的，为开具发票的当日。具体规定如下。

① 采取直接收款方式销售货物，不论货物是否发出，均为收到销售款或者取得索取销售款项凭据的当日。

② 采取托收承付和委托银行收款方式销售货物，为发出货物并办妥托收手续的当日。

③ 采取赊销和分期收款方式销售货物，为书面合同约定的收款日期的当日；无书面合同的或者书面合同没有约定收款日期的，为货物发出的当日。

④ 采取预收货款方式销售货物，为货物发出的当日；但生产销售生产工期超过12个月的大型机械设备、船舶、飞机等货物，为收到预收款或者书面合同约定的收款日期的当日。

⑤ 委托其他纳税人代销货物，为收到代销单位的代销清单或者收到全部或者部分货款的当日。未收到代销清单及货款的，为发出代销货物满180天的当日。

⑥ 纳税人提供租赁服务采取预收款方式的，为收到预收款的当日。

⑦ 纳税人从事金融商品转让的，为金融商品所有权转移的当日。

⑧ 发生视同应税交易，纳税义务发生时间为完成视同应税交易的当日。

（2）进口货物，纳税义务发生时间为货物报关进口的当日。

（3）增值税扣缴义务发生时间为增值税纳税义务发生的当日。

试一试

根据增值税法律制度的规定，纳税人采取预收货款方式销售货物的，其增值税纳税义务发生时间为（　　　）。

A．销售方收到第一笔货款的当日

B．销售方收到剩余货款的当日

C．销售方发出货物的当日

D．购买方收到货物的当日

（二）增值税的计税期间

增值税的计税期间分别为10日、15日、1个月或者1个季度。纳税人的具体计税期间，由主管税务机关根据纳税人应纳税额的大小分别核定。不经常发生应税交易的纳税人，可以按次纳税。以1个季度为计税期间的规定适用于小规模纳税人、银行、财务公司、信托投资公司、信用社，以及财政部和国家税务总局规定的其他纳税人。

纳税人以1个月或者1个季度为1个计税期间的，自期满之日起15日内申报纳税；以10日或者15日为一个计税期间的，应当自期满之日起5日内预缴税款，自次月1日起15日内申报纳税。

扣缴义务人解缴税款的计税期间和申报纳税期限，依照上述规定执行。

纳税人进口货物，应当按照海关规定的期限申报并缴纳税款。

试一试

下列增值税纳税人中，可以适用以1个季度为计税期间的有（　　　）。

A．从事商品销售的一般纳税人

B．小规模纳税人

C．财务公司

D．信用社

（三）增值税的纳税地点

（1）有固定生产经营场所的纳税人，应当向其机构所在地或者居住地主管税务机关申报纳税。总机构和分支机构不在同一县（市）的，应当分别向各自所在地的主管税务机关申报纳税；经省级以上财政、税务主管部门批准，可以由总机构汇总向总机构所在地的主管税务机关申报纳税。

（2）无固定生产经营场所的纳税人，应当向其应税交易发生地主管税务机关申报纳税；未申报纳税的，由其机构所在地或者居住地主管税务机关补征税款。

（3）自然人销售或者租赁不动产，转让自然资源使用权，提供建筑服务，应当向不动产所在地、自然资源所在地、建筑服务发生地主管税务机关申报纳税。

（4）进口货物的纳税人，应当按照海关规定的地点申报纳税。

（5）扣缴义务人，应当向其机构所在地或者居住地主管税务机关申报缴纳扣缴的税款；机构所在地或者居住地在境外的，应当向应税交易发生地主管税务机关申报缴纳扣缴的税款。

（四）增值税的纳税申报

自2021年8月1日起，增值税与城市维护建设税、教育费附加、地方教育附加申报表整合，启用《增值税及附加税费申报表（一般纳税人适用）》《增值税及附加税费申报表（小规模纳税人适用）》及其附列资料。增值税纳税人应按照主管税务机关核定的纳税期限，如实填写并报送纳税申报资料。

项目实施

一、计算应缴纳的增值税税额

（1）准予抵扣的进项税额=156 000+405+218×2÷（1+9%）×9%+120=156 561（元）

（2）进项税额转出额=6 000（元）

（3）一般计税销售额=500×3 500+10×3 500+8 000+4 000=1 797 000（元）

（4）销项税额=500×3 500×13%+10×3 500×13%+720+520=233 290（元）

（5）简易计税销售额=10 000÷（1+3%）=9 708.74（元）

（6）简易计税应纳增值税税额=9 708.74×2%=194.17（元）

（7）本月应缴纳增值税税额=233 290-（156 561-6 000）+194.17=82 923.17（元）

二、填写增值税及附加税费申报表

纳税申报表的填写顺序为先填写附表再填写主表。其中增值税主表"增值税及附加税费申报表"、附表一"本期销售情况明细"、附表二"本期进项税额明细"、附表三"服务、不动产和无形资产扣除项目明细"、附表四"税额抵减情况表"都是必填表，不管有无数据，都要填写；减免税申报明细表是选填表，如没有可不填。长江实业有限责任公司2025年1月增值税申报表填列情况如表2-1、表2-2、表2-3、表2-4、表2-5、表2-6和表2-7所示。

表 2-1　增值税及附加税费申报表

（适用于增值税一般纳税人）

税款所属期：2025 年 01 月 01 日至 2025 年 01 月 31 日
纳税人识别号（统一社会信用代码）：5136088116****20XF
纳税人名称：长江实业有限责任公司

金额单位：人民币元（列至角分）

项目		栏次	一般项目		即征即退项目	
			本月数	本年累计	本月数	本年累计
销售额	（一）按适用税率计税销售额	1	1 785 000.00			
	其中：应税货物销售额	2	1 785 000.00			
	应税劳务销售额	3				
	纳税检查调整的销售额	4				
	（二）按简易办法计税销售额	5	9 708.74			
	其中：纳税检查调整的销售额	6				
	（三）免、抵、退办法出口销售额	7			—	—
	（四）免税销售额	8			—	—
	其中：免税货物销售额	9			—	—
	免税劳务销售额	10			—	—
税款计算	销项税额	11	233 290.00			
	进项税额	12	156 561.00			
	上期留抵税额	13				
	进项税额转出	14	6 000.00			
	免、抵、退应退税额	15			—	—
	按适用税率计算的纳税检查应补缴税额	16			—	—
	应抵扣税额合计	17=12+13-14-15+16	150 561.00	—		
	实际抵扣税额	18（如 17＜11，则为 17，否则为 11）	150 561.00			
	应纳税额	19=11-18	82 729.00			
	期末留抵税额	20=17-18			—	
	简易计税办法计算的应纳税额	21	291.26			
	按简易计税办法计算的纳税检查应补缴税额	22			—	—
	应纳税额减征额	23	97.09			
	应纳税额合计	24=19+21-23	82 923.17			

续表

	项目	栏次	一般项目		即征即退项目	
			本月数	本年累计	本月数	本年累计
税款缴纳	期初未缴税额（多缴为负数）	25	24 963.00			
	实收出口开具专用缴款书退税额	26			—	—
	本期已缴税额	27=28+29+30+31	24 963.00			
	①分次预缴税额	28			—	—
	②出口开具专用缴款书预缴税额	29			—	—
	③本期缴纳上期应纳税额	30	24 963.00			
	④本期缴纳欠缴税额	31				
	期末未缴税额（多缴为负数）	32=24+25+26-27	82 923.17			
	其中：欠缴税额（≥0）	33=25+26-27	0.00		—	—
	本期应补（退）税额	34=24-28-29	82 923.17			
	即征即退实际退税额	35	—			
	期初未缴查补税额	36			—	—
	本期入库查补税额	37			—	—
	期末未缴查补税额	38=16+22+36-37				
附加税费	城市维护建设税本期应补（退）税额	39	5 804.62		—	—
	教育费附加本期应补（退）费额	40	2 487.70		—	—
	地方教育附加本期应补（退）费额	41	1 658.46		—	—

声明：此表是根据国家税收法律法规及相关规定填写的，本人（单位）对填报内容（及附带资料）的真实性、可靠性、完整性负责。

纳税人（签章）：　年　月　日

经办人： 经办人身份证号： 代理机构签章： 代理机构统一社会信用代码：	受理人： 受理税务机关（章）： 受理日期：　年　月　日

表2-2　增值税及附加税费申报表附列资料（一）

（本期销售情况明细）

税款所属时间：2025年01月01日至2025年01月31日

纳税人名称：（公章）长江实业有限责任公司　　　　　　　金额单位：元（列至角分）

项目及栏次		开具增值税专用发票		开具其他发票		未开具发票		纳税检查调整		合计		价税合计	服务、不动产和无形资产扣除项目本期实际扣除金额	扣除后	
		销售额	销项（应纳）税额	销售额	销项（应纳）税额	销售额	销项（应纳）税额	销售额	销项（应纳）税额	销售额	销项（应纳）税额	价税合计		含税（免税）销售额	销项（应纳）税额
		1	2	3	4	5	6	7	8	$9=1+3+5+7$	$10=2+4+6+8$	$11=9+10$	12	$13=11-12$	$14=13\div(100\%+税率或征收率)\times税率或征收率$
一、一般计税方法计税　全部征税项目															
13%税率的货物及加工修理修配劳务	1	1 750 000.00	227 500.00	35 000.00	4 550.00					1 785 000.00	232 050.00	—	—	—	—
13%税率的服务、不动产和无形资产	2	4 000.00	520.00							4 000.00	520.00	4 520.00			
9%税率货物及加工修理修配劳务	3														
9%税率的服务、不动产和无形资产	4	8 000.00	720.00							8 000.00	720.00	8 720.00	—	—	—
6%税率	5														

续表

项目及栏次		栏次	开具增值税专用发票		开具其他发票		未开具发票		纳税检查调整		合计		价税合计	服务、不动产和无形资产扣除项目本期实际扣除金额	扣除后	
			销售额	销项（应纳）税额	销售额	销项（应纳）税额	销售额	销项（应纳）税额	销售额	销项（应纳）税额	销售额	销项（应纳）税额	价税合计		含税（免税）销售额	销项（应纳）税额
			1	2	3	4	5	6	7	8	9=1+3+5+7	10=2+4+6+8	11=9+10	12	13=11−12	14=13÷(100%+税率或征收率)×税率或征收率
一、一般计税方法计税	其中：即征即退项目	即征即退货物及加工修理修配劳务 6	—	—	—	—	—	—	—	—	—	—	—	—	—	—
		即征即退服务、不动产和无形资产 7	—	—	—	—	—	—	—	—	—	—	—	—	—	—
二、简易计税方法计税	全部征税项目	6%征收率 8	—	—	—	—	—	—	—	—	—	—	—	—	—	—
		5%征收率的货物及加工修理修配劳务 9a	—	—	—	—	—	—	—	—	—	—	—	—	—	—
		5%征收率的服务、不动产和无形资产 9b	—	—	—	—	—	—	—	—	—	—	—	—	—	—
		4%征收率 10	—	—	—	—	—	—	—	—	—	—	—	—	—	—
		3%征收率的货物及加工修理修配劳务 11	—	—	9 708.74	291.26	—	—	—	—	9 708.74	291.26	—	—	—	—

续表

项目及栏次		开具增值税专用发票		开具其他发票		未开具发票		纳税检查调整		合计		价税合计	服务、不动产和无形资产扣除项目本期实际扣除金额	扣除后	
		销售额	销项（应纳）税额	销售额	销项（应纳）税额	销售额	销项（应纳）税额	销售额	销项（应纳）税额	销售额	销项（应纳）税额	价税合计		含税（免税）销售额	销项（应纳）税额
		1	2	3	4	5	6	7	8	9=1+3+5+7	10=2+4+6+8	11=9+10	12	13=11-12	14=13÷(100%+税率或征收率)×税率或征收率
二、简易计税方法计税 全部征税项目	3%征收率的服务、不动产和无形资产　12														
其中：即征即退项目	预征率 %　13a						—	—			—	—	—	—
	预征率 %　13b						—	—			—	—	—	—
	预征率 %　13c						—	—			—	—	—	—
	即征即退货物及加工修理修配劳务　14											—	—	—
	即征即退服务、不动产和无形资产　15													
三、免抵退税	货物及加工修理修配劳务　16		—		—		—		—		—	—	—	—	—
	服务、不动产和无形资产　17		—		—		—		—		—	—	—	—	—
四、免税	货物及加工修理修配劳务　18		—		—		—		—		—		—	—	—
	服务、不动产和无形资产　19		—		—		—		—		—				—

表2-3　增值税及附加税费申报表附列资料（二）

（本期进项税额明细）

税款所属时间：2025 年 01 月 01 日至 2025 年 01 月 31 日

纳税人名称：（公章）长江实业有限责任公司　　　　　　　　金额单位：元（列至角分）

一、申报抵扣的进项税额				
项目	栏次	份数	金额	税额
（一）认证相符的增值税专用发票	1=2+3	3	1 206 500.00	156 525.00
其中：本期认证相符且本期申报抵扣	2	3	1 206 500.00	156 525.00
前期认证相符且本期申报抵扣	3			
（二）其他扣税凭证	4=5+6+7+8a+8b	2	400.00	36.00
其中：海关进口增值税专用缴款书	5			
农产品收购发票或者销售发票	6			
代扣代缴税收缴款凭证	7			
加计扣除农产品进项税额	8a	—		
其他	8b	2	400.00	36.00
（三）本期用于购建不动产的扣税凭证	9			
（四）本期用于抵扣的旅客运输服务扣税凭证	10	2	400.00	36.00
（五）外贸企业进项税额抵扣证明	11	—	—	
当期申报抵扣进项税额合计	12=1+4+11	5	1 206 900.00	156 561.00
二、进项税额转出额				
项目	栏次		税额	
本期进项税额转出额	13=14 至 23 之和		6 000.00	
其中：免税项目用	14			
集体福利、个人消费	15		6 000.00	
非正常损失	16			
简易计税方法征税项目用	17			
免抵退税办法不得抵扣的进项税额	18			
纳税检查调减进项税额	19			
红字专用发票信息表注明的进项税额	20			
上期留抵税额抵减欠税	21			
上期留抵税额退税	22			
异常凭证转出进项税额	23a			
其他应作进项税额转出的情形	23b			

三、待抵扣进项税额				
项目	栏次	份数	金额	税额
（一）认证相符的增值税专用发票	24	—	—	—
期初已认证相符但未申报抵扣	25			
本期认证相符且本期未申报抵扣	26			
期末已认证相符但未申报抵扣	27			
其中：按照税法规定不允许抵扣	28			
（二）其他扣税凭证	29=30 至 33 之和			
其中：海关进口增值税专用缴款书	30			
农产品收购发票或者销售发票	31			
代扣代缴税收缴款凭证	32		—	
其他	33			
	34			

四、其他				
项目	栏次	份数	金额	税额
本期认证相符的增值税专用发票	35	3	1 206 500.00	156 525.00
代扣代缴税额	36	—	—	—

表 2-4　增值税及附加税费申报表附列资料（三）
（服务、不动产和无形资产扣除项目明细）

税款所属时间：2025 年 01 月 01 日至 2025 年 01 月 31 日
纳税人名称：（公章）长江实业有限责任公司　　　　　　　　　　金额单位：元（列至角分）

项目及栏次	本期服务、不动产和无形资产价税合计额（免税销售额）	服务、不动产和无形资产扣除项目				
		期初余额	本期发生额	本期应扣除金额	本期实际扣除金额	期末余额
	1	2	3	4=2+3	5（5≤1且5≤4）	6=4-5
13% 税率的项目						
9% 税率的项目						
6% 税率的项目（不含金融商品转让）						
6% 税率的金融商品转让项目						
5% 征收率的项目						

续表

项目及栏次	本期服务、不动产和无形资产价税合计额（免税销售额）	服务、不动产和无形资产扣除项目				
		期初余额	本期发生额	本期应扣除金额	本期实际扣除金额	期末余额
	1	2	3	4=2+3	5（5≤1且5≤4）	6=4-5
3%征收率的项目						
免抵退税的项目						
免税的项目						

表2-5 增值税及附加税费申报表附列资料（四）

（税额抵减情况表）

税款所属时间：2025年01月01日至2025年01月31日

纳税人名称：（公章）长江实业有限责任公司 　　　　　金额单位：元（列至角分）

一、税额抵减情况						
序号	抵减项目	期初余额	本期发生额	本期应抵减税额	本期实际抵减税额	期末余额
		1	2	3=1+2	4≤3	5=3-4
1	增值税税控系统专用设备费及技术维护费					
2	分支机构预征缴纳税款					
3	建筑服务预征缴纳税款					
4	销售不动产预征缴纳税款					
5	出租不动产预征缴纳税款					
二、加计抵减情况						
序号	加计抵减项目	期初余额	本期发生额	本期调减额	本期可抵减额	本期实际抵减额	期末余额
		1	2	3	4=1+2-3	5	6=4-5
6	一般项目加计抵减额计算						
7	即征即退项目加计抵减额计算						
8	合计						

表2-6 增值税及附加税费申报表附列资料（五）

（附加税费情况表）

税款所属时间：2025年01月01日至2025年01月31日

纳税人名称：（公章）长江实业有限责任公司

金额单位：元（列至角分）

税（费）种		计税（费）依据		税（费）率（征收率）（%）	本期应纳税（费）额	本期减免税（费）额		试点建设培育产教融合型企业		本期已缴税（费）额	本期应补（退）税（费）额
		增值税税额	增值税免抵税额	留抵退税本期扣除额			减免性质代码	减免税（费）额	减免性质代码	本期抵免金额	
		1	2	3	4	5=（1-3+2）×4	6	7	8	9	10	11=5-7-9-10
城市维护建设税	1	82 923.17			7%	5 804.62			—	—		5 804.62
教育费附加	2	82 923.17			3%	2 487.70						2 487.70
地方教育附加	3	82 923.17			2%	1 658.46		—		—		1 658.46
合计	4	—	—	—	—	9 950.78	—		—			9 950.78

本期是否适用试点建设培育产教融合型企业抵免政策　□是　☑否

可用于扣除的增值税留抵退税额使用情况

当期新增投资额	5
上期留抵可抵免金额	6
结转下期可抵免金额	7
当期新增可用于扣除的留抵退税额	8
上期结存可用于扣除的留抵退税额	9
结转下期可用于扣除的留抵退税额	10

表 2-7 增值税减免税申报明细表

税款所属时间：2025 年 01 月 01 日至 2025 年 01 月 31 日
纳税人名称：（公章）长江实业有限责任公司　　　　　　　　　金额单位：元（列至角分）

一、减税项目						
减税性质代码及名称	栏次	期初余额	本期发生额	本期应抵减税额	本期实际抵减税额	期末余额
		1	2	3=1+2	4≤3	5=3-4
合计	1		97.09	97.09	97.09	
0001129924 已使用固定资产减征增值税	2		97.09	97.09	97.09	
	3					
	4					
	5					
	6					

二、免税项目						
免税性质代码及名称	栏次	免征增值税项目销售额	免税销售额扣除项目本期实际扣除金额	扣除后免税销售额	免税销售额对应的进项税额	免税额
		1	2	3=1-2	4	5
合计	7					
出口免税	8		—	—	—	—
其中：跨境服务	9		—	—	—	—
	10					
	11					
	12					
	13					
	14					
	15					
	16					

项目小结

本项目由项目引入、相关知识、项目实施组成。在项目引入部分，以长江实业有限责任公司的纳税资料引入，提出任务；在相关知识部分，介绍了完成上述任务需要掌握的理论知识；在项目实施部分，完成项目引入提出的任务。本项目的知识结构如图2-2所示。

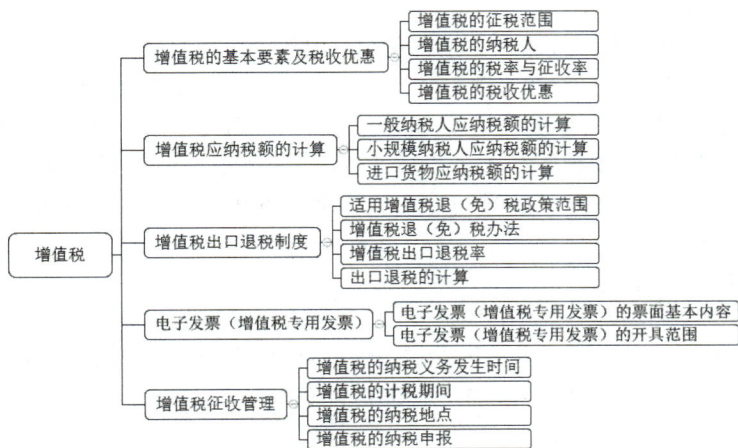

图2-2　增值税之知识结构

练习与实训

（一）单项选择题

1. 根据增值税法律制度的规定，下列单位中，应申请认定为增值税一般纳税人的是（　　）。

　　A. 年应税销售额为300万元的宾馆　　　　B. 年应税销售额为400万元的饭店

　　C. 年应税销售额为500万元的装饰公司　　D. 年应税销售额为600万元的百货商店

2. 根据增值税法律制度的规定，下列征税项目中，纳税人提供程租、期租业务缴纳增值税适用的是（　　）。

　　A. 交通运输服务——水路运输服务　　　　B. 现代服务——租赁服务

　　C. 现代服务——物流辅助服务　　　　　　D. 现代服务——代理服务

3. 根据增值税法律制度的规定，纳税人提供的下列服务中，应按"生活服务"缴纳增值税的是（　　）。

　　A. 家政服务　　　B. 房屋租赁服务　　　C. 铁路运输服务　　　D. 土地租赁服务

4. 根据增值税法律制度的规定，下列各项中，应按"销售服务——生活服务"缴纳增值税的是（　　）。

　　A. 文化创意服务　　B. 车辆停放服务　　C. 广播影视服务　　　D. 娱乐服务

5. 增值税一般纳税人兼营不同税率的货物或应税服务，未分别核算或不能准确核算其销售额的，其增值税税率的确定方法为（　　）。

　　A. 从低适用税率　　　　　　　　　　　B. 从高适用税率

　　C. 适用平均税率　　　　　　　　　　　D. 适用3%征收率

6. 根据增值税法律制度的规定，下列行为中，免征增值税的是（　　）。

    A. 银行销售金银　　　　　　　　　　B. 房地产开发公司销售房屋

    C. 货物期货交易　　　　　　　　　　D. 农业生产者销售自产农产品

7. 根据增值税法律制度的规定，下列各项中，属于增值税应税交易的是（　　）。

    A. 收取行政事业性收费　　　　　　　B. 收取政府性基金

    C. 取得存款利息收入　　　　　　　　D. 取得不动产租赁收入

8. 一般纳税人的下列进项税额中，不得从销项税额中抵扣的是（　　）。

    A. 购进免税农产品计算的进项税额　　B. 购进货物用于集体福利的进项税额

    C. 购进货物用于分配股东的进项税额　D. 购进生产用原材料的进项税额

9. 甲超市为增值税小规模纳税人，2025年第一季度销售货物取得含增值税销售额353 500元，提供包装服务取得含增值税销售额303元。已知增值税征收率为1%。甲超市当季应缴纳增值税税额为（　　）元。

    A. 3 500　　　　　　　　　　　　　　B. 3 503

    C. 3 530　　　　　　　　　　　　　　D. 3 538.03

10. 甲商店2025年1月实行还本销售方式销售自行车，自行车不含税价格为500元/辆，本月销售400辆，3年后还本90%。甲商店此项业务的销售额为（　　）万元。

    A. 20　　　　　　B. 18　　　　　　C. 12　　　　　　D. 2

11. 甲商店为增值税一般纳税人，2025年1月采取以旧换新方式销售电视机10台，电视机零售价为4 520元/台，收回旧电视机折价为339元/台，销售电视机实际收取的价款为4 181元/台，以上价款均含增值税。甲商店当月该业务销售额为（　　）元。

    A. 45 200　　　　B. 41 810　　　　C. 40 000　　　　D. 37 000

12. 甲汽车公司为增值税一般纳税人，2025年1月将1辆自产小汽车无偿赠送给乙公司，该小汽车生产成本为11万元，同类小汽车含增值税售价为14.69万元。已知增值税税率为13%。甲汽车公司当月该笔业务增值税销项税额为（　　）万元。

    A. 1.43　　　　　B. 1.69　　　　　C. 1.91　　　　　D. 3.12

13. 甲服装厂为增值税一般纳税人，2025年2月将一批自产服装用于职工福利，该批服装生产成本为10万元，同类服装含增值税售价为16.95万元。已知增值税税率为13%。甲服装厂当月该笔业务增值税销项税额为（　　）万元。

    A. 1.3　　　　　　B. 1.95　　　　　C. 2.20　　　　　D. 3.35

14. 甲外贸公司2025年2月进口一批电子产品，海关审定的关税计税价格为100万元，缴纳关税10万元。已知增值税税率为13%。甲外贸公司进口该批电子产品应缴纳增值税税额为（　　）万元。

    A. 13　　　　　　B. 14.30　　　　　C. 11.70　　　　　D. 1.30

15. 甲公司为增值税一般纳税人，2025年1月销售化妆品取得不含税价款100万元，同时收取包装物押金5.65万元（合同约定期限为60天）；当月逾期未收回包装物不再退还的包装物押金4.52万元。该公司对收取的包装物押金单独记账核算。已知增值税税率为13%。甲公司当月计税销售额为（　　）万元。

    A. 105　　　　　　B. 101　　　　　　C. 99　　　　　　D. 104

16. 甲公司为增值税一般纳税人，2025年1月以折扣销售方式销售一批货物。该货物不含增值税价格为120 000元，给予购货方5%的价格优惠，销售额与折扣额在同一张发票上分别注明。

已知增值税税率为13%。甲公司当月该笔业务的增值税销项税额为（　　）元。

    A．14 820　　　　B．15 600　　　　C．13 805.31　　　　D．13 115.04

17．甲酒厂为增值税一般纳税人，2025年1月向一小规模纳税人销售白酒，开具的增值税普通发票上注明的价税合计金额为93 600元；同时收取单独核算的包装物押金2 000元（尚未逾期）。已知白酒增值税税率为13%。甲酒厂当月该笔业务的增值税销项税额为（　　）元。

    A．10 768.14　　　　B．10 998.23　　　　C．12 168　　　　D．12 428

18．甲广告公司为增值税一般纳税人，2025年1月取得广告设计含增值税销售额424万元；支付设备租赁费取得增值税专用发票注明税额16万元。已知广告设计服务增值税税率为6%。甲广告公司当月上述业务应缴纳增值税税额为（　　）万元。

    A．9.69　　　　B．8　　　　C．8.25　　　　D．8.24

19．甲食品加工厂为增值税一般纳税人，上月收购的免税农产品，本月由于管理不善腐烂变质，其账面成本为91 000元。已知农产品的扣除率为9%。甲食品加工厂对上述农产品税务处理的下列表述中，正确的是（　　）。

    A．进项税额转出8 190元　　　　　　B．进项税额转出7 513.76元

    C．进项税额转出9 000元　　　　　　D．不做进项税额转出处理

20．根据增值税法律制度的规定，纳税人采取赊销方式销售货物的，其增值税纳税义务发生时间为（　　）。

    A．销售方发出货物的当天　　　　　B．购买方收到货物的当天

    C．合同约定收款日期的当天　　　　D．取得有关凭证的当天

（二）多项选择题

1．根据增值税法律制度的规定，下列各项中，应按"销售货物"缴纳增值税的有（　　）。

    A．销售电力　　B．销售热力　　C．销售天然气　　D．销售房地产

2．根据增值税法律制度的规定，下列情形中，应按"销售不动产"缴纳增值税的有（　　）。

    A．转让建筑物有限产权或者永久使用权

    B．转让在建的建筑物或者构筑物所有权

    C．转让建筑物或者构筑物时一并转让其所占土地的使用权

    D．转让土地使用权

3．根据增值税法律制度的规定，下列各项中，属于不征收增值税项目的有（　　）。

    A．取得存款利息收入　　　　　　　B．贷款利息

    C．信用卡透支利息　　　　　　　　D．收取行政事业性收费

4．根据增值税法律制度的规定，关于在境内发生应税交易的下列表述中，正确的有（　　）。

    A．销售货物的，货物的起运地或者所在地在境内

    B．租赁不动产的，不动产所在地在境内

    C．转让自然资源使用权的，转让方为境内单位

    D．销售不动产的，购买方为境内单位

5．增值税一般纳税人发生的下列业务中，不得开具增值税专用发票的有（　　）。

    A．向一般纳税人销售劳保专用物品　　B．向消费者个人销售应税货物

    C．将自产货物用于投资　　　　　　　D．向个人销售不动产

6．下列情形中的，属于视同应税交易的有（　　）。

    A．个体工商户将自产的货物用于集体福利

    B．个体工商户无偿转让货物

    C．个人无偿转让不动产

    D．个人无偿转让无形资产

7．根据增值税法律制度的规定，下列项目中，免征增值税的有（   ）。

    A．生产用进口仪器　　　　　　　　　B．个人销售自己使用过的电视机

    C．古旧图书　　　　　　　　　　　　D．国际组织无偿援助的进口物资

8．根据增值税法律制度的规定，一般纳税人发生的下列应税行为中，可以选择适用简易计税方法计征增值税的有（   ）。

    A．电影放映服务　　B．文化体育服务　　　C．收派服务　　　　D．公交客运服务

9．纳税人销售下列酒类产品收取的包装物押金中，无论是否返还以及会计上如何核算，均应并入当期销售额计征增值税的有（   ）。

    A．药酒　　　　　　　B．啤酒　　　　　　　C．白酒　　　　　　　D．黄酒

10．增值税一般纳税人购进的下列服务中，其进项税额不得从销项税额中抵扣的有（   ）。

    A．餐饮服务　　　　　B．住宿服务　　　　　C．娱乐服务　　　　　D．居民日常服务

11．一般纳税人销售或进口的下列货物中，适用增值税9%税率的有（   ）。

    A．图书、报纸　　　　B．食用植物油　　　　C．农机配件　　　　　D．金属矿采选产品

12．下列应税项目中，其进项税额不得从销项税额中抵扣的有（   ）。

    A．一般纳税人向小规模纳税人购买农业产品

    B．一般纳税人购进生产用水电

    C．非正常损失的产成品所耗用的购进货物

    D．用于集体福利的购进货物或应税服务

13．根据增值税法律制度的规定，一般纳税人发生的下列业务中，不得开具增值税专用发票的有（   ）。

    A．房地产开发企业向消费者个人销售房屋

    B．百货公司向小规模纳税人零售食品

    C．超市向消费者个人销售红酒

    D．会计师事务所向一般纳税人提供咨询服务

14．下列关于增值税纳税义务发生时间的表述中，正确的有（   ）。

    A．采取赊销方式销售货物的，为货物发出的当天

    B．采取预收货款方式销售货物的，为货物发出的当天

    C．采取托收承付方式销售货物的，为发出货物并办妥托收手续的当天

    D．采取直接收款方式销售货物的，为收到销售款或取得索取销售款凭证的当天

（三）判断题

1．纳税人采取折扣方式销售货物，销售额和折扣额不在同一张发票上分别注明的，可按折扣后的销售额征收增值税。　　　　　　　　　　　　　　　　　　　　　　　（   ）

2．增值税一般纳税人将自产的货物无偿赠送他人，不征收增值税。　　　　　（   ）

3．增值税起征点的规定适用于所有单位和个人。　　　　　　　　　　　　　（   ）

4．增值税小规模纳税人不得抵扣进项税额。　　　　　　　　　　　　　　　（   ）

5．增值税纳税人兼营应税服务与非应税服务的，如果不分别核算或者不能准确核算其各自

销售额的，其非应税服务应与应税服务一并缴纳增值税。 （　　）

6. 金银首饰以旧换新销售业务的增值税计税依据为按新首饰的同期不含税销售价格计算的销售额。 （　　）

7. 采取还本销售方式销售货物，销售额是货物的销售价格减除还本支出后的余额。 （　　）

8. 纳税人代销货物，其纳税义务发生时间为收到代销单位销售的代销清单的当天。 （　　）

9. 增值税是价外税，但日常生活中，消费者到零售商店购物付款，则一并支付了该货物的增值税税款。 （　　）

10. 一般纳税人销售货物或提供应税服务，只能向购货方开具增值税专用发票，不能开具普通发票。 （　　）

（四）实训题

1. 甲公司为增值税一般纳税人，2025年1月销售钢材，取得含增值税销售额101.7万元。当月购入生产用原材料一批，取得的增值税专用发票注明金额40万元、税率13%。

已知：增值税税率为13%。

要求：计算甲公司当月销项税额、进项税额和应缴纳的增值税税额。

2. 甲商场为增值税一般纳税人，2025年1月零售各类商品取得含增值税销售额1 130万元。本月购进商品，取得的增值税专用发票注明金额600万元、税额78万元；支付水电费，取得的增值税专用发票注明金额5万元、税额0.65万元。

已知：增值税税率为13%。

要求：计算甲商场当月应缴纳的增值税税额。

3. 甲个体工商户系按季纳税的小规模纳税人，主营汽车修理修配服务，2024年第4季度取得营业收入333 300元，购入修车配件，取得的增值税专用发票注明金额30 000元、税额3 900元。

已知：增值税征收率为1%。

要求：计算甲个体工商户当季应缴纳的增值税税额。

4. 甲电器厂为增值税一般纳税人，2025年1月发生下列经济业务：（1）当月销售产品，取得不含增值税销售额1 000 000元；（2）为改善职工生活条件发放自产油烟机一批，同类油烟机不含增值税销售价格为200 000元；（3）当月购进生产用原材料，取得的增值税专用发票注明金额500 000元、税额65 000元，原材料已验收入库；（4）当月购进计算机一批用作固定资产，取得的增值税专用发票注明金额10万元、税额1.3万元。

已知：增值税税率为13%。

要求：计算甲电器厂当月销项税额、进项税额和应缴纳的增值税税额。

5. 甲公司为增值税一般纳税人，2025年1月外购项目如下：（1）外购甲材料，取得的增值税专用发票注明金额10万元、税额1.3万元；（2）从农业生产者手中购进棉花，支付价款5万元；（3）从小规模纳税人企业购进修理用配件，取得普通发票注明金额5万元、税额0.15万元；（4）外购机器设备一台，取得的增值税专用发票注明金额20万元、税额2.6万元。

甲公司当月销售情况如下：（1）销售A产品，取得不含增值税的销售额60万元；（2）销售B产品，取得不含增值税销售额5万元；（3）销售给小规模纳税人A产品，取得含增值税销售额5.65万元。

已知：农产品扣除率为9%，增值税税率为13%。

要求：计算甲公司当月应缴纳的增值税税额。

6. 甲外贸公司2025年1月进口一批食用橄榄油，海关审定的关税计税价格为1 400万元，缴纳关税140万元。

已知：增值税税率为9%。

要求：计算甲外贸公司进口该货物应缴纳的增值税税额。

▲ 税收史事专栏

王阳明赋役改革中的"知行合一"

"十日不雨兮，田且无禾；一月不雨兮，川且无波；一月不雨兮，民已为痌。再月不雨兮，民将奈何？"这出自明代思想家王阳明写的《祈雨辞》，辞中表达的既是他对天降甘霖的祈望，更是对轻徭薄赋的期盼。

王阳明开创的心学，在中国思想史上具有里程碑的意义，以至于对他的研究，大多围绕其思想展开。然而，王阳明对明代的赋役财政制度改革也有突出贡献，甚至走在当时的时代前列。

明朝正德五年（1510年），王阳明任庐陵（今江西吉安）知县。到任后，他了解到当地税赋征收规定中一项突出的弊端，即镇守中官向本不生产葛布的庐陵县征收葛布，这项不合理的贡赋加派，遭到庐陵百姓强烈抵制。为此，他撰写了题为《庐陵县为乞蠲免以苏民困事》公文并上报。在公文中，王阳明反映，正德二年（1507年）时，朝廷要求凡生产葛布的县，必须在葛布上市时采办，不生产葛布的县，则按地方大小出银两解送收买。庐陵为大县，奉派折银105两。然而正德五年却在此基础上加征，不仅要求缴纳105两白银，还须买办葛布。这种银两、物品双重征课的做法，给百姓造成了沉重负担。最终，王阳明的上报获得了积极的效果，百姓被免于加派葛布，在庐陵实现了"卧治六月而百务具理"。

王阳明任南赣巡抚时，在赋役财政方面也有革新之举。他在撰写的《颁定里甲杂办》中指出"为此仰抄案回道，即便速行各县，俱查本院近定规则，各照丁粮多寡，派编银两，追收贮库……"，其中"各照丁粮多寡，派编银两"，实际上就是把徭役从里甲征派改为按丁粮均派，摊入粮中，以县为单位，派编银两贮库，这实际上正是"一条鞭"的方法，不过当时并无此名。这种做法简化了税收征收办法，方便税款征收，同时使地方官吏难以作弊，进而增加财政收入。

在王阳明的《颁定里甲杂办》中可以发现，正德年间赣南已经开始推行里甲杂办的改革，王阳明在此前地方改革的基础上，调整里甲不均之弊，颁布新的则例，将役摊入粮，并颁行各县，推动了江西里甲改革进一步向前发展，这是江西赋役财政改革迈向新阶段的标志，成为明朝嘉靖年间一条鞭法改革的先声。

明朝赋役改革不同于此前历朝的重要特征之一是赋役货币化，王阳明顺应这一形势，推行革新举措，是明代赋役财政改革进程的重要组成部分，也是他"知行合一"理念在赋役财政改革中的体现。

因此，梁启超在评价王阳明时说："阳明这么大的事功，完全为他的学术所掩，变成附属品，其伟大可想而知。"

项目三　消费税

素质目标

1. 培养学生爱岗敬业、诚实守信的职业道德
2. 培养学生遵纪守法、诚信纳税的意识
3. 培养学生团队协作、团队互助的意识
4. 培养学生一丝不苟的职业精神
5. 培养学生正确的消费观

知识目标

1. 掌握消费税的构成要素
2. 掌握消费税应纳税额的计算

能力目标

1. 会计算消费税应纳税额
2. 会处理消费税的纳税申报事宜

项目引入

雅倩化妆品股份有限公司为增值税一般纳税人（纳税人识别号：91441521MA****RY1K），主要从事化妆品生产和销售业务。2025年1月发生业务如下。

（1）采取直接收款方式销售M型高档口红，取得不含增值税销售额5 000 000元。

（2）采取预收货款结算方式销售N型高档香水，已收到货款2 600 000元，尚未开具发票，合同约定该批货物应于下月20日发出。

（3）外购已税香水精生产高档香水，月初库存的外购香水精买价为300 000元，当月购进香水精买价为800 000元，期末库存外购香水精买价为200 000元。当月领用的香水精全部用于生产N型高档香水。

已知：高档化妆品消费税税率为15%。该公司以前月份的消费税已结清。

任务：（1）计算本月应缴纳的消费税税额。

（2）填写消费税及附加税费申报表。

相关知识

一、消费税的基本要素

消费税是对特定的某些消费品和消费行为征收的一种间接税。

1993年12月13日，国务院颁布了《中华人民共和国消费税暂行条例》（以下简称《消费税暂行条例》），同年12月25日，财政部颁布了《中华人民共和国消费税暂行条例实施细则》（以下简称《消费税暂行条例实施细则》），自1994年1月1日起，对11种需要限制或调节的消费品开征了消费税。2006年，为了进一步完善消费税制，有关部门对消费税的征税范围进行了调整。2008年，为了配合增值税转型改革及修订《增值税暂行条例》的需要，有关部门对《消费税暂行条例》进行了修订。自2014年12月1日起，调整消费税政策，取消气缸容量250毫升以下的小排量摩托车、汽车轮胎、车用含铅汽油和酒精消费税。自2015年2月1日起对电池、涂料征收消费税。自2015年5月10日起，将卷烟批发环节从价税税率由5%提高至11%，并按0.005元/支加征从量税。自2016年10月1日起，取消对普通美容、修饰类化妆品征收消费税，将高档化妆品的税率调整为15%。自2016年12月1日起，对每辆零售价格130万元（不含增值税）及以上的超豪华小汽车，在零售环节加征消费税，税率为10%。自2022年11月1日起，将电子烟纳入消费税征收范围。

（一）消费税的征税范围

消费税是对在我国境内从事生产、委托加工和进口《消费税暂行条例》规定的消费品的单位和个人，就其销售额或销售数量，在特定环节征收的一种税。征收消费税的应税消费品包括烟，酒，高档化妆品，贵重首饰及珠宝玉石，鞭炮、焰火，成品油，摩托车，小汽车，高尔夫球及球具，高档手表，游艇，木制一次性筷子，实木地板，电池，涂料。消费税的征税范围包括下列内容。

视野拓展

消费税是对少数消费品征收的一种税，能够根据国家产业政策和消费政策的要求，调节消费行为，促进节能环保，正确引导消费需求，间接引导投资流向，补偿部分商品和消费行为负的外部性，缓解收入分配不公。部分学生没有形成完整的、稳定的消费观，自控能力不强，容易冲动消费。更有部分学生因攀比心理而导致奢侈消费。因此引导学生树立正确的消费观显得尤为重要。

思考什么是正确的消费观。学生应如何树立正确的消费观？

---

1. 生产应税消费品

纳税人生产的应税消费品，于纳税人销售时纳税。

纳税人自产自用的应税消费品，用于连续生产的应税消费品，不纳税；用于其他方面的，于移送使用时纳税。

用于连续生产的应税消费品，是指纳税人将自产自用的应税消费品作为直接材料生产最终应税消费品，自产自用应税消费品构成最终应税消费品的实体。

用于其他方面的，是指纳税人将自产自用应税消费品用于生产非应税消费品、在建工程、管理部门、非生产机构、提供劳务、馈赠、赞助、集资、广告、样品、职工福利、奖励等方面。

2．委托加工应税消费品

委托加工的应税消费品，是指由委托方提供原料和主要材料，受托方只收取加工费和代垫部分辅助材料加工的应税消费品。对于由受托方提供原材料生产的应税消费品，或者受托方先将原材料卖给委托方，然后再接受加工的应税消费品，以及由受托方以委托方名义购进原材料生产的应税消费品，不论在财务上是否做销售处理，都不得作为委托加工应税消费品，而应当按照销售自制应税消费品缴纳消费税。

委托加工的应税消费品，除受托方为个人外，由受托方在向委托方交货时代收代缴消费税。委托个人加工的应税消费品，由委托方收回后缴纳消费税。

委托加工的应税消费品，委托方用于连续生产应税消费品的，所纳税款准予按规定抵扣。

委托方将收回的应税消费品，以不高于受托方的计税价格出售的，为直接销售，不再缴纳消费税；委托方以高于受托方的计税价格出售的，不属于直接销售，需按照规定申报缴纳消费税，在计税时准予扣除受托方代收代缴的消费税。

3．进口应税消费品

单位和个人进口应税消费品，于报关进口时缴纳消费税，并由海关代征。

4．零售应税消费品

（1）商业零售金银首饰。自1995年1月1日起，金银首饰消费税由生产销售环节征收改为零售环节征收；经营单位进口金银首饰的消费税，由进口环节征收改为零售环节征收。自2002年1月1日起，对钻石及钻石饰品消费税的纳税环节由生产环节、进口环节后移至零售环节。自2003年5月1日起，铂金首饰消费税改为零售环节征税。

（2）零售超豪华小汽车。自2016年12月1日起，对超豪华小汽车，在生产（进口）环节按现行税率征收消费税的基础上，在零售环节加征消费税。

试一试

下列情形中，既征收增值税又征收消费税的是（　　　　）。

A．首饰经销商批发金首饰　　　　　　　　B．百货商场零售金首饰

C．白酒经销商批发白酒　　　　　　　　　D．超市零售白酒

5．批发销售卷烟、电子烟

自2015年5月10日起，将卷烟批发环节从价税税率由5%提高至11%，并按0.005元/支加征从量税。

烟草批发企业将卷烟销售给其他烟草批发企业的，不缴纳消费税。

自2022年11月1日起，对从事生产、批发电子烟业务的单位和个人征收消费税。

（二）消费税的税目

我国现行消费税税目共15个，具体内容如下。

1．烟

凡是以烟叶为原料加工生产的产品，不论使用何种辅料，均属于本税目的征收范围。本税目包括卷烟、雪茄烟、烟丝、电子烟4个子目。

（1）卷烟，包括甲类卷烟和乙类卷烟，其中甲类卷烟是指每标准条（200支）调拨价格在70元（不含增值税）以上（含70元）的卷烟，乙类卷烟是指每标准条（200支）调拨价格在70元（不含增值税）以下的卷烟。

（2）雪茄烟的征收范围包括各种规格、型号的雪茄烟。

（3）烟丝的征收范围包括以烟叶为原料加工生产的不经卷制的散装烟。

（4）电子烟包括烟弹、烟具以及烟弹与烟具组合销售的电子烟产品。

📝 视野拓展

烟草作为传统消费品，世界各国大多对烟草实行高价高税的"寓禁于征"政策。世卫组织数据显示，吸烟每年使近600万人失去生命，如不采取行动，到2030年，这一数字将增加到800万。

每年的5月31日为"世界无烟日"。开展无烟日活动旨在提醒世人吸烟有害健康，呼吁全世界吸烟者主动放弃吸烟，号召所有烟草生产者、销售者和整个国际社会一起行动，投身到反吸烟运动中去，为人类创造一个无烟草的环境。

思考吸烟的危害及创建无烟草环境的意义。

2. 酒

本税目包括白酒、黄酒、啤酒、其他酒4个子目。

（1）白酒，包括粮食白酒和薯类白酒。其中粮食白酒是指以高粱、玉米、大米、糯米、大麦、小麦、小米、青稞等各种粮食为原料，经过糖化、发酵后，采用蒸馏方法酿制的白酒；薯类白酒是指以白薯（红薯、地瓜）、木薯、马铃薯（土豆）、芋头、山药等各种干鲜薯类为原料，经过糖化、发酵后，采用蒸馏方法酿制的白酒。用甜菜酿制的白酒，比照薯类白酒征税。

（2）黄酒，是指以糯米、粳米、籼米、大米、黄米、玉米、小麦、薯类等为原料，经加温、糖化、发酵、压榨酿制的酒。黄酒的征收范围包括各种原料酿制的黄酒和酒精度超过12度（含12度）的土甜酒。

（3）啤酒，是指以大麦或其他粮食为原料，加入啤酒花，经糖化、发酵、过滤酿制的含有二氧化碳的酒。啤酒包括甲类啤酒和乙类啤酒，其中每吨出厂价（含包装物及包装物押金）在3 000元（含3 000元，不含增值税）以上的为甲类啤酒，每吨出厂价（含包装物及包装物押金）在3 000元以下的为乙类啤酒。

对饮食业、商业、娱乐业举办的啤酒屋（啤酒坊）利用啤酒生产设备生产的啤酒，应当征收消费税。

（4）其他酒，是指除白酒、黄酒、啤酒以外的各种酒，包括糠麸白酒、其他原料白酒、土甜酒、复制酒、果木酒、汽酒、药酒、葡萄酒等。

对以黄酒为酒基生产的配制或泡制酒，按其他酒征收消费税。调味料酒不征消费税。

💡 AI助学导航

食品厂销售自产调味料酒是否需要缴纳消费税？请使用文心一言、通义千问、DeepSeek等AI工具搜索结果。

3. 高档化妆品

本税目征收范围包括各类高档美容、修饰类化妆品，高档护肤类化妆品和成套化妆品。

（1）高档美容、修饰类化妆品和高档护肤类化妆品，是指生产（进口）环节销售（完税）不含增值税的价格在10元/毫升（克）或15元/片（张）以上的美容、修饰类化妆品和护肤类化妆品。

（2）舞台、戏剧、影视演员化妆用的上妆油、卸妆油、油彩，不属于本税目的征收范围。

4. 贵重首饰及珠宝玉石

本税目的征税范围包括各种金银珠宝首饰和经采掘、打磨、加工的各种珠宝玉石。

（1）金银首饰、铂金首饰和钻石及钻石饰品，包括凡以金、银、白金、宝石、珍珠、钻石、翡翠、珊瑚、玛瑙等珍贵稀有物质以及其他金属、人造宝石等制作的各种纯金银首饰及镶嵌首饰（含人造金银、合成金银首饰等）等。

（2）其他贵重首饰和珠宝玉石，包括钻石、珍珠、松石、青金石、欧泊石、橄榄石、长石、玉、石英、玉髓、石榴石、锆石、尖晶石、黄玉、碧玺、金绿玉、绿柱石、刚玉、琥珀、珊瑚、煤玉、龟甲、合成刚玉、合成玉石、双合石以及玻璃仿制品等。

宝石坯是经采掘、打磨、初级加工的珠宝玉石半成品，对宝石坯应按规定征收消费税。

💡 AI助学导航

金店销售金条是否缴纳消费税？请使用文心一言、通义千问、DeepSeek等AI工具搜索结果。

5. 鞭炮、焰火

本税目征收范围包括各种鞭炮、焰火，具体包括喷花类、旋转类、旋转升空类、火箭类、吐珠类、线香类、小礼花类、烟雾类、造型玩具类、爆竹类、摩擦炮类、组合烟花类、礼花弹类等。

体育上用的发令纸、鞭炮药引线，不按本税目征收。

6. 成品油

本税目包括汽油、柴油、石脑油、溶剂油、润滑油、燃料油、航空煤油7个子目。

（1）汽油，是指用原油或其他原料加工生产的辛烷值不小于66的可用作汽油发动机燃料的各种轻质油。含铅汽油是指铅含量每升超过0.013克的汽油。汽油分为车用汽油和航空汽油。以汽油、汽油组分调和生产的甲醇汽油、乙醇汽油也属于本税目的征收范围。

（2）柴油，是指用原油或其他原料加工生产的凝点或倾点在-50℃～30℃的可用作柴油发动机燃料的各种轻质油和以柴油组分为主、经调和精制可用作柴油发动机燃料的非标油。以柴油、柴油组分调和生产的生物柴油也属于本税目的征收范围。

（3）石脑油，又叫轻汽油、化工轻油，是以石油加工生产的或二次加工汽油经加氢精制而得的用于化工原料的轻质油。石脑油的征收范围包括除汽油、柴油、煤油、航空煤油、溶剂油以外的各种轻质油。

（4）溶剂油，是以石油加工生产的用于涂料、油漆生产、食用油加工、印刷油墨、皮革、农药、橡胶、化妆品生产的轻质油。

（5）润滑油，是用于内燃机、机械加工过程的润滑产品。润滑油分为矿物性润滑油、植物性润滑油、动物性润滑油和化工原料合成润滑油。润滑油的征收范围包括以石油为原料加工的矿物性润滑油、矿物性润滑油基础油。植物性润滑油、动物性润滑油和化工原料合成润滑油不属于润滑油的征收范围。

（6）燃料油，也称重油、渣油。燃料油的征收范围包括用于电厂发电、船舶锅炉燃料、加热炉燃料、冶金和其他工业炉燃料的各类燃料油。自2012年11月1日起，催化料、焦化料属于燃料油的征收范围，应当征收消费税。

（7）航空煤油，也叫喷气燃料，是以石油加工生产的用于喷气发动机和喷气推进系统中作为能源的石油燃料。

7. 摩托车

本税目征税范围包括气缸容量为250毫升的摩托车和气缸容量在250毫升（不含）以上的摩托车两种。

对最大设计车速不超过50千米/小时、发动机气缸总工作容量不超过50毫升的三轮摩托车，不征收消费税。

8. 小汽车

本税目包括乘用车、中轻型商用客车和超豪华小汽车3个子目。

（1）乘用车，是在设计和技术特性上用于载运乘客和货物的汽车，包括含驾驶员座位在内最多不超过9个座位（含）。

用排气量小于1.5升（含）的乘用车底盘（车架）改装、改制的车辆，属于乘用车征收范围。

（2）中轻型商用客车，是在设计和技术特性上用于载运乘客和货物的汽车，包括含驾驶员座位在内的座位数在10～23座（含23座）。

用排气量大于1.5升的乘用车底盘（车架）或用中轻型商用客车底盘（车架）改装、改制的车辆属于中轻型商用客车征收范围。

含驾驶员人数（额定载客）为区间值的（如8～10人、17～26人）小汽车，按其区间值下限人数确定征收范围。

（3）超豪华小汽车，是每辆零售价格130万元（不含增值税）及以上的乘用车和中轻型商用客车，即乘用车和中轻型商用客车子目中的超豪华小汽车。

电动汽车不属于本税目征收范围。

车身长度大于7米（含），并且座位在10～23座（含）以下的商用客车，不属于中轻型商用客车征税范围，不征收消费税。

沙滩车、雪地车、卡丁车、高尔夫车不属于消费税征收范围，不征收消费税。

企业购进货车或厢式货车改装生产的商务车、卫星通信车等专用汽车不属于消费税的征收范围，不征收消费税。

购进乘用车和中轻型商用客车整车改装生产的汽车，应按规定征收消费税。

💡 AI助学导航

进口超豪华小汽车自用，需要加征缴纳消费税吗？请使用文心一言、通义千问、DeepSeek等AI工具搜索结果。

9. 高尔夫球及球具

本税目的征税范围包括高尔夫球、高尔夫球杆、高尔夫球包（袋）。高尔夫球杆的杆头、杆身和握把属于本税目的征收范围。

试一试

根据消费税法律制度的规定，下列各项中，不属于消费税征收范围的是（　　）。

A．高尔夫球　　　　B．高尔夫球袋　　　C．高尔夫球杆握把　　D．高尔夫车

10．高档手表

高档手表是指销售价格（不含增值税）每只在1万元（含）以上的各类手表。

本税目征收范围包括符合以上标准的各类手表。

11．游艇

游艇是指长度大于8米小于90米，船体由玻璃钢、钢、铝合金、塑料等多种材料制作，可以在水上移动的水上浮载体。按照动力划分，游艇分为无动力艇、帆艇和机动艇。

本税目征收范围包括艇身长度大于8米（含）小于90米（含），内置发动机，可以在水上移动，一般为私人或团体购置，主要用于水上运动和休闲娱乐等非营利活动的各类机动艇。

12．木制一次性筷子

木制一次性筷子又称卫生筷子，是指以木材为原料经过锯段、浸泡、旋切、刨切、烘干、筛选、打磨、倒角、包装等环节加工而成的各类一次性使用的筷子。

本税目征收范围包括各种规格的木制一次性筷子和未经打磨、倒角的木制一次性筷子。

视野拓展

我国每年生产800亿双一次性筷子。如果按每双筷子长20厘米、宽1厘米计算，这些筷子可铺满363个天安门广场。许多人呼吁"筷子革命"，外出就餐尽量自带餐具，餐馆尽量不提供一次性筷子。

你愿意支持"筷子革命"吗？"筷子革命"有什么意义？

13．实木地板

实木地板是指以木材为原料，经锯割、干燥、刨光、截断、开榫、涂漆等工序加工而成的块状或条状的地面装饰材料。实木地板按生产工艺不同，可分为独板（块）实木地板、实木指接地板、实木复合地板三类；按表面处理状态不同，可分为未涂饰地板（白坯板、素板）和漆饰地板两类。

本税目征收范围包括各类规格的实木地板、实木指接地板、实木复合地板及用于装饰墙壁、天棚的侧端面为榫、槽的实木装饰板及未经涂饰的素板。

14．电池

电池，是一种将化学能、光能等直接转换为电能的装置，一般由电极、电解质、容器、极端，通常还有隔离层组成的基本功能单元，以及用一个或多个基本功能单元装配成的电池组。范围包括原电池、蓄电池、燃料电池、太阳能电池和其他电池。

对无汞原电池、金属氢化物镍蓄电池（又称氢镍电池或镍氢蓄电池）、锂原电池、锂离子蓄电池、太阳能电池、燃料电池和全钒液流电池免征消费税。

自2016年1月1日起，对铅蓄电池按4%税率征收消费税。

📝 **视野拓展**

　　废电池里含有大量重金属汞、镉、锰、铅等。废电池经过日晒雨淋，表面的皮层会出现锈蚀，其中的有害成分就会渗透到土壤和地下水。一节一号电池烂在地里，能使1平方米的土壤永久失去利用价值；一粒纽扣电池可使600吨水受到污染。所以废旧电池是不可以随意丢弃的。

　　请查阅相关资料，了解废旧电池的正确处理方法并进行分享。

15. 涂料

　　涂料是指涂于物体表面能形成具有保护、装饰或特殊性能的固态涂膜的一类液体或固体材料的总称。涂料由主要成膜物质、次要成膜物质等构成。按主要成膜物质，涂料可分为油脂类、天然树脂类、酚醛树脂类、沥青类、醇酸树脂类、氨基树脂类、硝基类、过滤乙烯树脂类、烯类树脂类、丙烯酸酯类树脂类、聚酯树脂类、环氧树脂类、聚氨酯树脂类、元素有机类、橡胶类、纤维素类、其他成膜物类等。

　　对施工状态下挥发性有机物（Volatile Organic Compound，VOC）含量低于420克/升（含）的涂料免征消费税。

⏱ **试一试**

　　根据消费税法律制度的规定，下列消费品中，属于消费税征收范围的有(　　　　)。
　　A. 高档手表　　　　　　　　　　　　B. 智能手机
　　C. 葡萄酒　　　　　　　　　　　　　D. 涂料

（三）消费税的纳税人

　　在中华人民共和国境内生产、委托加工和进口应税消费品的单位和个人，以及国务院确定的销售《消费税暂行条例》规定的消费品的其他单位和个人，为消费税的纳税人。单位是指企业、行政单位、事业单位、军事单位、社会团体及其他单位，个人是指个体工商户和其他个人。

　　中华人民共和国境内是指生产、委托加工和进口属于应当缴纳消费税的消费品的起运地或所在地在境内。

⏱ **试一试**

　　根据消费税法律制度的规定，下列单位中，属于消费税纳税人的有(　　　　)。
　　A. 销售自产涂料的单位
　　B. 委托加工烟丝的单位
　　C. 进口啤酒的单位
　　D. 受托加工卷烟的单位

（四）消费税的税率

我国现行消费税税率分别采用比例税率、定额税率两种形式，以适应不同应税消费品的实际情况。

消费税根据不同的税目或子目确定相应的税率或单位税额。一般情况下，对一种消费品只选择一种税率形式，但为了更好、更有效地保全消费税税基，对卷烟和白酒，则采取了比例税率和定额税率复合征收的形式。现行消费税税目、税率如表3-1所示。

表 3-1　消费税税目、税率

税目	税率
一、烟	
1．卷烟	
（1）甲类卷烟（生产或进口环节）	56% 加 0.003 元 / 支
（2）乙类卷烟（生产或进口环节）	36% 加 0.003 元 / 支
（3）批发环节	11% 加 0.005 元 / 支
2．雪茄烟	36%
3．烟丝	30%
4．电子烟	
（1）生产（进口）环节	36%
（2）批发环节	11%
二、酒	
1．白酒	20% 加 0.5 元 /500 克（ 或 500 毫升）
2．黄酒	240 元 / 吨
3．啤酒	
（1）甲类啤酒	250 元 / 吨
（2）乙类啤酒	220 元 / 吨
4．其他酒	10%
三、高档化妆品	15%
四、贵重首饰及珠宝玉石	
1．金银首饰、铂金首饰和钻石及钻石饰品	5%
2．其他贵重首饰和珠宝玉石	10%
五、鞭炮、焰火	15%
六、成品油	
1．汽油	1.52 元 / 升
2．柴油	1.20 元 / 升
3．航空煤油	1.20 元 / 升
4．石脑油	1.52 元 / 升
5．溶剂油	1.52 元 / 升
6．润滑油	1.52 元 / 升
7．燃料油	1.20 元 / 升
七、摩托车	
1．气缸容量（排气量，下同）在 250 毫升的	3%
2．气缸容量在 250 毫升以上的	10%

续表

税目	税率
八、小汽车	
1．乘用车	
（1）气缸容量（排气量，下同）在 1.0 升（含 1.0 升）以下的	1%
（2）气缸容量在 1.0 升以上至 1.5 升（含 1.5 升）的	3%
（3）气缸容量在 1.5 升以上至 2.0 升（含 2.0 升）的	5%
（4）气缸容量在 2.0 升以上至 2.5 升（含 2.5 升）的	9%
（5）气缸容量在 2.5 升以上至 3.0 升（含 3.0 升）的	12%
（6）气缸容量在 3.0 升以上至 4.0 升（含 4.0 升）的	25%
（7）气缸容量在 4.0 升以上的	40%
2．中轻型商用客车	5%
3．超豪华小汽车（零售环节）	10%
九、高尔夫球及球具	10%
十、高档手表	20%
十一、游艇	10%
十二、木制一次性筷子	5%
十三、实木地板	5%
十四、电池	4%
十五、涂料	4%

二、消费税应纳税额的计算

按照现行消费税法律制度的基本规定，消费税应纳税额的计算主要分为从价定率计征、从量定额计征和从价定率与从量定额复合计征3种方法，又分生产销售、自产自用、委托加工、进口应税消费品等不同情形的计算。

消费税应
纳税额的
计算

（一）生产销售环节应纳消费税的计算

1．从价定率计算

实行从价定率计征消费税的，其计算公式为

$$应纳税额=销售额×比例税率$$

（1）销售额的一般规定。

销售额为纳税人销售应税消费品向购买方收取的全部价款和价外费用，但不包括向购货方收取的增值税税款。价外费用，是指价外向购买方收取的手续费、补贴、基金、集资费、返还利润、奖励费、违约金、滞纳金、延期付款利息、赔偿金、代收款项、代垫款项、包装费、包装物租金、储备费、优质费、运输装卸费以及其他各种性质的价外收费。但下列项目不包括在内。

① 同时符合以下条件的代垫运输费用：承运部门的运输费用发票开具给购买方的，纳税人将该项发票转交给购买方的。

② 同时符合以下条件代为收取的政府性基金或者行政事业性收费：由国务院或者财政部批

准设立的政府性基金，由国务院或者省级人民政府及其财政、价格主管部门批准设立的行政事业性收费；收取时开具省级以上财政部门印制的财政票据；所收款项全额上缴财政。

（2）含税销售额的换算。

如果纳税人应税消费品的销售额中未扣除增值税税款或者因不得开具增值税专用发票而采取价税合计形式收取货款的，在计算消费税税额时，应将销售额换算成不含增值税的销售额后再进行计算，其换算公式为

$$应税消费品的销售额=含增值税的销售额÷（1+增值税税率或征收率）$$

在使用换算公式时，应根据纳税人的具体情况分别使用增值税税率或征收率。如果消费税的纳税人是增值税一般纳税人，则应适用13%的增值税税率；如果消费税的纳税人是增值税小规模纳税人，则应适用3%的征收率。

（3）销售额的特殊规定。

① 对包装物的处理规定。应税消费品连同包装物销售的，无论包装物是否单独计价，也不论在会计上如何核算，均应并入应税消费品的销售额中缴纳消费税。

如果包装物不作价随同产品销售，而是收取押金，此项押金则不应并入应税消费品的销售额中征税。但对因逾期未收回的包装物不再退还的和已收取的时间超过12个月的押金，应并入应税消费品的销售额，按照应税消费品的适用税率征收消费税。

对酒类生产企业销售酒类产品而收取的包装物押金，无论押金是否返还及会计上如何核算，均应并入酒类产品销售额中，依酒类产品的适用税率征收消费税。

试一试

某红酒生产企业在销售自产红酒时向购买方收取的下列款项中，应并入销售额计征消费税的有（　　　）。

A. 价款　　　　　　　　　　B. 销项税额

C. 包装物押金　　　　　　　D. 包装费

---

② 纳税人通过自设非独立核算门市部销售的自产应税消费品，应当按照门市部对外销售额或者销售数量征收消费税。

试一试

甲汽车厂为增值税一般纳税人，2025年1月将一批自产小汽车交付自设非独立核算门市部用于销售，该批小汽车生产成本900万元。门市部将其零售，取得含增值税销售额1 130万元。已知增值税税率为13%，小汽车消费税税率为3%。计算甲汽车厂该业务应缴纳消费税税额的下列算式中，正确的是（　　　）。

A. $900×3\%=27$（万元）

B. $1\ 130×3\%=33.9$（万元）

C. $1\ 130÷（1+13\%）×3\%=30$（万元）

D. $900×3\%+1\ 130÷（1+13\%）×3\%=57$（万元）

③ 纳税人用于换取生产资料和消费资料、投资入股和抵偿债务等方面的应税消费品，应当以纳税人同类应税消费品的最高销售价格作为计税依据计算消费税。

试一试

甲游艇厂2025年1月将20艘自产游艇对外投资，该游艇生产成本11 000元/艘，不含增值税平均售价12 300元/艘、最高售价13 000元/艘、最低售价12 000元/艘。已知游艇消费税税率为10%。计算甲游艇厂该笔业务应缴纳消费税税额的下列算式中，正确的是（　　　）。

A．20×11 000×10%=22 000（万元）　　　B．20×12 300×10%=24 600（万元）

C．20×13 000×10%=26 000（万元）　　　D．20×12 000×10%=24 000（万元）

④ 纳税人采用以旧换新（含翻新改制）方式销售金银首饰，应按实际收取的不含增值税的全部价款确定计税依据征收消费税。

试一试

甲金店为增值税一般纳税人，2025年1月采用以旧换新方式销售零售价格为960 500元的金首饰一批，扣减旧首饰折价后实际收取含增值税价款452 000元。已知增值税税率为13%，消费税税率为5%。计算甲金店当月该业务应缴纳消费税税额的下列算式中，正确的是（　　　）。

A．452 000×5%=22 600（元）

B．[452 000÷（1+13%）]×5%=20 000（元）

C．960 500×5%=48 025（元）

D．[960 500÷（1+13%）]×5%=42 500（元）

⑤ 纳税人兼营不同税率的应税消费品，应当分别核算不同税率应税消费品的销售额、销售数量。未分别核算销售额、销售数量，或者将不同税率的应税消费品组成成套消费品销售的，从高适用税率。

试一试

2025年1月，甲化妆品生产企业销售自产高档化妆品取得不含增值税销售额20万元，销售自产基础护肤品取得不含增值税销售额10万元，销售自产高档化妆品和基础护肤品组合礼品盒取得不含增值税销售额15万元。已知高档化妆品消费税税率为15%。计算甲化妆品生产企业当月上述业务应缴纳消费税税额的下列算式中，正确的是（　　　）。

A．20×15%=3（万元）

B．（20+10）×15%=4.5（万元）

C．（20+15）×15%=5.25（万元）

D．（20+10+15）×15%=6.75（万元）

【例3-1】雅琦化妆品生产企业为增值税一般纳税人，2025年1月向甲大型商场销售自产高档化妆品一批，取得不含增值税销售额50万元；向乙单位销售自产高档化妆品一批，取得含增值税销售额4.52万元。

已知： 增值税税率为13%，消费税税率为15%。

要求： 计算雅琦化妆品生产企业当月上述业务应缴纳的消费税税额。

解析： 高档化妆品的销售额=50+4.52÷（1+13%）=54（万元）

应缴纳消费税税额=54×15%=8.1（万元）

2．从量定额计算

实行从量定额计征消费税的，其计算公式为

$$应纳税额=销售数量×定额税率$$

（1）销售数量的确定。

销售数量是指纳税人生产、加工和进口应税消费品的数量，具体规定如下。

① 销售应税消费品的，为应税消费品的销售数量。

② 自产自用应税消费品的，为应税消费品的移送使用数量。

③ 委托加工应税消费品的，为纳税人收回的应税消费品数量。

④ 进口应税消费品的，为海关核定的应税消费品进口征税数量。

（2）计量单位的换算标准。

《消费税暂行条例》规定，黄酒、啤酒以吨为税额单位；成品油以升为税额单位。但是，考虑到实际销售过程中，一些纳税人会把吨或升这两个计算单位混用，为了规范不同产品的计量单位，以准确计算应纳税额，吨与升两个计量单位的换算标准如下。

啤酒1吨=988升	石脑油1吨=1 385升
黄酒1吨=962升	溶剂油1吨=1 282升
汽油1吨=1 388升	燃料油1吨=1 015升
柴油1吨=1 176升	航空煤油1吨=1 246升
润滑油1吨=1 126升	

【例3-2】绿兰莎啤酒厂2025年1月销售自产啤酒900吨，每吨啤酒不含增值税出厂价格为3 300元。

已知： 适用消费税税率为250元/吨。

要求： 计算绿兰莎啤酒厂当月应缴纳的消费税税额。

解析： 啤酒属于适用从量定额办法计征消费税的应税消费品；销售自产啤酒的，计税依据为自产啤酒的销售数量。

应缴纳消费税税额=销售数量×定额税率=900×250=225 000（元）

3．从价定率与从量定额复合计算

现行消费税的征税范围中，只有白酒、卷烟实行从价定率与从量定额复合方法计征消费税，其计算公式为

$$应纳税额=销售额×比例税率+销售数量×定额税率$$

【例3-3】玉泉酒厂为增值税一般纳税人，2025年4月销售自产粮食白酒4吨，取得不含增值税价款30万元，同时收取包装物押金0.226万元。

已知： 白酒消费税定额税率为0.5元/500克，比例税率为20%；1吨=1 000千克。

要求： 计算玉泉酒厂当月该笔业务应缴纳的消费税税额。

解析：白酒是复合计征消费税的；酒类产品收取的包装物押金，无论包装物是否单独计价，也不论在会计上如何核算，均应并入应税消费品的销售额中征收消费税。

应税消费品的销售额=30+0.226÷（1+13%）=30.2（万元）

应缴纳消费税税额=30.2×20%+4×1 000×2×0.5÷10 000=6.04+0.4=6.44（万元）

（二）自产自用应纳消费税的计算

纳税人自产自用的应税消费品，用于连续生产应税消费品的，不纳税；用于其他方面的，于移送使用时，按照纳税人的同类应税消费品的销售价格计算纳税；没有同类消费品销售价格的，按照组成计税价格计算纳税。

实行从价定率办法计征消费税的，其计算公式为

$$组成计税价格=（成本+利润）÷（1-比例税率）$$

$$应纳税额=组成计税价格×比例税率$$

实行复合计税办法计征消费税的，其计算公式为

$$组成计税价格=（成本+利润+自产自用数量×定额税率）÷（1-比例税率）$$

$$应纳税额=组成计税价格×比例税率+自产自用数量×定额税率$$

所称同类应税消费品的销售价格，是指纳税人或者代收代缴义务人当月销售的同类应税消费品的销售价格，如果当月同类应税消费品各期销售价格高低不同，应按销售数量加权平均计算。但销售的应税消费品有下列情形之一的，不得列入加权平均计算。

（1）销售价格明显偏低又无正当理由的。

（2）无销售价格的。

如果当月无销售或者当月未完结，应按照同类应税消费品上月或者最近月份的销售价格计算纳税。

成本，是指应税消费品的产品生产成本。利润，是指根据应税消费品的全国平均成本利润率计算的利润。应税消费品全国平均成本利润率由国家税务总局确定。具体标准如表3-2所示。

表3-2 平均成本利润率

货物名称	成本利润率	货物名称	成本利润率
1．甲类卷烟	10%	11．木制一次性筷子	5%
2．乙类卷烟	5%	12．贵重首饰及珠宝玉石	6%
3．雪茄烟	5%	13．摩托车	6%
4．烟丝	5%	14．中轻型商用客车	5%
5．粮食白酒	10%	15．乘用车	8%
6．薯类白酒	5%	16．高尔夫球及球具	10%
7．其他酒	5%	17．高档手表	20%
8．高档化妆品	5%	18．游艇	10%
9．鞭炮、焰火	5%	19．电池	4%
10．实木地板	5%	20．涂料	7%

【例3-4】 雅琦化妆品生产企业2025年3月特制一批高档化妆品作为三八妇女节福利发放给女职工，该高档化妆品无同类产品市场售价，生产成本为20 000元。

已知： 平均成本利润率为5%，消费税税率为15%。

要求： 计算雅琦化妆品生产企业当月该笔业务应缴纳的消费税税额。

解析： 将自产高档化妆品用于集体福利，应缴纳消费税；无同类产品市场销售价格，应按组成计税价格计税。

组成计税价格=（成本+利润）÷（1-比例税率）
　　　　　　=（20 000+20 000×5%）÷（1-15%）
　　　　　　=24 705.88（元）

应缴纳消费税税额=24 705.88×15%=3 705.88（元）

【例3-5】 甲啤酒厂2025年1月将自产啤酒20吨用于厂庆活动，该啤酒生产成本为1 000元/吨，无同类产品市场售价。

已知： 啤酒定额税率为220元/吨。

要求： 计算甲啤酒厂当月该笔业务应缴纳的消费税税额。

解析： 啤酒属于从量定额计税的应税消费品，其应纳消费税仅与数量有关。

应缴纳消费税税额=220×20=4 400（元）

【例3-6】 玉泉酒厂2025年1月将自制粮食白酒500千克用于招待，该白酒生产成本为24元/千克，无同类产品市场售价。

已知： 平均成本利润率为10%；消费税定额税率为0.5元/500克，比例税率为20%。

要求： 计算玉泉酒厂当月该笔业务应缴纳的消费税税额。

解析： 白酒属于复合计税的应税消费品，自产自用白酒属于消费税征税范围；无同类产品售价，应该按照组成计税价格计税。

从量征收消费税税额=500×2×0.5=500（元）
从价征收消费税税额=［24×500×（1+10%）+500］÷（1-20%）×20%=3 425（元）
应缴纳消费税税额=3 425+500=3 925（元）

（三）委托加工环节应纳消费税的计算

委托加工的应税消费品，按照受托方的同类消费品的销售价格计算纳税，没有同类消费品销售价格的，按照组成计税价格计算纳税。

实行从价定率办法计征消费税的，其计算公式为

组成计税价格=（材料成本+加工费）÷（1-比例税率）

应纳税额=组成计税价格×比例税率

实行复合计税办法计征消费税的，其计算公式为

组成计税价格=（材料成本+加工费+委托加工数量×定额税率）÷（1-比例税率）

应纳税额=组成计税价格×比例税率+委托加工数量×定额税率

材料成本是指委托方所提供加工材料的实际成本。凡未提供材料成本或所在地主管税务机关认为材料成本不合理的，税务机关有权重新核定其材料成本。

加工费是指受托方加工应税消费品向委托方收取的全部费用（包括代垫辅助材料的实际成本，但不包括增值税税款）。

【例3-7】雅琦化妆品厂2025年1月受托为某单位加工一批高档化妆品，委托单位提供原材料成本24万元，收取委托单位不含增值税的加工费1.5万元，雅琦化妆品厂无同类产品市场售价。

已知：消费税税率为15%。

要求：计算雅琦化妆品厂该笔业务应代收代缴的消费税税额。

解析：组成计税价格=（24+1.5）÷（1-15%）=30（万元）

应代收代缴消费税税额=30×15%=4.5（万元）

【例3-8】甲公司委托玉泉酒厂加工1 000千克白酒，委托加工合同注明甲公司提供原材料成本50 000元，不含增值税加工费为5 000元。玉泉酒厂同类白酒销售价格为60元/千克。

已知：消费税定额税率为0.5元/500克，比例税率为20%。

要求：计算玉泉酒厂该笔业务应代收代缴的消费税税额。

解析：白酒属于复合计税的应税消费品；委托加工完毕后，甲公司去提货时，玉泉酒厂应代收代缴消费税；因为玉泉酒厂有同类白酒售价，从价征收消费税不使用组成计税价格计税。

从量征收消费税税额=1 000×2×0.5=1 000（元）

从价征收消费税税额=1 000×60×20%=12 000（元）

应代收代缴消费税税额=1 000+12 000=13 000（元）

（四）进口环节应纳消费税的计算

纳税人进口应税消费品，按照组成计税价格和规定的税率计算应纳税额。

（1）实行从价定率办法计征消费税的，其计算公式为

$$组成计税价格=（关税计税价格+关税）÷（1-消费税比例税率）$$

$$应纳税额=组成计税价格×消费税比例税率$$

关税计税价格是指海关核定的关税计税价格。

（2）实行复合计税办法计征消费税的，其计算公式为

$$组成计税价格=（关税计税价格+关税+进口数量×定额税率）÷（1-消费税比例税率）$$

$$应纳税额=组成计税价格×消费税比例税率+进口数量×定额税率$$

【例3-9】甲外贸公司2025年1月从法国进口一批高档化妆品，海关核定的该批高档化妆品关税计税价格为80万元，按规定缴纳关税5万元。

已知：消费税税率为15%，增值税税率为13%。

要求：计算甲外贸公司该笔业务进口环节应缴纳的消费税税额和增值税税额。

解析：组成计税价格=（80+5）÷（1-15%）=100（万元）

应缴纳消费税税额=100×15%=15（万元）

应缴纳增值税税额=100×13%=13（万元）

（五）已纳消费税的扣除

为了避免重复征税，现行消费税法律制度规定，将外购应税消费品和委托加工收回的应税消费品继续生产应税消费品销售的，可以将外购应税消费品和委托加工收回的应税消费品已缴纳的消费税给予扣除。

1. 外购应税消费品已纳税款的扣除

由于某些应税消费品是用外购已缴纳消费税的应税消费品连续生产出来的，在对这些连续生产出来的应税消费品计算征税时，税法规定应按当期生产领用数量计算准予扣除外购的应税消费品已纳的消费税税款。扣除范围包括以下情形。

① 外购已税烟丝生产的卷烟。

② 外购已税高档化妆品原料生产的高档化妆品。

③ 外购已税珠宝、玉石原料生产的贵重首饰及珠宝、玉石。

④ 外购已税鞭炮、焰火原料生产的鞭炮、焰火。

⑤ 外购已税杆头、杆身和握把为原料生产的高尔夫球杆。

⑥ 外购已税木制一次性筷子原料生产的木制一次性筷子。

⑦ 外购已税实木地板原料生产的实木地板。

⑧ 外购已税石脑油、润滑油、燃料油为原料生产的成品油。

⑨ 外购已税汽油、柴油为原料生产的汽油、柴油。

上述当期准予扣除外购应税消费品已纳消费税税款的计算公式为

当期准予扣除的外购应税消费品买价=期初库存的外购应税消费品的买价+当期购进的应税消费品的买价-期末库存的外购应税消费品的买价

当期准予扣除的外购应税消费品已纳税款=当期准予扣除的外购应税消费品买价×外购应税消费品适用税率

> **试一试**
>
> 根据消费税法律制度的规定，下列情形中，外购应税消费品已纳消费税税款准予扣除的是（　　）。
>
> A．外购已税烟丝生产的卷烟　　　　B．外购已税钻石为原料生产的高档手表
> C．外购已税珠宝生产的金银镶嵌首饰　D．外购已税白酒为原料生产的药酒

【例3-10】雅琦化妆品厂用外购已税香水精生产高档化妆品。2025年1月初库存外购已税香水精买价为10万元，当月外购已税香水精买价为40万元，月末库存外购已税香水精买价为20万元，其余被当月生产高档化妆品领用。

已知：消费税税率为15%。

要求：计算雅琦化妆品厂当月准予扣除的外购香水精已纳消费税税款。

解析：当月准予扣除的外购香水精买价=10+40-20=30（万元）

当月准予扣除的外购香水精已纳消费税税款=30×15%=4.5（万元）

2. 委托加工收回的应税消费品已纳税款的扣除

委托加工的应税消费品因为已由受托方代收代缴消费税，因此，委托方收回货物后用于连续生产应税消费品的，其已纳税款准予按照规定从连续生产的应税消费品应纳消费税税额中抵扣。下列连续生产的应税消费品准予从应纳消费税税额中按当期生产领用数量计算扣除委托加工收回的应税消费品已纳消费税税款。

① 以委托加工收回的已税烟丝为原料生产的卷烟。

② 以委托加工收回的已税高档化妆品为原料生产的高档化妆品。

③ 以委托加工收回的已税珠宝、玉石为原料生产的贵重首饰及珠宝、玉石。

④ 以委托加工收回的已税鞭炮、焰火为原料生产的鞭炮、焰火。

⑤ 以委托加工收回的已税杆头、杆身和握把为原料生产的高尔夫球杆。

⑥ 以委托加工收回的已税木制一次性筷子为原料生产的木制一次性筷子。

⑦ 以委托加工收回的已税实木地板为原料生产的实木地板。

⑧ 以委托加工收回的已税石脑油、润滑油、燃料油为原料生产的成品油。

⑨ 以委托加工收回的已税汽油、柴油为原料生产的汽油、柴油。

上述当期准予扣除委托加工收回的应税消费品已纳消费税税款的计算公式为

当期准予扣除的委托加工应税消费品已纳税款=期初库存的委托加工应税消费品的已纳税款
+当期收回的委托加工应税消费品的已纳税款
−期末库存的委托加工应税消费品的已纳税款

【例3-11】甲卷烟厂为增值税一般纳税人，2025年1月委托某烟丝加工厂加工一批烟丝，卷烟厂提供的烟叶在委托加工合同中注明成本60 000元。烟丝当月加工完，卷烟厂提货时支付的不含增值税的加工费3 700元，并支付了烟丝加工厂按烟丝组成计税价格计算的消费税税款。当月，卷烟厂将这批加工好的烟丝的40%直接销售，60%用于生产甲类卷烟10箱并予以全部销售，向购货方开具增值税专用发票注明金额90 000元、税额11 700元。

已知：烟丝消费税税率为30%；甲类卷烟消费税比例税率为56%，定额税率为150元/箱；增值税税率为13%。

要求：计算甲卷烟厂当月销售卷烟应缴纳的消费税税额。

解析：委托加工烟丝的组成计税价格=（60 000+3 700）÷（1−30%）=91 000（元）

委托加工烟丝的已纳消费税税额=91 000×30%=27 300（元）

委托加工收回烟丝的40%直接销售不再缴纳消费税。

委托加工收回烟丝的60%被生产领用可抵扣消费税税款=27 300×60%=16 380（元）

卷烟厂销售卷烟应缴纳消费税税额=10×150+90 000×56%−16 380=35 520（元）

三、消费税征收管理

（一）消费税的纳税义务发生时间

消费税纳税义务发生时间，以货款结算方式或行为发生时间分别确定。

（1）纳税人销售应税消费品的，其纳税义务发生时间按不同的销售结算方式分为以下几种。

① 采取赊销和分期收款结算方式的，为书面合同约定的收款日期的当天，书面合同没有约定收款日期或者无书面合同的，为发出应税消费品的当天。

② 采取预收货款结算方式的，为发出应税消费品的当天。

③ 采取托收承付和委托银行收款方式的，为发出应税消费品并办妥托收手续的当天。

④ 采取其他结算方式的，为收讫销售款或者取得索取销售款凭据的当天。

（2）纳税人自产自用应税消费品的，为移送使用的当天。

（3）纳税人委托加工应税消费品的，为提货的当天。

（4）纳税人进口应税消费品的，为报关进口的当天。

试一试

根据消费税法律制度的规定，下列各项中，符合消费税纳税义务发生时间规定的是（   ）。

A．进口应税消费品的，为取得进口货物当天

B．自产自用应税消费品的，为移送使用当天

C．委托加工应税消费品的，为支付加工费当天

D．采取预收货款结算方式的，为收取货款当天

（二）消费税的纳税期限

消费税的纳税期限分别为1日、3日、5日、10日、15日、1个月或者1个季度。纳税人的具体纳税期限，由税务机关根据纳税人应纳税额的大小分别核定；不能按照固定期限纳税的，可以按次纳税。

纳税人以1个月或者1个季度为1个纳税期的，自期满之日起15日内申报纳税；以1日、3日、5日、10日或者15日为1个纳税期的，自期满之日起5日内预缴税款，于次月1日起15日内申报纳税并结清上月应纳税款。

纳税人进口应税消费品，应当自海关填发海关进口消费税专用缴款书之日起15日内缴纳税款。

（三）消费税的纳税地点

（1）纳税人销售的应税消费品，以及自产自用的应税消费品，除国务院财政、税务主管部门另有规定外，应当向纳税人机构所在地或者居住地的税务机关申报纳税。

（2）委托加工的应税消费品，除受托方为个人外，由受托方向机构所在地或者居住地的税务机关解缴消费税税款。受托方为个人的，由委托方向机构所在地的税务机关申报纳税。

（3）进口的应税消费品，由进口人或者代理人向报关地海关申报纳税。

（4）纳税人到外县（市）销售或委托外县（市）代销自产应税消费品的，于应税消费品销售后，向机构所在地或者居住地税务机关申报纳税。

（5）纳税人的总机构与分支机构不在同一县（市）的，应当分别向各自机构所在地的税务机关申报纳税。

（6）纳税人销售的应税消费品，如因质量等原因由购买者退回的，经机构所在地税务机关或居住地税务机关审核批准后，可退还已征收的消费税税款。

（四）消费税的纳税申报

自2021年8月1日起，消费税与城市维护建设税、教育费附加、地方教育附加申报表整合，启用《消费税及附加税费申报表》。消费税纳税人应按有关规定及时办理纳税申报，如实填写并报送纳税申报资料。

项目实施

一、计算应缴纳的消费税税额

（1）销售M型高档口红应纳消费税税额=5 000 000×15%=750 000（元）。

（2）采取预收货款结算方式销售N型高档香水，消费税的纳税义务发生时间为发出应税消费品的当天，即下月20日。

（3）准予扣除已税香水精已纳消费税税款=（300 000+800 000−200 000）×15%=135 000（元）。

（4）应缴纳消费税税额=750 000−135 000=615 000（元）。

二、填写消费税及附加税费申报表

雅倩化妆品股份有限公司消费税及附加税费申报表如表3-3所示，本期准予扣除税额计算表如表3-4所示。

表3-3　消费税及附加税费申报表

税款所属期：2025 年 01 月 01 日至 2025 年 01 月 31 日
纳税人识别号（统一社会信用代码）：91441521MA****RY1K
纳税人名称：雅倩化妆品股份有限公司

金额单位：人民币元（列至角分）

项目　应税消费品名称	适用税率		计税单位	本期销售数量	本期销售额	本期应纳税额
	定额税率	比例税率				
	1	2	3	4	5	6=1×4+2×5
高档化妆品		15%			5 000 000.00	750 000.00
合计	—	—	—	—	—	750 000.00

	栏次	本期税费额
本期减（免）税额	7	
期初留抵税额	8	
本期准予扣除税额	9	135 000.00
本期应扣除税额	10=8+9	135 000.00
本期实际扣除税额	11[10＜（6-7），则为10，否则为6-7]	135 000.00
期末留抵税额	12=10-11	
本期预缴税额	13	
本期应补（退）税额	14=6-7-11-13	615 000.00
城市维护建设税本期应补（退）税额	15	43 050.00
教育费附加本期应补（退）费额	16	18 450.00
地方教育附加本期应补（退）费额	17	12 300.00

声明：此表是根据国家税收法律法规及相关规定填写的，本人（单位）对填报内容（及附带资料）的真实性、可靠性、完整性负责。

纳税人（签章）：　年　月　日

经办人： 经办人身份证号： 代理机构签章： 代理机构统一社会信用代码：	受理人： 受理税务机关（章）： 受理日期：　年　月　日

表 3-4　本期准予扣除税额计算表

金额单位：人民币元（列至角分）

准予扣除项目		应税消费品名称		高档化妆品
一、本期准予扣除的委托加工应税消费品已纳税款计算		期初库存委托加工应税消费品已纳税款	1	
		本期收回委托加工应税消费品已纳税款	2	
		期末库存委托加工应税消费品已纳税款	3	
		本期领用不准予扣除委托加工应税消费品已纳税款	4	
		本期准予扣除委托加工应税消费品已纳税款	5=1+2-3-4	
二、本期准予扣除的外购应税消费品已纳税款计算	（一）从价计税	期初库存外购应税消费品买价	6	300 000.00
		本期购进应税消费品买价	7	800 000.00
		期末库存外购应税消费品买价	8	200 000.00
		本期领用不准予扣除外购应税消费品买价	9	
		适用税率	10	15%
		本期准予扣除外购应税消费品已纳税款	11=(6+7-8-9)×10	135 000.00
	（二）从量计税	期初库存外购应税消费品数量	12	
		本期外购应税消费品数量	13	
		期末库存外购应税消费品数量	14	
		本期领用不准予扣除外购应税消费品数量	15	
		适用税率	16	
		计量单位	17	
		本期准予扣除的外购应税消费品已纳税款	18=(12+13-14-15)×16	
三、本期准予扣除税款合计			19=5+11+18	135 000.00

📝 项目小结

本项目由项目引入、相关知识、项目实施组成。在项目引入部分，以雅倩化妆品股份有限公司的纳税资料引入，提出任务；在相关知识部分，介绍了完成上述任务需要掌握的理论知识；在项目实施部分，完成项目引入提出的任务。本项目的知识结构如图3-1所示。

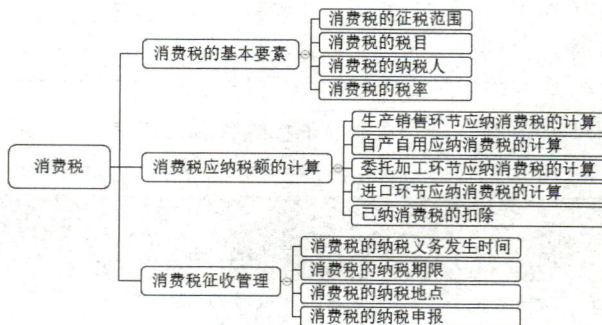

图 3-1 消费税之知识结构

🔨 练习与实训

（一）单项选择题

1. 根据消费税法律制度的规定，下列各项中，属于消费税征收范围的是（　　）。
   A. 高档手表　　　　B. 智能手机　　　　C. 电动汽车　　　　D. 高档西服
2. 根据消费税法律制度的规定，下列单位中，属于消费税纳税人的是（　　）。
   A. 进口金银首饰的单位　　　　　　　　B. 从事白酒批发的单位
   C. 委托加工烟丝的单位　　　　　　　　D. 受托加工高档化妆品的单位
3. 根据消费税法律制度的规定，确定消费税的应税销售额时，下列各项中，不得计入销售额的是（　　）。
   A. 价外收取的运输费　　　　　　　　　B. 价外收取的基金
   C. 增值税税款　　　　　　　　　　　　D. 价外收取的包装费
4. 甲金店采取以旧换新方式零售金银首饰，下列各项中，属于该项业务消费税计税依据的是（　　）。
   A. 同类新金银首饰的销售价格　　　　　B. 实际收取的含增值税的全部价款
   C. 新金银首饰的组成计税价格　　　　　D. 实际收取的不含增值税的全部价款
5. 企业生产的下列消费品中，不征收消费税的是（　　）。
   A. 地板企业生产的用于装修本企业办公室的实木地板
   B. 汽车企业生产的用于本企业管理部门的小汽车
   C. 化妆品企业生产的作为交易会样品的高档化妆品
   D. 卷烟企业生产的用于连续生产卷烟的烟丝
6. 根据消费税法律制度的规定，纳税人自产自用应税消费品用于连续生产应税消费品的，下列关于其消费税纳税情况的表述中，正确的是（　　）。
   A. 视同销售纳税　　　　　　　　　　　B. 于移送使用时纳税

C. 按组成计税价格纳税   D. 不纳税

7. 根据消费税法律制度的规定，下列各项中，应按自产自用应税消费品缴纳消费税的是（   ）。

A. 将外购已税消费品继续加工成应税消费品

B. 将委托加工收回的应税消费品继续加工成应税消费品

C. 自制应税消费品继续加工成应税消费品

D. 自制应税消费品用于向外单位投资

8. 根据消费税法律制度的规定，下列关于纳税人用于投资入股的应税消费品消费税纳税情况的表述中，正确的是（   ）。

A. 不征消费税

B. 按同类应税消费品的平均售价计征消费税

C. 按市场价格计征消费税

D. 按同类应税消费品的最高售价计征消费税

9. 甲酒厂为增值税一般纳税人，2025年1月生产粮食白酒100吨，全部用于销售，取得不含税价款480万元，同时收取品牌使用费20万元。已知白酒消费税比例税率为20%，定额税率为0.5元/500克，增值税税率为13%，则甲酒厂当月应纳消费税税额为（   ）万元。

A. 55.42   B. 96.00   C. 99.42   D. 109.54

10. 甲日化厂将自产某品牌的高档化妆品与护肤品组成成套化妆品。其中高档化妆品的生产成本为90元/套，护肤品的生产成本为50元/套。2025年1月，将100套成套化妆品作为奖励发给职工。已知成本利润率为5%，消费税税率为15%。甲日化厂上述业务应纳消费税税额为（   ）元。

A. 1 667.65   B. 2 200   C. 2 207.15   D. 2 594.12

11. 甲酒厂2025年1月销售自制粮食白酒10吨，取得不含税价款2.5万元。已知白酒消费税比例税率为20%，定额税率为0.5元/斤。则甲酒厂该笔业务应缴纳的消费税税额为（   ）万元。

A. 1.625   B. 0.24   C. 0.375   D. 1.5

12. 甲化妆品厂受托加工一批高档化妆品，委托方提供原材料成本30 000元，该厂收取不含增值税加工费10 000元，代垫辅助材料款成本5 000元，该厂没有同类化妆品销售价格。已知化妆品消费税税率为15%。甲化妆品厂该笔业务应代收代缴消费税税额为（   ）元。

A. 7 142.86   B. 7 941.18   C. 10 142.86   D. 10 250.00

13. 甲酒厂受托为A单位加工粮食白酒50吨，甲酒厂同类的白酒售价为每吨0.65万元（不含税），A单位提供粮食不含税价为15万元，支付加工费4万元。已知白酒消费税比例税率为20%，定额税率为0.5元/500克，1吨=1 000千克。则A单位提货时，甲酒厂应代收代缴消费税税额为（   ）万元。

A. 14.46   B. 11.5   C. 8.13   D. 6.33

14. 根据消费税法律制度的规定，下列各项中，不得扣除外购应税消费品已纳消费税税款的是（   ）。

A. 外购烟丝生产并销售的卷烟

B. 外购已税实木地板生产并销售的实木地板

C. 外购已税白酒生产并销售的药酒

D. 外购已税高档化妆品生产并销售的高档化妆品

15. 2025年1月，甲酒厂生产粮食白酒100吨，全部用于销售。当月取得不含增值税价款480万元，同时收取品牌使用费20万元；当月月初库存外购粮食酒精买价90万元，当月购进粮食酒精买价110万元，月末库存外购粮食酒精买价20万元。已知白酒消费税比例税率为20%，定额税率为0.5元/500克。该厂当月应纳消费税税额为（　　）万元。

    A. 70 　　　　　　 B. 96 　　　　　　 C. 106 　　　　　　 D. 109.54

16. 纳税人用委托加工收回的应税消费品连续生产应税消费品，在计算纳税时，下列关于委托加工应税消费品的已纳消费税税款的表述中，正确的是（　　）。

    A. 该已纳税款不得扣除

    B. 已纳税款当期可全部扣除

    C. 该已纳税款当期可扣除50%

    D. 可对收回的委托加工应税消费品当期领用部分的已纳税款予以扣除

17. 根据消费税法律制度的规定，纳税人采取预收货款结算方式销售应税消费品，其纳税义务发生时间为（　　）。

    A. 发出应税消费品的当天

    B. 销售合同约定的收款日期的当天

    C. 办妥托收手续的当天

    D. 取得销售款凭证的当天

18. 根据消费税法律制度的规定，纳税人进口的应税消费品，自海关填发进口消费税专用缴款书之日起一定期限内缴纳税款，该期限为（　　）日。

    A. 7 　　　　　　 B. 10 　　　　　　 C. 15 　　　　　　 D. 30

（二）多项选择题

1. 根据消费税法律制度的规定，下列各项中，属于消费税征税范围的有（　　）。

    A. 实木衣柜 　　　　 B. 实木地板 　　　　 C. 高档手表 　　　　 D. 高档化妆品

2. 商场零售的下列商品中，应缴纳消费税的有（　　）。

    A. 金银首饰 　　　　 B. 钻石饰品 　　　　 C. 高档手表 　　　　 D. 白酒

3. 根据消费税法律制度的规定，下列应税消费品中，应采用从量定额计税方法计征消费税的有（　　）。

    A. 高档化妆品 　　　 B. 柴油 　　　　 C. 啤酒 　　　　 D. 电池

4. 根据消费税法律制度的规定，下列情形中，应以其同类应税消费品的最高销售价格为计税依据计算消费税的有（　　）。

    A. 甲汽车厂以自产小汽车投资入股 　　　 B. 乙卷烟厂以自产卷烟抵偿债务

    C. 丙电池厂以自产电池换取生产资料 　　 D. 丁涂料厂以自产涂料换取消费资料

5. 根据消费税法律制度的规定，下列应税消费品中，采用复合计税方法计征消费税的有（　　）。

    A. 烟丝 　　　　　　　　　　　　　　 B. 卷烟

    C. 白酒 　　　　　　　　　　　　　　 D. 啤酒

6. 根据消费税法律制度的规定，下列各项中，不缴纳消费税的有（　　）。

    A. 卷烟厂将委托加工收回的烟丝直接销售

    B. 炼油厂将自产成品油用于本企业的基建工程

    C. 烟酒专卖店销售外购的烟酒

    D. 食品厂销售自产调味料酒

7. 根据消费税法律制度的规定，下列各项中，可按委托加工应税消费品的规定征收消费税的有（　　）。

    A. 受托方代垫原材料，委托方提供辅助材料

    B. 委托方提供原材料，受托方代垫部分辅助材料

    C. 受托方负责采集委托方所需原材料

    D. 委托方提供原料、材料和全部辅助材料

8. 根据消费税法律制度的规定，纳税人以自产应税消费品用于下列项目中，需缴纳消费税的有（　　）。

    A. 用作广告和样品展出　　　　　　B. 馈赠给有关部门使用

    C. 移送另一车间生产应税消费品　　D. 供本厂管理部门使用

9. 根据消费税法律制度的规定，在对下列连续生产的应税消费品计征消费税时，准予按当期生产领用数量计算扣除外购的应税消费品已纳消费税税款的有（　　）。

    A. 外购已税高档化妆品原料生产的高档化妆品

    B. 外购已税实木地板原料生产的实木地板

    C. 外购已税高度白酒生产的低度白酒

    D. 外购已税玉石生产的金银镶嵌首饰

10. 根据消费税法律制度的规定，红酒生产企业销售自产红酒向购买方收取的下列款项中，需计入销售额计征消费税的有（　　）。

    A. 价款　　　　B. 增值税税款　　　　C. 包装物租金　　　　D. 包装物押金

11. 根据消费税法律制度的规定，下列关于确定从量计征销售数量的表述中，正确的有（　　）。

    A. 销售应税消费品的，为应税消费品的销售数量

    B. 自产自用应税消费品的，为应税消费品的移送使用数量

    C. 委托加工应税消费品的，为纳税人收回的应税消费品数量

    D. 进口应税消费品的，为纳税人申报的应税消费品进口征税数量

12. 根据消费税法律制度的规定，下列关于消费税纳税义务发生时间的表述中，正确的有（　　）。

    A. 采取赊销结算方式的，为书面合同约定的收款日期的当天

    B. 采取预收货款结算方式的，为收到预收货款的当天

    C. 采取托收承付收款方式的，为发出应税消费品并办妥托收手续的当天

    D. 委托加工应税消费品的，为委托方提货的当天

（三）判断题

1. 高档化妆品在生产、批发、零售环节均要缴纳增值税和消费税。（　　）

2. 纳税人将不同税率的应税消费品组成成套消费品销售的，如果分别核算不同税率应税消费品的销售额、销售数量，应按不同税率分别计算不同消费品应纳的消费税。（　　）

3. 销售所有酒类产品而收取的包装物押金，无论是否返还或会计上如何处理，均应并入当期销售额征收消费税。（　　）

4. 委托加工的粮食白酒，收回后继续加工成药酒出售时，可扣除提货时代收代缴的消费税。（　　）

5. 委托加工组成计税价格公式中的"加工费"，是指受托方加工应税消费品向委托方收取的一部分费用，含代垫辅料的成本，但不含增值税。 （　　　）

6. 消费税的销售额含消费税税额，不含增值税税额。 （　　　）

7. 纳税人通过自设非独立核算门市部销售的自产应税消费品，应当按照门市部对外销售额（或者销售数量）征收消费税。 （　　　）

8. 商店销售烟、酒等应税消费品，既征消费税，又征增值税。 （　　　）

9. 卷烟厂用委托加工收回的已税烟丝为原料连续生产的卷烟，在计算纳税时，准予从应纳消费税税额中按当期生产领用数量计算扣除委托加工收回的烟丝已纳税额。 （　　　）

10. 委托加工应税消费品的，委托方为纳税人，受托方为代收代缴义务人。 （　　　）

（四）实训题

1. 甲实木地板生产企业为增值税一般纳税人，2025年1月向某大型商场销售自产实木地板，取得不含增值税销售额90万元；向某单位销售自产实木地板，取得含增值税销售额5.65万元。

已知：增值税税率为13%，消费税税率为5%。

要求：计算甲实木地板生产企业当月应缴纳的消费税税额。

2. 甲外贸公司2025年1月从国外进口一批小汽车（非超豪华小汽车），海关核定的关税计税价格为180万元，按规定缴纳关税18万元。

已知：小汽车消费税税率为3%，增值税税率为13%。

要求：计算甲外贸公司当月该小汽车进口环节应缴纳的消费税税额和增值税税额。

3. 甲摩托车厂为增值税一般纳税人，主要生产气缸容量250毫升及以上的摩托车，2025年1月发生以下业务：（1）销售自产摩托车400辆，取得含增值税价款226万元，同时收取手续费5.65万元、装卸费3.39万元；（2）赞助摩托车拉力赛3辆特制摩托车（无同类产品价格），每辆成本为2万元；（3）外购的摩托车轮胎已入库，取得增值税专用发票注明金额8万元、税额1.04万元，当月生产摩托车领用50%轮胎。

已知：平均成本利润率为6%，消费税税率为10%，增值税税率为13%。

要求：计算甲摩托车厂当月应缴纳的消费税税额和增值税税额。

4. 甲药酒厂为增值税一般纳税人，生产用白酒泡制的药酒，2025年1月销售自产药酒取得不含增值税销售额320万元。月初库存外购白酒买价30万元，当月购进白酒买价25万元，月末库存外购白酒买价40万元。

已知：药酒消费税税率为10%。

要求：计算甲药酒厂当月销售药酒应缴纳的消费税税额。

5. 甲卷烟厂为增值税一般纳税人，2025年1月委托某烟丝加工厂加工一批烟丝，卷烟厂提供的烟叶在委托加工合同注明成本为30 000元。烟丝加工完，卷烟厂提货时支付的不含增值税的加工费为1 700元，并支付了烟丝加工厂按烟丝组成计税价格计算的消费税税款。卷烟厂将这批加工好的烟丝全部用于生产甲类卷烟100箱并予以销售，取得含增值税的销售额1 017 000元。

已知：烟丝消费税税率为30%；甲类卷烟消费税比例税率为56%，定额税率为150元/箱；增值税税率为13%。

要求：计算甲卷烟厂当月销售卷烟应缴纳的消费税税额。

▲ 税收史事专栏

苏轼和王安石的税改之争

苏轼（1037—1101年），号"东坡居士"，世称苏东坡，北宋著名文学家、书画家，豪放词派的代表人物，"唐宋八大家"之一。因其政治思想偏向保守，终其一生都对王安石变法存有某种误解。王安石（1021—1086年），北宋著名政治家、思想家、文学家，"唐宋八大家"之一，曾任宰相。"王安石变法"对北宋后期的发展具有深远的影响。

苏轼与王安石作为北宋文坛两大巨匠，词作文采斐然、俊采星驰，位居"唐宋八大家"之列。两人不仅诗词方面被后人称赞，在政治上也各有建树，尤其是宋神宗时期，王安石变法改变了北宋建国以来积贫积弱的局面，影响深远。两人在文学方面互相欣赏，苏轼对王安石的文才非常赞赏。然而，作为政治家，两人分属两个政治营垒，十分敬重王安石的苏轼是王安石变法的反对派，特别是在税改方面，两人分歧较大。

北宋熙宁二年（1069年），宋神宗任命王安石为参知政事（宋朝中央政府的副长官，权力与地位仅次于宰相），主持变法，史称熙宁变法。王安石提出当务之急在于改变风俗、确立法度，提议变法。其中在税役制度方面推出了均输法、募役法等改革措施。

王安石在全国推行均输法，即所谓"便转输、省劳费、去重敛、宽农民"，设发运使统管淮南、江、浙等富庶六路（路是宋朝地方一级监察区，相当于现在的省）。当时，政府除了征收田赋外，还要向各地征收土特产作为贡品，无论收成如何，都要定额缴纳，过剩贡品就地卖掉。同时，政府拨款五百万缗（贯）和三百万石米作为本金，丰年低价购储部分物资，移丰补歉。苏轼认为均输法既加重了政府的财政负担，又影响了国家的财税收入。苏轼认为国家"五百万缗以予之，此钱一出，恐不可复。纵使其间薄有所获，而征商之额，所损必多"，是"亏商税而取均输之利"。

此外，王安石在全国推行募役法，募役费用由当地主户按户等分担，该钱被称为"免役钱"，原来享有免役特权的人户，如官户、僧道户等，不得不缴纳役钱，该钱被称为"助役钱"，官府也因此增加了一定收入。政府用这些役钱雇人服役。募役法使原来按户轮流充役的农民回乡务农，解放了劳动力。苏轼认为"自古役人必用乡户，犹食之必用五谷……虽其间或有以他物充代，然终非天下所可常行"。他担心改百姓出力为出钱，是对百姓利益的一种损害。尤其是遇灾年赋税能免，但役钱不能，相当于增加了一项苛税。"二害轻重，盖略相等，今以彼易此，民未必乐。"但苏轼和保守派首领司马光不同的是，他希望通过缓和的变法改革，兴利除弊，而不是急于求利。他主张"轻赋役""小商人不出税钱，则所在争来分买；大商既不积滞，则轮流贩卖，收税必多"。提出减免零售商的赋税，刺激工商业的发展，增加国家商税收入。他在徐州、杭州等地做官时，曾减赋赈荒，抗洪修堤，不断兴革，政声颇佳，百姓拍手称赞。

苏轼和王安石两人虽一生多有分歧，但仅限于政治观念上。苏轼不但在王安石落难之后写诗给他，说"从公已觉十年迟"，而且在代宋哲宗所拟的敕书中，高度评价王安石，称其做的是"非常之大事"，其本人是"希世之异人"。王安石去世后，苏轼撰文写下了"瑰玮之文，足以藻饰万物；卓绝之行，足以风动四方"，给予王安石高度评价。苏轼和王安石的税收改革争论，成就了一段千古佳话。

项目四　城市维护建设税及教育费附加

素质目标

1. 培养学生爱岗敬业、诚实守信的职业道德
2. 培养学生遵纪守法、诚信纳税的意识
3. 培养学生团队协作、团队互助的意识
4. 培养学生一丝不苟的职业精神

知识目标

1. 掌握城市维护建设税及教育费附加的构成要素
2. 了解城市维护建设税及教育费附加的税收优惠

能力目标

1. 会计算城市维护建设税及教育费附加的应纳税额
2. 会处理城市维护建设税及教育费附加的纳税申报事宜

项目引入

长江实业有限责任公司为增值税一般纳税人，纳税人识别号为5136088116****20XF，主要从事电视机的生产和销售业务。2025年1月向税务机关实际缴纳增值税82 923.17元。

已知：城市维护建设税税率为7%，教育费附加征收比率为3%，地方教育附加征收比率为2%。

任务：（1）计算本月应缴纳的城市维护建设税税额及教育费附加。

（2）填写城市维护建设税及教育费附加申报表。

相关知识

一、城市维护建设税

城市维护建设税，是指以单位和个人实际缴纳的增值税、消费税的税额为计税依据而征收的一种税，征收该税的主要目的是筹集城镇设施建设和维护资金。

1985年2月8日国务院发布了《中华人民共和国城市维护建设税暂行条例》，2020年8月11日第十三届全国人民代表大会常务委员会第二十一次会议通过《中华人民共和国城市维护建设税法》，自2021年9月1日起施行。

（一）城市维护建设税的基本要素及税收优惠

1. 城市维护建设税的征税对象

城市维护建设税属于特定目的税，是国家为加强城市的维护建设，扩大和稳定城市维护建设资金的来源而采取的一项税收措施。城市维护建设税同时具有附加税性质，以纳税人实际缴纳的增值税、消费税税额为计税依据，附加于增值税、消费税税额。城市维护建设税本身并没有特定的、独立的征税对象。

2. 城市维护建设税的纳税人

在中华人民共和国境内缴纳增值税、消费税的单位和个人，为城市维护建设税的纳税人，包括各类企业（含外商投资企业、外国企业）、行政事业单位、军事单位、社会团体以及个体工商户及其他个人（含外籍个人）。

城市维护建设税扣缴义务人为负有增值税、消费税扣缴义务的单位和个人。

3. 城市维护建设税的税率

城市维护建设税实行差别比例税率，按照纳税人所在地区的不同，设置了3档比例税率，如表4-1所示。

表 4-1　城市维护建设税税率表

纳税人所在地	税率	特别规定
市区	7%	① 由受托方代扣代缴、代收代缴增值税、消费税的单位和个人，其代扣代缴、代收代缴的城市维护建设税按受托方所在地适用的税率缴纳
县城、镇	5%	② 对流动经营等无固定纳税地点的单位和个人，在经营地按适用的税率缴纳城市维护建设税
不在市区、县城或者镇	1%	

4. 城市维护建设税的税收优惠

城市维护建设税原则上不单独减免，但因其具有附加税性质，当增值税、消费税发生减免时，城市维护建设税也相应发生减免。具体有以下几种情况。

（1）对进口货物或者境外单位和个人向境内销售劳务、服务、无形资产缴纳增值税、消费税税额的，不征收城市维护建设税。

（2）对出口货物、劳务和跨境销售服务、无形资产及因优惠政策退还增值税、消费税的，不退还已缴纳的城市维护建设税。

（3）对增值税、消费税实行先征后返、先征后退、即征即退办法的，除另有规定外，随增值税、消费税附征的城市维护建设税，一律不予退（返）还。

（二）城市维护建设税应纳税额的计算

（1）计税依据。城市维护建设税以纳税人实际缴纳的增值税、消费税税额为计税依据。在计算计税依据时应当按照规定扣除期末留抵退税退还的增值税税额。

试一试

根据城市维护建设税法律制度的规定，下列各项中，应作为城市维护建设税计税依据的是（　　）。

A. 补缴的消费税税款　　　　　　　　　　B. 增值税滞纳金

C. 因漏缴消费税而缴纳的罚款　　　　　　D. 进口货物缴纳的增值税税款

（2）应纳税额的计算。城市维护建设税的应纳税额是按纳税人实际缴纳的增值税、消费税税额计算的，其计算公式为

$$应纳税额=实际缴纳的增值税、消费税税额×适用税率$$

【例4-1】甲公司为增值税一般纳税人，2025年1月销售货物缴纳增值税30万元、消费税10万元，出售房产缴纳增值税8万元、土地增值税3万元。

已知：城市维护建设税税率为7%。

要求：计算甲公司当月应缴纳的城市维护建设税税额。

解析：应缴纳城市维护建设税税额=（30+10+8）×7%=3.36（万元）

（三）城市维护建设税征收管理

（1）纳税义务发生时间。城市维护建设税的纳税义务发生时间与增值税、消费税的纳税义务发生时间一致，分别与增值税、消费税同时缴纳。

（2）纳税期限。城市维护建设税的纳税期限与增值税、消费税的纳税期限一致。

（3）纳税地点。城市维护建设税的纳税地点为实际缴纳增值税、消费税的地点。扣缴义务人应当向其机构所在地或者居住地的主管税务机关申报缴纳其扣缴的税款。有特殊情况的，按下列原则和办法确定纳税地点。

① 代扣代缴、代收代缴增值税、消费税的单位和个人，同时也是城市维护建设税的代扣代缴、代收代缴义务人，其纳税地点为代扣代收地。

② 对流动经营等无固定纳税地点的单位和个人，应随同增值税、消费税在经营地纳税。

（4）纳税申报。自2021年8月1日起，增值税、消费税分别与城市维护建设税、教育费附加、地方教育附加申报表整合。

二、教育费附加及地方教育附加

（一）教育费附加、地方教育附加概述

教育费附加及
地方教育附加

教育费附加、地方教育附加是对缴纳增值税、消费税的单位和个人，以其实际缴纳的增值税、消费税税额为计税依据征收的一种附加费。

1986年4月28日国务院发布了《征收教育费附加的暂行规定》，自1986年7月1日起施行。此后，分别在1990年、2005年、2011年，国务院对《征收教育费附加的暂行规定》进行了三次修订。此外，一些地方政府为发展地方教育事业，还根据教育法的规定，开征了"地方教育附加"。

教育费附加、地方教育附加对缴纳增值税、消费税的单位和个人征收，以其实际缴纳的增值税和消费税税额为计征依据，分别与增值税、消费税同时缴纳。现行教育费附加征收比率为3%，地方教育附加征收比率为2%。

（二）教育费附加、地方教育附加的计算

教育费附加的计算公式为

$$应纳教育费附加=实际缴纳的增值税、消费税税额×征收比率$$

地方教育附加的计算公式为

$$应纳地方教育附加=实际缴纳的增值税、消费税税额×征收比率$$

【例4-2】甲公司为增值税一般纳税人，2025年1月销售应税货物缴纳增值税30万元、消费税10万元，出售房产缴纳增值税8万元、土地增值税3万元。

已知：教育费附加的征收比率为3%，地方教育附加征收比率为2%。

要求：计算甲公司当月应缴纳的教育费附加和地方教育附加。

解析：应缴纳教育费附加=（30+10+8）×3%=1.44（万元）

应缴纳地方教育附加=（30+10+8）×2%=0.96（万元）

（三）教育费附加、地方教育附加征收管理

教育费附加、地方教育附加征收管理同城市维护建设税。纳税人应按照税法的有关规定及时办理纳税申报。

📝 项目实施

一、计算应缴纳的城市维护建设税税额及教育费附加

（1）应缴纳城市维护建设税税额=82 923.17×7%=5 804.62（元）。

（2）应缴纳教育费附加=82 923.17×3%=2 487.7（元）。

（3）应缴纳地方教育附加=82 923.17×2%=1 658.46（元）。

二、填写城市维护建设税及教育费附加申报表

自2021年8月1日起，增值税、消费税分别与城市维护建设税、教育费附加、地方教育附加申报表整合。纳税人填写增值税、消费税相关申报信息后，自动带入附加税费附列资料。长江实业有限责任公司2025年1月城市维护建设税及教育费附加的申报表见表2-1"增值税及附加税费申报表"和表2-6"增值税及附加税费申报表附列资料（五）（附加税费情况表）"。

📝 项目小结

本项目由项目引入、相关知识、项目实施组成。在项目引入部分，以长江实业有限责任公司的纳税资料引入，提出任务；在相关知识部分，介绍了完成上述任务需要掌握的理论知识；在项目实施部分，完成项目引入提出的任务。本项目的知识结构如图4-1所示。

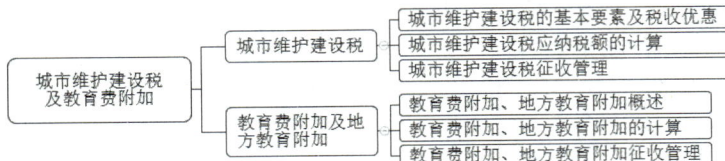

图4-1　城市维护建设税及教育费附加之知识结构

练习与实训

（一）单项选择题

1. 根据城市维护建设税法律制度的规定，下列各项中，属于城市维护建设税计税依据的是（　　）。
   A. 向税务机关缴纳的增值税税额
   B. 进口环节缴纳的增值税税额
   C. 进口环节缴纳的消费税税额
   D. 进口环节缴纳的关税税额

2. 位于市区的甲酒厂为增值税一般纳税人，2025年1月购入原材料生产药酒，取得的增值税专用发票注明税额10万元，当月销售自产药酒，取得不含增值税销售额100万元。已知药酒的消费税税率为10%，增值税税率为13%，城市维护建设税税率为7%。甲酒厂当月应缴纳的城市维护建设税税额为（　　）万元。
   A. 1.89
   B. 0.49
   C. 0.91
   D. 0.7

3. 现行教育费附加的征收比率为（　　）。
   A. 1%
   B. 3%
   C. 5%
   D. 7%

4. 甲外贸公司为增值税一般纳税人，2024年12月向税务机关实际缴纳增值税40万元。进口货物向海关缴纳增值税17万元、消费税30万元。已知城市维护建设税税率为7%。甲外贸公司当月应缴纳的城市维护建设税税额为（　　）万元。
   A. 2.8
   B. 3.29
   C. 3.99
   D. 6.09

5. 甲公司为增值税一般纳税人，2025年1月向税务机关缴纳增值税10万元、企业所得税15万元、房产税1万元。已知教育费附加征收比率为3%。甲公司当月应缴纳教育费附加为（　　）万元。
   A. 0.03
   B. 0.3
   C. 0.45
   D. 0.75

（二）多项选择题

1. 下列税率中，属于城市维护建设税税率的有（　　）。
   A. 7%
   B. 5%
   C. 3%
   D. 1%

2. 根据城市维护建设税法律制度的规定，下列关于城市维护建设税的表述中，正确的有（　　）。
   A. 进口货物缴纳的增值税税额，不征收城市维护建设税
   B. 进口货物缴纳的消费税税额，征收城市维护建设税
   C. 出口货物退还的增值税税额，不退还已缴纳的城市维护建设税
   D. 出口货物退还的消费税税额，退还已缴纳的城市维护建设税

3. 根据城市维护建设税法律制度的规定，企业向税务机关实际缴纳的下列税款中，应计入城市维护建设税的计税依据的有（　　）。
   A. 增值税税额
   B. 消费税税额
   C. 印花税税额
   D. 房产税税额

（三）判断题

1. 由受托方代收代缴消费税的单位，其代收代缴的城市维护建设税按受托方所在地适用的税率缴纳。　　　　　　　　　　　　　　　　　　　　（　　）

2. 对出口货物按规定应退还的增值税，应一并退还已缴纳的城市维护建设税。　　（　　）

3. 海关对进口产品代征增值税的同时，要代征城市维护建设税。　　　　　（　　）

4. 对海关进口的产品征收的消费税，不征收教育费附加。　　　　　　　　（　　）

（四）实训题

甲公司为增值税一般纳税人，2025年5月实际向税务机关缴纳增值税400 000元、消费税300 000元；实际向海关缴纳增值税200 000元、消费税100 000元。

已知： 城市维护建设税税率为7%，教育费附加征收比率为3%，地方教育附加征收比率为2%。

要求： 计算甲公司当月应缴纳的城市维护建设税税额及教育费附加、地方教育附加。

▲ 税收史事专栏

税收百家史话

儒家创始人孔子主张国家要征税，但要适时适度。在《春秋》一书中，就有对公元前594年鲁国实行"初税亩"的记载，这是中国税收历史上第一次使用"税"字。孔子提倡爱人，主张"敛从其薄"，反对随意设关征税，要求统治者"节用爱人""勿夺民时"，注意加强和培养税源，减轻老百姓的税收负担。孔子的思想对后世的影响很大，很多开国皇帝在称帝之初都借鉴了他的税收理论，对恢复经济发展起到了积极的促进作用。

墨家学派的创始人墨子提倡节俭，他要求统治者节约国家财政支出，更要节俭个人消费。纳税人自觉纳税，收税人依法征税都是自己的分内职责。国家征税不应该影响百姓的生活，使税收"劳而不伤，费而不病"；国家的赋税应用到对老百姓有利的方面。墨子是中国古代大家中第一个提出将税收应用于百姓——"反中民利"的人，这个理论成为后世"税收用之于民"理论的渊源。

儒家的另一位代表人物孟子主张轻徭薄赋，他认为只对农业征税就可以了，对工商业就不必收税了，这与当时重农抑商的主流思想完全不同。他很早就重视商品交换，他的思想对中国古代商品经济的发展有积极的影响。

荀子将观察赋税的角度由分配领域转移到了生产领域和消费领域，提出了"开源节流、节用裕民"的主张。"开源"就是多生产、少征税，要使粮食增加、商业兴隆、林业茂盛。"节用"一方面是指统治者要节约支出，以减轻国家财政负担；另一方面是指国家征税一定要建立在人民富裕的基础上，要减少税收的征收数量和降低征收率，农业税要依据收成的好坏征收，要运用税收政策实现百姓富裕。荀子的理论在中国古代先秦诸家中最为深刻，他揭示了经济与税收的关系：只有经济发达，税源充实，税源才能增长。他关于经济与税收关系的理论对后世发展经济、涵养税源、保证税收收入具有积极的借鉴作用。

魏晋时期的思想家、文学家傅玄是中国古代税收理论界一个重要的人物，他是世界上第一个提出完整赋税标准的人，比欧洲早了1 400多年。他提出，要考虑征税对象的负担能力，做到负担合理；征税要根据具体情况而定，不能一概而论；征收当地百姓的所产，要公平合理；税收政策要具有稳定性，不能经常变动。他的"至平、积俭、有常"三大原理，对现代税收理论起到了直接的影响作用。

项目五　关税

素质目标

1. 培养学生爱岗敬业、诚实守信的职业道德
2. 培养学生遵纪守法、诚信纳税的意识
3. 培养学生团队协作、团队互助的意识
4. 培养学生一丝不苟的职业精神
5. 培养学生的爱国情怀

知识目标

1. 掌握关税的构成要素
2. 掌握关税的计税价格
3. 了解关税的税收优惠

能力目标

1. 会计算进（出）口关税的应纳税额
2. 会处理关税的纳税申报事宜

项目引入

天华外贸公司为增值税一般纳税人，2025 年 1 月发生的进出口业务如下。

（1）从法国进口高档化妆品一批，支付境外的买价 220 万元，支付境外的经纪费 4 万元，支付运抵我国海关地前的运输费 20 万元、保险费和装卸费 11 万元，支付从海关地再运往该公司的运输费用 8 万元、装卸费和保险费 3 万元，关税税率为 10%。

（2）出口一批天然石墨，共计 100 吨，海关审定的离岸价格为 110 万元，关税税率为 10%。

任务：（1）计算进口关税应纳税额。

（2）计算出口关税应纳税额。

相关知识

一、关税的基本要素及税收优惠

关税是海关依法对进出境的货物和物品征收的一种税。所谓"境"是指关境，又称"海关境域"或"关税领域"。关境又称税境，是指一国海关法规可以

关税的基本要素及税收优惠

全面实施的境域。国境是一个主权国家的领土范围。在通常情况下，一国的关境与国境的范围是一致的，关境即国境。但由于自由港、自由区和关税同盟的存在，关境与国境有时候不完全一致。

关税一般分为进口关税、出口关税和过境关税。我国目前对进出境货物征收的关税分为进口关税和出口关税两类。

我国关税的相关法律法规主要包括2024年4月26日第十四届全国人民代表大会常务委员会第九次会议通过，自2024年12月1日起施行的《中华人民共和国关税法》、1987年1月22日第六届全国人民代表大会常务委员会第十九次会议通过，2021年4月29日第十三届全国人民代表大会常务委员会第二十八次会议第六次修正的《中华人民共和国海关法》，以及国务院关税税则委员会发布《中华人民共和国进出口税则》。

（一）关税的征税对象

关税的征税对象，是进出口的货物、进出境物品。凡准许进出口的货物、进境物品，除国家另有规定的以外，均应由海关征收进口关税或出口关税。对从境外采购进口的原产于中国境内的货物，也应按规定征收进口关税。

（二）关税的纳税人

进口货物的收货人、出口货物的发货人、进境物品的携带人或者收件人，是关税的纳税义务人。

进出口货物的收、发货人是依法取得对外贸易经营权并发生进出口业务的法人或其他社会团体，具体包括外贸进出口公司，工贸或农贸结合的进出口公司，其他经批准经营进出口商品的企业。

进境物品的携带人或者收件人是携带物品入境人员以及进境邮递物品的收件人，具体包括入境旅客随身携带的行李、物品的持有人，各种运输工具上服务人员入境时携带自用物品的持有人，馈赠物品及以其他方式入境的个人物品的所有人，个人邮递物品的收件人。

> 💡 **AI助学导航**
>
> 　　跨境电商关税扣缴义务人是指什么？请使用文心一言、通义千问、DeepSeek等AI工具搜索结果。

（三）关税的税率

关税税率分为进口税率和出口税率。进口关税设置最惠国税率、协定税率、特惠税率、普通税率。出口关税设置出口税率。对实行关税配额管理的进出口货物，设置关税配额税率。对进出口货物在一定期限内可以实行暂定税率。进口关税一般采用比例税率，实行从价计征的办法，但对啤酒、原油等少数货物实行从量计征。对广播用录像机、放像机、摄像机等实行从价加从量的复合税率。我国对绝大部分出口货物不征收出口关税，只对少数产品征收出口关税。

1. 最惠国税率

原产于共同适用最惠国待遇条款的世界贸易组织成员的进口货物，原产于与我国缔结或者共同参加含有相互给予最惠国待遇条款的国际条约、协定的国家或者地区的进口货物，以及原产于我国境内的进口货物，适用最惠国税率。

2. 协定税率

原产于与我国缔结或者共同参加含有关税优惠条款的国际条约、协定的国家或者地区且符合国际条约、协定有关规定的进口货物，适用协定税率。

3. 特惠税率

原产于我国给予特殊关税优惠安排的国家或者地区且符合国家原产地管理规定的进口货物，适用特惠税率。

4. 普通税率

原产于上述国家或地区以外其他国家或者地区的进口货物，以及原产地不明的进口货物，适用普通税率。

5. 暂定税率

适用最惠国税率的进口货物有暂定税率的，适用暂定税率。适用出口税率的出口货物有暂定税率的，适用暂定税率。

6. 关税配额税率

实行关税配额管理的进出口货物，关税配额内的适用关税配额税率，有暂定税率的适用暂定税率；关税配额外的，按不同情况分别适用于最惠国税率、协定税率、特惠税率或普通税率。

💡 AI助学导航

实行关税定额税率的货物有哪些？请使用文心一言、通义千问、DeepSeek等AI工具搜索结果。

（四）关税的税收优惠

关税的税收优惠，包括免征关税和减征关税。

1. 免征关税

下列进出口货物、进境物品，免征关税。

（1）国务院规定的免征额度内的一票货物。

（2）无商业价值的广告品和货样。

（3）进出境运输工具装载的途中必需的燃料、物料和饮食用品。

（4）在海关放行前损毁或者灭失的货物、进境物品。

（5）外国政府、国际组织无偿赠送的物资。

（6）中华人民共和国缔结或者共同参加的国际条约、协定规定免征关税的货物、进境物品。

（7）依照有关法律规定免征关税的其他货物、进境物品。

2. 减征关税

下列进出口货物、进境物品，减征关税。

（1）在海关放行前遭受损坏的货物、进境物品。

（2）中华人民共和国缔结或者共同参加的国际条约、协定规定减征关税的货物、进境物品。

（3）依照有关法律规定减征关税的其他货物、进境物品。

试一试

根据关税法律制度的规定，下列进出口货物中，免征关税的有(　　　)。

A．无商业价值的广告品

B．有商业价值的货样

C．外国政府无偿赠送的物资

D．在海关放行前损毁的货物

AI助学导航

个人合理自用的进境物品是否要缴税、缴多少税？请使用文心一言、通义千问、DeepSeek等AI工具搜索结果。

二、关税应纳税额的计算

关税实行从价计征、从量计征、复合计征的方式征收。其中，从价计征是最普遍的关税计征方法。

从价计征的计算公式为

$$应纳税额=应税进出口货物计税价格×比例税率$$

从量计征的计算公式为

$$应纳税额=应税进出口货物数量×定额税率$$

复合计征的计算公式为

$$应纳税额=应税进出口货物计税价格×比例税率+应税进出口货物数量×定额税率$$

（一）进口关税的计算

1．进口货物的计税价格

进口货物的计税价格是进口关税的计税基础。

（1）以成交价格为基础的计税价格。

进口货物的计税价格以成交价格以及该货物运抵中华人民共和国境内输入地点起卸前的运输及其相关费用、保险费为基础确定。

进口货物的成交价格，是指卖方向中华人民共和国境内销售该货物时买方为进口该货物向卖方实付、应付的，并按照相关规定调整后的价款总额，包括直接支付的价款和间接支付的价款。

进口货物的下列费用应当计入计税价格：由买方负担的购货佣金以外的佣金和经纪费；由买方负担的在审查确定计税价格时与该货物视为一体的容器的费用；由买方负担的包装材料费用和包装劳务费用；与该货物的生产和向中华人民共和国境内销售有关的，由买方以免费或者以低于成本的方式提供并可以按适当比例分摊的料件、工具、模具、消耗材料及类似货物的价款，以及在境外开发、设计等相关服务的费用；作为该货物向中华人民共和国境内销售的条件，买方必须支付的、与该货物有关的特许权使用费；卖方直接或者间接从买方获得的该货物进口后转售、处置或者使用的收益。

进口时在货物的价款中列明的下列税收、费用，不计入该货物的计税价格：厂房、机械、设备等货物进口后进行建设、安装、装配、维修和技术服务的费用；进口货物运抵境内输入地点起卸后的运输及其相关费用、保险费；进口关税及国内税收。

（2）进口货物海关估价方法。

进口货物的成交价格不能确定的，海关应当依次以相同货物成交价格法、类似货物成交价格法、倒扣价格法、计算价格法以及其他合理方法确定的价格为基础，估定计税价格。

2. 应纳税额的计算

进口货物的应纳关税税额是由进口货物的计税价格和进口关税税率确定的，其计算公式为

$$应纳税额=应税进口货物的计税价格×适用税率$$

【例5-1】甲公司进口一批商品，成交价格为215万元，另支付境外卖方佣金5万元，支付运抵我国海关地起卸前的运输费18万元、保险费和装卸费12万元，支付从海关地再运往甲公司的运输费用6万元、装卸费和保险费2万元。

已知： 关税税率为10%。

要求： 计算甲公司在进口环节应缴纳的关税税额。

解析： 进口货物的计税价格由货物的成交价格、货物运抵中华人民共和国境内输入地点起卸前的包装费、运费、保险费和其他劳务费等费用构成。从海关地再运往该公司的各项费用不得计算在内。

应缴纳关税税额=应税进口货物的计税价格×适用税率=（215+5+18+12）×10%=25（万元）

李某在2010年至2011年8月，多次在韩国免税店购买化妆品等货物，以客带货方式从无申报通道携带进境，并在网店销售牟利，共计偷逃海关进口环节税113万余元。一审以走私普通货物罪判处李某有期徒刑11年，罚金50万元。2013年5月，北京高院二审将此案发回重审，同年12月17日，判决李某有期徒刑3年，罚金4万元。

货物在报关进口环节需要缴纳哪些税？从李某偷逃税款事件中，同学们受到什么教育？

（二）出口关税的计算

1. 出口货物的计税价格

出口货物的计税价格是出口关税的计税基础。

（1）以成交价格为基础的计税价格。

出口货物的计税价格以该货物的成交价格以及该货物运至中华人民共和国境内输出地点装载前的运输及其相关费用、保险费为基础确定。出口关税不计入计税价格。

出口货物的成交价格，是指该货物出口时卖方为出口该货物应当向买方直接收取和间接收取的价款总额。

（2）出口货物海关估价方法。

出口货物的成交价格不能确定时，海关应当依次以相同货物成交价格法、类似货物成交价格法、倒扣价格法、计算价格法以及其他合理方法确定的价格为基础，估定计税价格。

2. 应纳税额的计算

出口货物关税税额是由出口货物的计税价格和出口关税税率确定的，其计算公式为

$$应纳税额 = 应税出口货物的计税价格 × 适用税率$$

【例5-2】甲外贸公司出口产品一批，海关审定的成交价格为220万元。

已知： 关税税率为10%。

要求： 计算甲外贸公司应缴纳的出口关税税额。

解析： 计税价格=220÷（1+10%）=200（万元）

应缴纳出口关税税额=200×10%=20（万元）

三、关税征收管理

（一）关税的纳税申报

进出口货物的纳税人、扣缴义务人可以按照规定选择海关办理申报纳税。

纳税人、扣缴义务人应当按照规定的期限和要求如实向海关申报税额，并提供相关资料。必要时，海关可以要求纳税人、扣缴义务人补充申报。

（二）关税的纳税期限

进出口货物的纳税人、扣缴义务人应当自完成申报之日起15日内缴纳税款；符合海关规定条件并提供担保的，可以于次月第5个工作日结束前汇总缴纳税款。

因不可抗力或者国家税收政策调整，不能按期缴纳的，经向海关申请并提供担保，可以延期缴纳，但最长不得超过6个月。

（三）关税的纳税地点

为方便纳税人，经申请和海关同意，进（出）口货物的纳税人可以在设有海关的指定地（起运地）办理海关申报、纳税手续。

项目实施

一、计算进口关税应纳税额

关税计税价格=220+4+20+11=255（万元）

应缴纳进口关税税额=255×10%=25.5（万元）

二、计算出口关税应纳税额

关税计税价格=110÷（1+10%）=100（万元）

应缴纳出口关税税额=100×10%=10（万元）

项目小结

本项目由项目引入、相关知识、项目实施组成。在项目引入部分，以天华外贸公司的纳税资料引入，提出任务；在相关知识部分，介绍了完成上述任务需要掌握的理论知识；在项目实施部分，完成项目引入提出的任务。本项目的知识结构如图5-1所示。

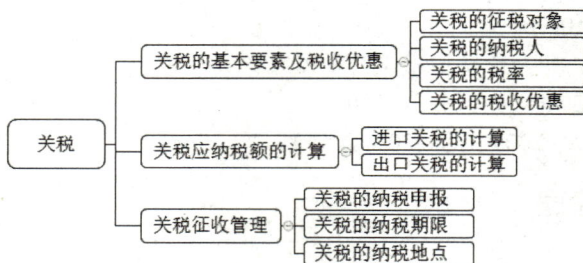

图5-1 关税之知识结构

练习与实训

（一）单项选择题

1.根据关税法律制度的规定，下列不属于关税纳税人的是（　　）。

　　A．进口货物的收货人　　　　　　B．出口货物的发货人

　　C．邮递出口物品的寄件人　　　　D．进境物品的所有人

2.根据关税法律制度的规定，对原产于共同适用最惠国条款的世界贸易组织成员的进口货物，适用的关税税率是（　　）。

　　A．协定税率　　　　　　　　　　B．最惠国税率

　　C．特惠税率　　　　　　　　　　D．普通税率

3.甲公司进口一台机器设备，成交价格为404万元人民币，成交价格中包含甲公司向其采购代理人支付的购货佣金4万元。到岸后支付境内运费和保险费共1.5万元。已知进口关税税率为15%。甲公司该项业务应缴纳进口关税税额为（　　）万元。

　　A．60　　　　　　　　　　　　　B．60.6

　　C．60.23　　　　　　　　　　　D．60.825

4. 甲外贸企业出口一批货物，海关审定的成交价格为42万元。已知出口关税税率为20%。该批出口货物应缴纳的关税税额为（　　　）万元。

  A. 7
          B. 8.33

  C. 8.4
         D. 10.5

5. 关税纳税人应当自海关填发税款缴款书之日起一定期限内，向指定银行缴纳税款。该期限为（　　　）。

  A. 7日
          B. 15日

  C. 30日
         D. 90日

（二）多项选择题

1. 根据关税法律制度的规定，下列物品中，应征收关税的有（　　　）。

  A. 入境旅客随身携带的行李、物品

  B. 邮递入境的物品

  C. 运输工具上服务人员入境时携带的自用物品

  D. 馈赠入境的物品

2. 根据关税法律制度的规定，下列税率中，属于我国进口关税税则所设的有（　　　）。

  A. 最惠国税率
      B. 协定税率

  C. 优惠税率
      D. 普通税率

3. 根据关税法律制度的规定，下列各项中，属于关税的纳税人的有（　　　）。

  A. 进口货物的收货人

  B. 出口货物的发货人

  C. 进口货物的发货人

  D. 进境物品的所有人

4. 根据关税法律制度的规定，下列各项中，应计入进口货物关税计税价格的有（　　　）。

  A. 由买方负担的购货佣金

  B. 由买方负担的境外包装材料费用

  C. 由买方负担的境外包装劳务费用

  D. 由买方负担的与进口货物视为一体的容器费用

5. 根据关税法律制度的规定，下列各项中，应计入出口货物关税计税价格的有（　　　）。

  A. 出口关税税额

  B. 货物运至我国境内输出地点装载前的保险费用

  C. 货物向境外销售的成交价格

  D. 货物运至我国境内输出地点装载前的运输费用

（三）判断题

1. 对从境外采购进口的原产于中国境内的货物，也应按规定征收进口关税。　　　　（　　　）

2. 原产于我国境内的进口货物，适用特惠税率。　　　　（　　　）

3. 进出境运输工具装载的途中必需的燃料，免征关税。　　　　（　　　）

4. 出口关税不计入出口货物的计税价格。　　　　（　　　）

（四）实训题

1. 甲化妆品生产企业为增值税一般纳税人，2025年1月上旬从国外进口一批散装高档化妆品，成交价格为100万元，支付境外包装劳务费5万元，运抵我国境内输入地点起卸前的运杂费和保险费为20万元；进口机器设备一套，成交价格为40万元，运抵我国境内输入地点起卸前的运杂费和保险费为10万元。散装高档化妆品和机器设备均验收入库。

已知：高档化妆品的进口关税税率为10%，消费税税率为15%；机器设备的进口关税税率为8%；增值税税率为13%。

要求：计算甲化妆品生产企业进口上述货物应缴纳的关税税额、消费税税额和增值税税额。

2. 甲外贸公司2025年1月进口一批冰箱，成交价格为500万元，这批货物运抵我国境内输入地点起卸前发生运输费用20万元、保险费用10万元、装卸费用10万元。

已知：关税税率为10%。

要求：计算甲外贸公司进口该批冰箱应缴纳的关税税额。

▲ 税收史事专栏

清代进出口货物的完税凭证

"清同治十年粤海关船牌"现收藏于"虎门税馆"税史教育基地，它来自一个充满传奇的地方——粤海关。如果说东方的雄狮在长期的闭关锁国中沉沉睡去，那粤海关就是雄狮在半梦半醒间与海外少有的交点。

1684年，康熙帝朱笔一挥，"令出洋贸易，以彰富庶之治，得旨开海贸易"。1685年，清政府正式设立江、浙、闽、粤四个海关，并在粤海关专设监督。自此，外国商品通过广州源源不断进入中国，中国的茶叶、丝织品、瓷器等也从国内各地运至广州，再远销海外。1757年，清政府限定广州"一口通商"，广州成为当时中国唯一的外贸口岸。为了加强外贸管理，清政府在广东沿海口岸开设税馆，对进出口的船载贸易货物征税。这张"粤海关船牌"，就是由此而来。

粤海关关税包括船舶税、货物税和附加税。外商要缴清所有税费才能前往粤海关衙门申领船牌，相当于领取完税凭证，因此船牌上写有"已经照例完纳税饷"。船牌还同时兼有通关文书的法律效力。离开广州时，拥有船牌的商船才会被允许通行。所以船牌上也印有"如遇关津隘卡沿海处所立即放行，毋得留难阻滞"的字句。值得注意的是，这张船牌上还有外文的落款，关于它的来由，就不得不提到一百多年前清政府签订的丧权辱国的条约。

1840年，英国为打开中国市场发动鸦片战争，迫使清政府于1842年签订《南京条约》，开放广州、厦门、福州、宁波、上海通商，结束了广州"一口通商"的历史。英商进出口货物缴纳的税款，中国也须与英国商定，中国的关税自主权开始丧失。第一次鸦片战争后，英国诱使清政府签订《虎门条约》，侵犯了中国的引水权等诸多主权，船牌上的外文便是历史留下的血泪警示。

粤海关船牌已是昔日之物，如今的中国早已摆脱阴霾，岿然屹立在世界的东方。"虎门税馆"的所在之处——广州，更是焕发着新时代的光彩，续写着海上丝路的故事。

项目六　企业所得税

素质目标

1. 培养学生爱岗敬业、诚实守信的职业道德
2. 培养学生遵纪守法、诚信纳税的意识
3. 培养学生团队协作、团队互助的意识
4. 培养学生一丝不苟的职业精神
5. 培养学生的创新能力

知识目标

1. 掌握企业所得税的构成要素
2. 掌握企业所得税应纳税所得额
3. 了解企业所得税的税收优惠政策

能力目标

1. 会计算企业所得税应纳税额
2. 会处理企业所得税的纳税申报事宜

项目引入

鲁中化工股份有限公司为居民企业，统一社会信用代码为51370828MJ****540A，资产总额6 000万元，从业人数433人，主要从事化工产品的生产和销售业务。

2024年度，鲁中化工股份有限公司的利润表如表6-1所示。

表6-1　利润表

会企02表

编制单位：鲁中化工股份有限公司　　　　　　　2024年　　　　　　　　　　单位：元

项目	本期金额	上期金额
一、营业收入	80 375 100.00	
减：营业成本	69 330 486.00	
税金及附加	384 877.00	
销售费用	1 902 713.00	
管理费用	2 422 491.00	

续表

项目	本期金额	上期金额
研发费用		
财务费用	131 373.00	
其中：利息费用	136 123.00	
利息收入	8 113.00	
加：其他收益		
投资收益（损失以"-"号填列）	181 270.00	
其中：对联营企业和合营企业的投资收益		
以摊余成本计量的金融资产终止确认收益（损失以"-"号填列）		
净敞口套期收益（损失以"-"号填列）		
公允价值变动收益（损失以"-"号填列）		
信用减值损失（损失以"-"号填列）		
资产减值损失（损失以"-"号填列）		
资产处置收益（损失以"-"号填列）		
二、营业利润（亏损以"-"号填列）	6 384 430.00	
加：营业外收入	3 000.00	
减：营业外支出	580 000.00	
三、利润总额（亏损总额以"-"号填列）	5 807 430.00	
减：所得税费用	1 451 857.50	
四、净利润（净亏损以"-"号填列）	4 355 572.50	
（一）持续经营净利润（净亏损以"-"号填列）	4 355 572.50	
（二）终止经营净利润（净亏损以"-"号填列）		
五、其他综合收益的税后净额		
（一）不能重分类进损益的其他综合收益		
1.重新计量设定受益计划变动额		
2.权益法下不能转损益的其他综合收益		
3.其他权益工具投资公允价值变动		
4.企业自身信用风险公允价值变动		
（二）将重分类进损益的其他综合收益		
1.权益法下可转损益的其他综合收益		
2.其他债权投资公允价值变动		

续表

项目	本期金额	上期金额
3．金融资产重分类计入其他综合收益的金额		
4．其他债权投资信用减值准备		
5．现金流量套期储备（现金流量套期损益的有效部分）		
6．外币财务报表折算差额		
六、综合收益总额	4 355 572.50	
七、每股收益		
（一）基本每股收益		
（二）稀释每股收益		

根据企业账证数据，2024 年度经营业务中有如下与企业所得税相关的数据。

（1）取得销售收入 80 375 100 元。

（2）发生销售成本 69 330 486 元。

（3）发生各种税金及附加 384 877 元。

（4）发生销售费用 1 902 713 元，其中职工薪酬 1 021 373 元、职工教育经费 32 000 元、业务宣传费 336 000 元、水电费 3 600 元、折旧费 29 740 元、物流费 480 000 元。

（5）发生管理费用 2 422 491 元，其中职工薪酬 1 465 232 元、职工教育经费 80 000 元、办公费 25 107 元、通信费 34 380 元、业务招待费 53 400 元、差旅费 93 600 元、水电费 45 600 元、折旧费 293 736 元、无形资产摊销 275 880 元、修理费 19 556 元、审计费 12 000 元、咨询费 24 000 元。

（6）发生财务费用 147 599 元，其中手续费 3 363 元、利息收入 8 113 元、利息支出 136 123 元。

（7）2024 年 7 月取得直接投资于其他居民企业连续 12 个月以上的权益性投资收益 181 270 元。

（8）取得的营业外收入 3 000 元为员工罚款收入。

（9）发生营业外支出 580 000 元，其中 500 000 元为捐赠红十字会并取得法定票据；74 000 元为税务罚款，6 000 元为税款滞纳金。

（10）计入成本费用的实发工资 4 347 922 元，发生职工福利费支出 608 709.08 元、拨付工会经费 97 239.46 元、发生职工教育经费 136 000 元。

（11）为员工缴纳各类基本社会保障性缴款 1 822 392 元、住房公积金 412 128 元。

（12）已预缴企业所得税 1 411 090 元。

任务：（1）计算应补缴的企业所得税税额。

（2）填写企业所得税纳税申报表。

相关知识

一、企业所得税的基本要素及税收优惠

企业所得税是以企业的生产经营所得和其他所得为征税对象征收的一种所得税。

企业所得税的基本要素及税收优惠

1980年9月10日，第五届全国人民代表大会第三次会议通过并发布实施了中华人民共和国成立以来的第一部企业所得税法——《中华人民共和国中外合资经营企业所得税法》。1993年12月13日，国务院发布《中华人民共和国企业所得税暂行条例》。2007年3月16日第十届全国人民代表大会第五次会议审议通过、2017年2月24日第十二届全国人民代表大会常务委员会第二十六次会议第一次修正、2018年12月29日第十三届全国人民代表大会常务委员会第七次会议第二次修正的《中华人民共和国企业所得税法》（以下简称《企业所得税法》），2007年12月6日国务院发布、2019年4月23日国务院令第714号修订的《中华人民共和国企业所得税法实施条例》（以下简称《企业所得税法实施条例》），以及国家财政、税务主管部门制定、发布的一系列部门规章和规范性文件，构成了我国企业所得税法律制度的主要内容。

（一）企业所得税的纳税人

在中华人民共和国境内，企业和其他取得收入的组织（以下统称企业）为企业所得税的纳税人。企业所得税的纳税人包括各类企业、事业单位，社会团体，民办非企业单位和从事经营活动的其他经济组织。由于个人独资企业和合伙企业属于自然人性质企业，不具有法人资格，股东承担无限责任，因此，个人独资企业和合伙企业不属于企业所得税的纳税人。

视野拓展

某企业以生产婴儿奶粉著称，曾是我国乳制品市场销量位居前列的企业。然而，该企业忽视产品质量，生产的婴儿奶粉含有三聚氰胺，酿成重大食品安全事故。这家全国闻名的乳制品企业因此破产，整个乳制品行业也受到沉重打击。

导致该企业破产的原因是什么？联系身边的事例，思考诚信经营对企业生存和发展的重要意义。

我国采取收入来源地管辖权和居民管辖权相结合的双重管辖权，把企业分为居民企业和非居民企业，分别确定不同的纳税义务。

1. 居民企业

居民企业是指依法在中国境内成立，或者依照外国（地区）法律成立但实际管理机构在中国境内的企业。依法在中国境内成立的企业，包括依照中国法律、行政法规在中国境内成立的企业、事业单位、社会团体以及其他取得收入的组织。依照外国（地区）法律成立的企业，包括依照外国（地区）法律成立的企业和其他取得收入的组织。实际管理机构，是指对企业的生产经营、人员、账务、财产等实施实质性全面管理和控制的机构。居民企业应当就来源于中国境内、境外的所得缴纳企业所得税。

2. 非居民企业

非居民企业是指依照外国（地区）法律成立且实际管理机构不在中国境内，但在中国境内设立机构、场所的，或者在中国境内未设立机构、场所，但有来源于中国境内所得的企业。机构、场所，是指在中国境内从事生产经营活动的机构、场所，包括以下内容。

（1）管理机构、营业机构、办事机构。

（2）工厂、农场、开采自然资源的场所。

（3）提供劳务的场所。

（4）从事建筑、安装、装配、修理、勘探等工程作业的场所。

（5）其他从事生产经营活动的机构、场所。

非居民企业委托营业代理人在中国境内从事生产经营活动的，包括委托单位或者个人经常代其签订合同，或者储存、交付货物等，该营业代理人视为非居民企业在中国境内设立的机构、场所。

试一试

根据企业所得税法律制度的规定，下列企业中，属于居民企业的有（　　　　）。

A．依法在中国境内成立的甲公司

B．依法在中国境内设立的乙合伙企业

C．依照M国法律成立但实际管理机构在中国境内的丙公司

D．依照M国法律成立且实际管理机构不在中国境内，但有来源于中国境内所得的丁公司

（二）企业所得税的征税对象

企业所得税的征税对象是企业取得的生产经营所得、其他所得和清算所得。

1. 居民企业的征税对象

居民企业应当就其来源于中国境内、境外的所得缴纳企业所得税，但为了避免重复课税，对居民企业在境外已纳的所得税税款可以抵扣。所得包括销售货物所得、提供劳务所得、转让财产所得、股息红利等权益性投资所得，以及利息所得、租金所得、特许权使用费所得、接受捐赠所得和其他所得。

2. 非居民企业的征税对象

非居民企业在中国境内设立机构、场所的，应当就其所设机构、场所取得的来源于中国境内的所得，以及发生在中国境外但与其所设机构、场所有实际联系的所得，缴纳企业所得税。

非居民企业在中国境内未设立机构、场所的，或者虽设立机构、场所但取得的所得与其所设机构、场所没有实际联系的，应当就其来源于中国境内的所得缴纳企业所得税。

实际联系是指非居民企业在中国境内设立的机构、场所拥有的据以取得所得的股权、债券，以及拥有、管理、控制据以取得所得的财产等。

3. 来源于中国境内、境外所得的确定原则

来源于中国境内、境外的所得，按照以下原则确定。

（1）销售货物所得，按照交易活动发生地确定。

（2）提供劳务所得，按照劳务发生地确定。

（3）转让财产所得：不动产转让所得按照不动产所在地确定，动产转让所得按照转让动产的企业或者机构、场所所在地确定，权益性投资资产转让所得按照被投资企业所在地确定。

（4）股息、红利等权益性投资所得，按照分配所得的企业所在地确定。

（5）利息所得、租金所得、特许权使用费所得，按照负担、支付所得的企业或者机构、场所所在地确定，或者按照负担、支付所得的个人的住所地确定。

（6）其他所得，由国务院财政、税务主管部门确定。

根据企业所得税法律制度的规定，关于确定所得来源地的下列表述中，正确的有（　　　）。

A．销售货物所得，按照交易活动发生地确定

B．权益性投资资产转让所得按照投资企业所在地确定

C．股息、红利等权益性投资所得，按照分配所得的企业所在地确定

D．提供劳务所得，按照劳务发生地确定

（三）企业所得税的税率

企业所得税实行比例税率。

居民企业以及在中国境内设立机构、场所且取得的所得与其所设的机构、场所有实际联系的非居民企业，应当就其来源于中国境内、境外的所得缴纳企业所得税，适用税率为25%。

非居民企业在中国境内未设立机构、场所的，或者虽设立机构、场所但取得的所得与其所设机构、场所没有实际联系的，应当就其来源于中国境内的所得缴纳企业所得税，适用税率为20%。

（四）企业所得税的税收优惠

企业所得税的税收优惠，是指国家根据经济和社会发展的需要，在一定的期限内对特定地区、行业和企业的纳税人应缴纳的企业所得税，给予减征或者免征的一种照顾和鼓励措施。我国企业所得税的税收优惠包括免税收入、所得减免、降低税率、民族自治地方的减免税、加计扣除、抵扣应纳税所得额、加速折旧、减计收入、税额抵免和其他专项优惠政策。

1．免税收入

免税收入是指属于企业的应税所得，但是按照税法规定免予征收企业所得税的收入。企业的免税收入包括以下收入。

（1）国债利息收入。

国债利息收入，是指企业持有国务院财政部门发行的国债取得的利息收入。

（2）符合条件的居民企业之间股息、红利等权益性投资收益。

符合条件的居民企业之间股息、红利等权益性投资收益，是指居民企业直接投资于其他居民企业取得的投资收益。

（3）在中国境内设立机构、场所的非居民企业从居民企业取得与该机构、场所有实际联系的股息、红利等权益性投资收益。

股息、红利等权益性投资收益，不包括连续持有居民企业公开发行并上市流通的股票不足12个月取得的投资收益。

（4）符合条件的非营利组织的收入。

符合条件的非营利组织的收入，不包括非营利组织从事营利性活动取得的收入，但国务院财政、税务主管部门另有规定的除外。

（5）基础研究资金收入。

自2022年1月1日起，对非营利性科研机构、高等学校接收企业、个人和其他组织机构基础研究资金收入，免征企业所得税。

2. 所得减免

（1）企业从事下列项目的所得，免征企业所得税。

① 蔬菜、谷物、薯类、油料、豆类、棉花、麻类、糖料、水果、坚果的种植。

② 农作物新品种的选育。

③ 中药材的种植。

④ 林木的培育和种植。

⑤ 牲畜、家禽的饲养。

⑥ 林产品的采集。

⑦ 灌溉、农产品初加工、兽医、农技推广、农机作业和维修等农、林、牧、渔服务业项目。

⑧ 远洋捕捞。

（2）企业从事下列项目的所得，减半征收企业所得税。

① 花卉、茶及其他饮料作物和香料作物的种植。

② 海水养殖、内陆养殖。

（3）从事国家重点扶持的公共基础设施项目投资经营的所得。

国家重点扶持的公共基础设施项目，是指《公共基础设施项目企业所得税优惠目录》规定的港口码头、机场、铁路、公路、城市公共交通、电力、水利等项目。

企业从事国家重点扶持的公共基础设施项目的投资经营的所得，自项目取得第1笔生产经营收入所属纳税年度起，第1年至第3年免征企业所得税，第4年至第6年减半征收企业所得税。

企业承包经营、承包建设和内部自建自用上述项目，不得享受上述企业所得税优惠。

（4）从事符合条件的环境保护、节能节水项目的所得。

符合条件的环境保护、节能节水项目，包括公共污水处理、公共垃圾处理、沼气综合开发利用、节能减排技术改造、海水淡化等。项目的具体条件和范围由国务院财政、税务主管部门商国务院有关部门制定，报国务院批准后公布施行。

企业从事符合条件的环境保护、节能节水项目的所得，自项目取得第1笔生产经营收入所属纳税年度起，第1年至第3年免征企业所得税，第4年至第6年减半征收企业所得税。

（5）符合条件的技术转让所得。

符合条件的技术转让所得免征、减征企业所得税，是指一个纳税年度内，居民企业技术转让所得不超过500万元的部分，免征企业所得税；超过500万元的部分，减半征收企业所得税。其计算公式为

$$技术转让所得=技术转让收入-技术转让成本-相关税费$$

试一试

甲公司是居民企业，2024年度转让一项专利技术的所有权，取得符合条件的转让所得800万元。甲公司在计算2024年度企业所得税应纳税所得额时，该项技术转让所得纳税调减额为（　　）万元。

A. 150　　　　　　B. 500　　　　　　C. 650　　　　　　D. 800

（6）非居民企业所得。

在中国境内未设立机构、场所的，或者虽设立机构、场所但取得的所得与其所设机构、场所没有实际联系的非居民企业，其取得的来源于中国境内的所得，减按10%的税率征收企业所得

税。下列所得可以免征企业所得税。

①外国政府向中国政府提供贷款取得的利息所得。

②国际金融组织向中国政府和居民企业提供优惠贷款取得的利息所得。

③经国务院批准的其他所得。

3．降低税率

（1）符合条件的小型微利企业，减按20%的税率征收企业所得税。

小型微利企业，是指从事国家非限制和禁止行业，并同时符合年度应纳税所得额不超过300万元，从业人数不超过300人，资产总额不超过5 000万元三个条件的企业。

AI助学导航

小微企业和小型微利企业的区别是什么？请使用文心一言、通义千问、DeepSeek等AI工具搜索结果。

对小型微利企业年应纳税所得额，减按25%计入应纳税所得额，按20%的税率缴纳企业所得税。该政策延续执行至2027年12月31日。

试一试

甲公司2024年度为符合条件的小型微利企业，2024年度企业所得税应纳税所得额为200万元。已知企业所得税税率为20%。计算甲公司2024年度应缴纳企业所得税税额的下列算式中，正确的是（　　　）。

A．200×20%=40（万元）

B．200×25%×20%=10（万元）

C．200×（1+25%）×20%=50（万元）

D．200×（1-25%）×20%=30（万元）

AI助学导航

企业如何享受小型微利企业所得税优惠政策？请使用文心一言、通义千问、DeepSeek等AI工具搜索结果。

（2）国家需要重点扶持的高新技术企业，减按15%的税率征收企业所得税。

（3）自2018年1月1日起，对经认定的技术先进型服务企业（服务贸易类），减按15%的税率征收企业所得税。

（4）集成电路相关企业和软件企业。

国家鼓励的集成电路设计、装备、材料、封装、测试企业和软件企业，自获利年度起，第1年至第2年免征企业所得税，第3年至第5年按照25%的法定税率减半征收企业所得税。

国家鼓励的重点集成电路设计企业和软件企业，自获利年度起，第1年至第5年免征企业所得税，接续年度减按10%的税率征收企业所得税。

4．民族自治地方的减免税

民族自治地方的自治机关对本民族自治地方的企业应缴纳的企业所得税中属于地方分享的

部分，可以决定减征或者免征。自治州、自治县决定减征或者免征的，须报省、自治区、直辖市人民政府批准。民族自治地方，是指依照《中华人民共和国民族区域自治法》的规定，实行民族区域自治的自治区、自治州、自治县。

对民族自治地方内国家限制和禁止行业的企业，不得减征或者免征企业所得税。

5. 加计扣除

企业的下列支出，可以在计算应纳税所得额时加计扣除。

（1）研究开发费用。

研究开发费用的加计扣除，是指企业为开发新技术、新产品、新工艺发生的研究开发费用。企业开展研发活动中实际发生的研发费用，未形成无形资产计入当期损益的，在按规定据实扣除的基础上，自2023年1月1日起，再按照实际发生额的100%在税前加计扣除；形成无形资产的，自2023年1月1日起，按照无形资产成本的200%在税前摊销。

💡 AI助学导航

研发费用加计扣除政策中的研发费用包括哪些？请使用文心一言、通义千问、DeepSeek等AI工具搜索结果。

下列行业不适用税前加计扣除政策：烟草制造业；住宿和餐饮业；批发和零售业；房地产业；租赁和商务服务业；娱乐业；财政部和国家税务总局规定的其他行业。

✍ 视野拓展

研发费用加计扣除优惠政策在促进企业科技创新、推动产业结构升级、建设创新型国家等方面发挥了积极引导作用。在全面深化改革、破解发展难题的今天，我国把创新摆在国家发展全局的核心位置。

个人只有创新才能不断地进步，更好地在社会上立足，才能应对各种困难和挑战。思考学生该如何树立创新学习的理念。

💡 AI助学导航

是不是所有的制造业企业发生的研发费用都可以按100%的比例加计扣除？请使用文心一言、通义千问、DeepSeek等AI工具搜索结果。

（2）安置国家鼓励就业人员所支付的工资。

企业安置残疾人员所支付的工资的加计扣除，是指企业安置残疾人员的，在按照支付给残疾职工工资据实扣除的基础上，按照支付给残疾职工工资的100%加计扣除。残疾人员的范围适用《中华人民共和国残疾人保障法》的有关规定。企业安置国家鼓励安置的其他就业人员所支付的工资的加计扣除办法，由国务院另行规定。

（3）出资给非营利单位用于基础研究的支出。

自2022年1月1日起，对企业出资给非营利性科学技术研究开发机构、高等学校和政府性自然科学基金用于基础研究的支出，在计算应纳税所得额时可按实际发生额在税前扣除，并可按100%在税前加计扣除。

6．抵扣应纳税所得额

创业投资企业从事国家需要重点扶持和鼓励的创业投资，可以按投资额的一定比例抵扣应纳税所得额。抵扣应纳税所得额，是指创业投资企业采取股权投资方式投资于未上市的中小高新技术企业2年以上的，可以按照其投资额的70%在股权持有满2年的当年抵扣该创业投资企业的应纳税所得额；当年不足抵扣的，可以在以后纳税年度结转抵扣。

7．加速折旧

企业的固定资产由于技术进步等，确需加速折旧的，可以缩短折旧年限或者采取加速折旧的方法。可以采取缩短折旧年限或者采取加速折旧的方法的固定资产，包括以下内容。

（1）由于技术进步，产品更新换代较快的固定资产。

（2）常年处于强震动、高腐蚀状态的固定资产。

采取缩短折旧年限方法的，最低折旧年限不得低于税法规定折旧年限的60%；采取加速折旧方法的，可以采取双倍余额递减法或者年数总和法。

自2019年1月1日起，固定资产加速折旧优惠的行业范围，扩大至全部制造业领域。

企业在2018年1月1日至2027年12月31日期间新购进（包括自行建造）的设备、器具，单位价值不超过500万元的，允许一次性计入当期成本费用在计算应纳税所得额时扣除，不再分年度计算折旧。设备、器具是指除房屋、建筑物以外的固定资产。

8．减计收入

企业以《资源综合利用企业所得税优惠目录》规定的资源作为主要原材料，生产国家非限制和禁止并符合国家和行业相关标准的产品取得的收入，减按90%计入收入总额。原材料占生产产品材料的比例不得低于《资源综合利用企业所得税优惠目录》规定的标准。

9．税额抵免

企业购置并实际使用《环境保护专用设备企业所得税优惠目录》《节能节水专用设备企业所得税优惠目录》《安全生产专用设备企业所得税优惠目录》规定的环境保护、节能节水、安全生产等专用设备的，该专用设备的投资额的10%可以从企业当年的应纳税额中抵免；当年不足抵免的，可以在以后5个纳税年度结转抵免。享受上述规定的企业所得税优惠的企业，应当实际购置并自身实际投入使用上述规定的专用设备；企业购置上述专用设备在5年内转让、出租的，应当停止享受企业所得税优惠，并补缴已经抵免的企业所得税税款。

试一试

甲居民企业为增值税一般纳税人，2024年度企业所得税应纳税所得额为500万元，当年购置并实际使用符合规定的设备一台，取得的增值税专用发票注明金额300万元、税额39万元，甲居民企业享受设备的投资额从当年的应纳税额中抵免的优惠政策。已知企业所得税税率为25%。计算甲居民企业2024年度应缴纳企业所得税税额的下列算式中，正确的是（　　　）。

A．500×25%=125（万元）

B．500×25%－300×10%=95（万元）

C．500×25%－（300+39）×10%=91.1（万元）

D．（500-300×10%）×25%=117.5（万元）

10. 西部地区的减免税

自2021年1月1日至2030年12月31日，对设在西部地区的以鼓励类产业项目为主营业务，且其当年度主营业务收入占企业收入总额60%以上的企业，可减按15%税率征收企业所得税。

11. 债券利息减免税

对企业取得的2012年及以后年度发行的地方政府债券利息收入，免征企业所得税。

对企业投资者持有2019—2027年发行的铁路债券取得的利息收入，减半征收企业所得税。

二、企业所得税应纳税所得额的计算

企业所得税的计税依据，就是企业的应纳税所得额。企业每一纳税年度的收入总额，减除不征税收入、免税收入、各项扣除以及允许弥补的以前年度亏损后的余额，为应纳税所得额。其计算公式为

应纳税所得额=收入总额-不征税收入-免税收入-准予扣除项目金额
-允许弥补的以前年度亏损

上式中的亏损，是指企业依照《企业所得税法》的规定将每一纳税年度的收入总额减除不征税收入、免税收入和各项扣除后小于零的数额。

企业应纳税所得额的计算，以权责发生制为原则，属于当期的收入和费用，不论款项是否收付，均作为当期的收入和费用；不属于当期的收入和费用，即使款项已经在当期收付，均不作为当期的收入和费用。在计算应纳税所得额时，企业财务、会计处理办法与税收法律、行政法规的规定不一致的，应当依照税收法律、行政法规的规定计算。

（一）收入总额

企业以货币形式和非货币形式从各种来源取得的收入，为收入总额。

企业取得收入的货币形式，包括现金、存款、应收账款、应收票据、准备持有至到期的债券投资以及债务的豁免等。企业取得收入的非货币形式，包括固定资产、生物资产、无形资产、股权投资、存货、不准备持有至到期的债券投资、劳务以及有关权益等。非货币形式取得的收入，应当按照公允价值确定收入额。

企业取得的收入包括销售货物收入，提供劳务收入，转让财产收入，股息、红利等权益性投资收益，利息收入，租金收入，特许权使用费收入，接受捐赠收入，其他收入。

（1）销售货物收入，是指企业销售商品、产品、原材料、包装物、低值易耗品以及其他存货取得的收入。

（2）提供劳务收入，是指企业从事建筑安装、修理修配、交通运输、仓储租赁、金融保险、邮电通信、咨询经纪、文化体育、科学研究、技术服务、教育培训、餐饮住宿、中介代理、卫生保健、社区服务、旅游、娱乐、加工以及其他劳务服务活动取得的收入。

（3）转让财产收入，是指企业转让固定资产、生物资产、无形资产、股权、债权等财产取得的收入。

（4）股息、红利等权益性投资收益，是指企业因权益性投资从被投资方取得的收入。股息、红利等权益性投资收益，除国务院财政、税务主管部门另有规定外，按照被投资方做出利润分配决定的日期确认收入的实现。

（5）利息收入，是指企业将资金提供给他人使用但不构成权益性投资，或者因他人占用本企业资金取得的收入，包括存款利息、贷款利息、债券利息、欠款利息等收入。利息收入，按照

合同约定的债务人应付利息的日期确认收入的实现。

（6）租金收入，是指企业提供固定资产、包装物或者其他有形资产的使用权取得的收入。租金收入，按照合同约定的承租人应付租金的日期确认收入的实现。

（7）特许权使用费收入，是指企业提供专利权、非专利技术、商标权、著作权以及其他特许权的使用权取得的收入。特许权使用费收入，按照合同约定的特许权使用人应付特许权使用费的日期确认收入的实现。

（8）接受捐赠收入，是指企业接受的来自其他企业、组织或者个人无偿给予的货币性资产、非货币性资产。接受捐赠收入，按照实际收到捐赠资产的日期确认收入的实现。

（9）其他收入，是指企业取得的除《企业所得税法》具体列举的收入以外的其他收入，包括企业资产溢余收入、逾期未退包装物押金收入、确实无法偿付的应付款项、已做坏账损失处理后又收回的应收款项、债务重组收入、补贴收入、违约金收入、汇兑收益等。

（10）特殊收入的确认。

① 以分期收款方式销售货物的，按照合同约定的收款日期确认收入的实现。

② 企业受托加工制造大型机械设备、船舶、飞机，以及从事建筑、安装、装配工程业务或者提供其他劳务等，持续时间超过12个月的，按照纳税年度内完工进度或者完成的工作量确认收入的实现。

③ 采取产品分成方式取得收入的，按照企业分得产品的日期确认收入的实现，其收入额按照产品的公允价值确定。

④ 企业发生非货币性资产交换，以及将货物、财产、劳务用于捐赠、偿债、赞助、集资、广告、样品、职工福利或者利润分配等用途的，应当视同销售货物、转让财产或者提供劳务，但国务院财政、税务主管部门另有规定的除外。

⑤ 企业以买一赠一等方式组合销售本企业商品的，不属于捐赠，应将总的销售金额按各项商品的公允价值的比例来分摊确认各项的销售收入。

试一试

根据企业所得税法律制度的规定，关于收入确认时间的下列表述中，不正确的是（　　　）。

A．特许权使用费收入，按照特许权使用人实际支付特许权使用费的日期确认收入的实现

B．接受捐赠收入，按照实际收到捐赠资产的日期确认收入的实现

C．利息收入，按照合同约定的债务人应付利息的日期确认收入的实现

D．股息、红利等权益性投资收益，除另有规定外，按照被投资方做出利润分配决定的日期确认收入的实现

（二）不征税收入

不征税收入是指从性质和根源上不属于企业营利性活动带来的经济利益、不作为应纳税所得额组成部分的收入。下列收入为不征税收入。

（1）财政拨款。财政拨款是指各级人民政府对纳入预算管理的事业单位、社会团体等组织拨付的财政资金，但国务院和国务院财政、税务主管部门另有规定的除外。

（2）依法收取并纳入财政管理的行政事业性收费、政府性基金。行政事业性收费是指依照

法律法规等有关规定，按照国务院规定程序批准，在实施社会公共管理，以及在向公民、法人或者其他组织提供特定公共服务过程中，向特定对象收取并纳入财政管理的费用。政府性基金是指企业依照法律、行政法规等有关规定，代政府收取的具有专项用途的财政资金。

（3）国务院规定的其他不征税收入。国务院规定的其他不征税收入是指企业取得的，由国务院财政、税务主管部门规定专项用途并经国务院批准的财政性资金。

（三）准予扣除项目的一般规定

企业实际发生的与取得收入有关的、合理的支出，包括成本、费用、税金、损失和其他支出，准予在计算应纳税所得额时扣除。合理的支出，是指符合生产经营活动常规，应当计入当期损益或者有关资产成本的必要和正常的支出。除另有规定外，企业实际发生的成本、费用、税金、损失和其他支出，不得重复扣除。

企业发生的支出应当区分收益性支出和资本性支出。收益性支出在发生当期直接扣除；资本性支出应当分期扣除或者计入有关资产成本，不得在发生当期直接扣除。

企业的不征税收入用于支出所形成的费用或者财产，不得扣除或者计算对应的折旧、摊销扣除。

（1）成本。成本是指企业在生产经营活动中发生的销售成本、销货成本、业务支出以及其他耗费。

（2）费用。费用是指企业在生产经营活动中发生的销售费用、管理费用和财务费用，已经计入成本的有关费用除外。

（3）税金。税金是指企业发生的除企业所得税和允许抵扣的增值税以外的各项税金及其附加，即纳税人按照规定缴纳的消费税、资源税、土地增值税、关税、城市维护建设税、教育费附加、房产税、车船税、城镇土地使用税、印花税等。企业缴纳的增值税属于价外税，故不在扣除之列。

（4）损失。损失是指企业在生产经营活动中发生的固定资产和存货的盘亏、毁损、报废损失，转让财产损失，呆账损失，坏账损失，自然灾害等不可抗力造成的损失以及其他损失。

企业发生的损失，减除责任人赔偿和保险赔款后的余额，依照国务院财政、税务主管部门的规定扣除。企业已经作为损失处理的资产，在以后纳税年度又全部收回或者部分收回时，应当计入当期收入。

（5）其他支出。其他支出是指除成本、费用、税金、损失外，企业在生产经营活动中发生的与生产经营活动有关的、合理的支出。

试一试

根据企业所得税法律制度的规定，在计算应纳税所得额时，企业缴纳的下列税金中，不得扣除的是（　　）。

A. 增值税　　　　　　　　B. 消费税
C. 房产税　　　　　　　　D. 城市维护建设税

（四）税前准予扣除项目的标准

1. 工资、薪金支出

企业发生的合理的工资、薪金支出税前据实扣除。工资、薪金，是指企业每一纳税年度支付给在本企业任职或者受雇的员工的所有现金形式或者非现金形式的劳动报酬，包括基本工资、奖金、津贴、补贴、年终加薪、加班工资，以及与员工任职或者受雇有关的其他支出。

> ### 💡 AI助学导航
>
> 公司为员工租房支付的费用，可以企业所得税税前扣除吗？请使用文心一言、通义千问、DeepSeek等AI工具搜索结果。

2. 三项经费支出

三项经费包括职工福利费、工会经费、职工教育经费。企业发生的职工福利费支出，不超过工资、薪金总额14%的部分，准予扣除。企业拨缴的工会经费，不超过工资、薪金总额2%的部分，准予扣除。除国务院财政、税务主管部门另有规定外，企业发生的职工教育经费支出，不超过工资、薪金总额8%的部分，准予扣除；超过部分，准予在以后纳税年度结转扣除。

【例6-1】 甲公司2024年度计入成本费用的实发工资总额为200万元，发生职工福利费30万元，拨付工会经费3万元，发生职工教育经费17万元。在计算甲公司2024年度企业所得税应纳税所得额时，准予扣除的三项经费总额为多少？

解析： 职工福利费的扣除限额=200×14%=28（万元）

实际发生额30万元高于扣除限额，税前准予扣除的职工福利费是28万元。

工会经费的扣除限额=200×2%=4（万元）

实际发生额3万元低于扣除限额，税前准予扣除的工会经费是3万元。

职工教育经费扣除限额=200×8%=16（万元）

实际发生额17万元高于扣除限额，税前准予扣除的职工教育经费是16万元。

准予扣除的三项经费总额=28+3+16=47（万元）

3. 社会保险费

（1）企业依照国务院有关主管部门或者省级人民政府规定的范围和标准为职工缴纳的基本养老保险费、基本医疗保险费、失业保险费、工伤保险费、生育保险费等基本社会保险费和住房公积金，准予扣除。

（2）自2008年1月1日起，企业为在本单位任职或者受雇的全体员工支付的补充养老保险费、补充医疗保险费，分别在不超过工资总额5%标准内的部分，在计算应纳税所得额时准予扣除；超过部分，不予扣除。

4. 借款费用

（1）企业在生产经营活动中发生的合理的不需要资本化的借款费用，准予扣除。

（2）企业为购置、建造固定资产、无形资产和经过12个月以上的建造才能达到预定可销售状态的存货发生借款的，在有关资产购置、建造期间发生的合理的借款费用，应当作为资本性支出计入有关资产的成本，并依照《企业所得税法实施条例》的有关规定扣除。

【例6-2】 甲公司2024年4月1日向银行借款1 200万元用于建造厂房，借款期限为1年，当年向银行支付了9个月的借款费用60万元。该厂房2024年4月1日开工，于2024年9月30日完工结算并投入使用。在计算甲公司2024年度企业所得税应纳税所得额时，准予扣除的借款费用为多少？

解析： 固定资产建造竣工决算投产前的借款费用需要资本化，竣工决算投产后的借款费用可计入当期损益。

准予扣除的借款费用=60÷9×3=20（万元）

5. 利息费用

企业在生产经营活动中发生的下列利息支出，准予扣除。

（1）非金融企业向金融企业借款的利息支出、金融企业的各项存款利息支出和同业拆借利息支出、企业经批准发行债券的利息支出可据实扣除。

（2）非金融企业向非金融企业借款的利息支出，不超过按照金融企业同期同类贷款利率计算的数额的部分可据实扣除，超过部分不允许扣除。

金融企业，是指各类银行、保险公司及经中国人民银行批准从事金融业务的非银行金融机构。

【例6-3】 甲公司于2024年1月1日借入1 000万元资金用于生产经营，借期为1年。其中：400万元是向金融企业借入的，支付利息24万元；600万元是向非金融企业借入的，支付利息48万元。在计算甲公司2024年度企业所得税应纳税所得额时，准予扣除的借款利息为多少？

解析： 非金融企业向金融企业借款的利息支出，准予扣除；向非金融企业借款的利息支出，不超过按照金融企业同期同类贷款利率计算的数额的部分，准予扣除。

金融企业的借款年利率=24÷400×100%=6%

向非金融企业借款的利息准予在税前扣除的限额=600×6%=36（万元）

准予在税前扣除的借款利息合计=24+36=60（万元）

6. 汇兑损失

企业在货币交易中，以及纳税年度终了时，将人民币以外的货币性资产、负债，按照期末即期人民币汇率中间价折算为人民币时产生的汇兑损失，除已经计入有关资产成本以及与向所有者进行利润分配相关的部分外，准予扣除。

7. 公益性捐赠

公益性捐赠，是指企业通过公益性社会组织或者县级以上人民政府及其部门，用于符合法律规定的慈善活动、公益事业的捐赠。

企业当年发生以及以前年度结转的公益性捐赠支出，不超过年度利润总额12%的部分，准予扣除；超过年度利润总额12%的部分，准予结转以后三年内在计算应纳税所得额时扣除。

年度利润总额，是指企业依照国家统一会计制度的规定计算的年度会计利润。

自2019年1月1日至2025年12月31日，企业通过公益性社会组织或者县级（含县级）以上人民政府及其组成部门和直属机构，用于目标脱贫地区的扶贫捐赠支出，准予在计算企业所得税应纳税所得额时据实扣除。在政策执行期限内，目标脱贫地区实现脱贫的，可继续适用上述政策。企业同时发生扶贫捐赠支出和其他公益性捐赠支出，在计算公益性捐赠支出年度扣除限额时，符合条件的扶贫捐赠支出不计算在内。

【例6-4】 甲公司2024年度实现会计利润300万元，通过公益性社会组织向教育事业捐赠32万元，直接向当地养老机构捐赠5万元。在计算甲公司2024年度企业所得税应纳税所得额时，准予扣除的公益性捐赠支出为多少？

解析： 企业的公益性捐赠支出，不超过年度利润总额12%的部分，准予扣除；直接向养老机构的捐赠不属于公益性捐赠，不得在税前扣除。

公益性捐赠支出扣除限额=300×12%=36（万元）

因为甲公司2024年度的公益性捐赠支出32万元未超过扣除限额，所以税前准予扣除的公益性捐赠支出为32万元。

💡 AI助学导航

生产企业通过公益性组织捐赠了一批自产产品，请问这笔捐赠在企业所得税上是否确认视同销售收入？请使用文心一言、通义千问、DeepSeek 等 AI 工具搜索结果。

---

8. 业务招待费

企业发生的与生产经营活动有关的业务招待费支出，按照发生额的60%扣除，但最高不得超过当年销售（营业）收入的5‰。

企业在筹建期间，发生的与筹办活动有关的业务招待费支出，可按实际发生额的60%计入企业筹办费，并按有关规定在税前扣除。

【例6-5】甲公司2024年度营业收入为6 000万元，发生与生产经营活动有关的业务招待费52万元。在计算甲公司2024年度企业所得税应纳税所得额时，准予扣除的业务招待费为多少？

解析：企业发生的与生产经营活动有关的业务招待费支出，按照发生额的60%扣除，但最高不得超过当年销售（营业）收入的5‰。

业务招待费发生额的60%=52×60%=31.2（万元）

销售（营业）收入的5‰=6 000×5‰=30（万元）

因为31.2万元＞30万元，所以税前准予扣除的业务招待费为30万元。

9. 广告费与业务宣传费

企业发生的符合条件的广告费和业务宣传费支出，除国务院财政、税务主管部门另有规定外，不超过当年销售（营业）收入15%的部分，准予扣除；超过部分，准予在以后纳税年度结转扣除。

企业在筹建期间，发生的广告费和业务宣传费支出，可按照实际发生额计入企业筹办费，并按有关规定在税前扣除。

自2021年1月1日至2025年12月31日，对化妆品制造或销售、医药制造和饮料制造（不含酒类制造）企业发生的广告费和业务宣传费支出，不超过当年销售（营业）收入30%的部分，准予扣除；超过部分，准予在以后纳税年度结转扣除。

烟草企业的烟草广告费和业务宣传费支出，一律不得在计算应纳税所得额时扣除。

【例6-6】甲服装公司2024年销售自产服装实现收入1 000万元，当年发生计入销售费用的广告费和业务宣传费120万元，甲服装公司上年度70万元的广告费和业务宣传费结转到2024年扣除。在计算甲服装公司2024年度企业所得税应纳税所得额时，准予扣除的广告费和业务宣传费为多少？

解析：企业发生的符合条件的广告费和业务宣传费支出不超过当年销售（营业）收入的15%的部分，准予扣除，超过部分准予在以后纳税年度结转扣除。

广告费和业务宣传费的扣除限额=1 000×15%=150（万元）

甲服装公司2024年度发生的120万元广告费和业务宣传费可以全部扣除，同时，还可以扣除上年结转的广告费和业务宣传费中的30万元，即甲服装公司2024年度税前准予扣除的广告费和业务宣传费为150万元。上年度剩余的40万元结转至以后纳税年度扣除。

10. 环境保护专项资金

企业依照法律、行政法规有关规定提取的用于环境保护、生态恢复等方面的专项资金，准予扣除。上述专项资金提取后改变用途的，不得扣除。

11. 保险费

企业参加财产保险，按照规定缴纳的保险费，准予扣除。

除企业依照国家有关规定为特殊工种职工支付的人身安全保险费和国务院财政、税务主管部门规定可以扣除的其他商业保险费外，企业为投资者或者职工支付的商业保险费，不得扣除。

企业职工因公出差乘坐交通工具发生的人身意外保险费支出，准予企业在计算应纳税所得额时扣除。

12. 租赁费

企业根据生产经营活动的需要租入固定资产支付的租赁费，按照以下方法扣除。

（1）以经营租赁方式租入固定资产发生的租赁费支出，按照租赁期限均匀扣除。

（2）以融资租赁方式租入固定资产发生的租赁费支出，按照规定构成融资租入固定资产价值的部分应当提取折旧费用，分期扣除。

13. 劳动保护费

企业发生的合理的劳动保护支出，准予扣除。

14. 有关资产的费用

企业转让各类固定资产发生的费用，允许扣除。企业按照规定计算的固定资产折旧费、无形资产和递延资产的摊销费，准予扣除。

15. 总机构分摊的费用

非居民企业在中国境内设立的机构、场所，就其中国境外总机构发生的与该机构、场所生产经营有关的费用，能够提供总机构出具的费用汇集范围、定额、分配依据和方法等证明文件，并合理分摊的，准予扣除。

16. 其他项目

依照有关法律、行政法规和国家有关税法规定准予扣除的其他项目，如会员费、合理的会议费、差旅费、违约金、诉讼费用等。

（五）不得税前扣除的项目

在计算应纳税所得额时，下列支出不得扣除。

（1）向投资者支付的股息、红利等权益性投资收益款项。

（2）企业所得税税款。

（3）税收滞纳金。

（4）罚金、罚款和被没收财物的损失。纳税人因违反税法规定，被处以的罚款，不得扣除。

纳税人逾期归还银行贷款，银行按规定加收的罚息，以及企业间的违约罚款，不属于行政性罚款，允许在税前扣除。

（5）超过规定标准的捐赠支出。

（6）赞助支出。赞助支出是指企业发生的与生产经营活动无关的各种非广告性质支出。

（7）未经核定的准备金支出。未经核定的准备金支出具体是指不符合国务院财政、税务主管部门规定的各项资产减值准备、风险准备等准备金支出。

（8）不符合规定的其他费用。企业之间支付的管理费、企业内营业机构之间支付的租金和特许权使用费，以及非银行企业内营业机构之间支付的利息，不得扣除。

（9）与取得收入无关的其他各项支出。

试一试

根据企业所得税法律制度的规定，下列各项中，在计算应纳税所得额时准予扣除的是（　　）。

A．企业之间支付的管理费　　　　B．企业内营业机构之间支付的租金
C．企业向投资者支付的股息　　　　D．银行企业内营业机构之间支付的利息

（六）亏损弥补

税法规定，纳税人发生年度亏损的，可以用下一纳税年度的所得弥补；下一纳税年度的所得不足弥补的，可以逐年延续弥补，但是延续弥补期最长不得超过5年。5年内不论是实现盈利还是亏损，都作为实际弥补期限计算。这里所说的亏损，是指企业依照税法规定将每一纳税年度的收入总额扣除不征税收入、免税收入和各项扣除后小于零的数额。

亏损弥补的含义有两个：一是自亏损年度的下一个年度起连续5年不间断地计算；二是连续发生年度亏损，也必须从第一个亏损年度算起，先亏先补，按顺序连续计算亏损弥补期，不得将每个亏损年度的连续弥补期相加，更不得断开计算。

自2018年1月1日起，对当年具备高新技术企业或科技型中小企业资格的企业，其具备资格年度之前5个年度发生的尚未弥补完的亏损，准予结转以后年度弥补，最长结转年限由5年延长至10年。

【例6-7】 乙公司为从事服装生产的工业企业，2018—2024年企业所得税应纳税所得额如表6-2所示。请分析乙公司2018—2024年亏损弥补情况。

表 6-2　乙公司 2018—2024 年应纳税所得额

年度	2018	2019	2020	2021	2022	2023	2024
应纳税所得额／万元	-100	-30	20	20	20	30	40

解析： 乙公司2018年的亏损额100万元，到2023年时仍未弥补完（-100+20+20+20+30=-10），但达到了5年的弥补期限，2023年后，2018年未弥补完的亏损10万元不再用应纳税所得额弥补。2024年40万元应纳税所得额弥补完2019年30万元亏损后，尚余应纳税所得额10万元。

（七）非居民企业应纳税所得额的计算

在中国境内未设立机构、场所，或者虽设立机构、场所但取得的所得与其所设机构、场所没有实际联系的非居民企业，应就其来源于中国境内的所得按照下列方法计算应纳税所得额。

（1）股息、红利等权益性投资收益和利息、租金、特许权使用费所得，以收入全额为应纳税所得额，不得扣除税法规定之外的税费支出。

（2）转让财产所得，以收入全额减除财产净值后的余额为应纳税所得额。

（3）其他所得，参照前两项规定的方法计算应纳税所得额。

试一试

根据企业所得税法律制度的规定，在我国境内未设立机构、场所的非居民企业从我国境内取得的下列所得中，以收入全额为企业所得税应纳税所得额的有（　　　）。

A．红利　　　　　　B．转让财产所得　　　　C．租金　　　　　　D．利息

三、资产的税务处理

企业资产，是指企业拥有或者控制的、用于经营管理活动且与取得应税收入有关的资产。企业的各项资产，包括固定资产、生物资产、无形资产、长期待摊费用、投资资产、存货等，以历史成本为计税基础。历史成本，是指企业取得该项资产时实际发生的支出。企业持有各项资产期间资产增值或者减值，除国务院财政、税务主管部门规定可以确认损益外，不得调整该资产的计税基础。

资产的税务处理

（一）固定资产

固定资产，是指企业为生产产品、提供劳务、出租或者经营管理而持有的、使用时间超过12个月的非货币性资产，包括房屋、建筑物、机器、机械、运输工具以及其他与生产经营活动有关的设备、器具、工具等。在计算应纳税所得额时，企业按照规定计算的固定资产折旧，准予扣除。

（1）下列固定资产不得计算折旧扣除。

① 房屋、建筑物以外未投入使用的固定资产。

② 以经营租赁方式租入的固定资产。

③ 以融资租赁方式租出的固定资产。

④ 已足额提取折旧仍继续使用的固定资产。

⑤ 与经营活动无关的固定资产。

⑥ 单独估价作为固定资产入账的土地。

⑦ 其他不得计算折旧扣除的固定资产。

试一试

根据企业所得税法律制度的规定，下列固定资产中，在计算应纳税所得额时准予计算折旧扣除的是（　　　）。

A．未投入使用的房屋、建筑物　　　　B．未投入使用的机器设备

C．以融资租赁方式租出的机器设备　　D．已提足折旧仍在使用的机器设备

（2）固定资产按照以下方法确定计税基础。

① 外购的固定资产，以购买价款和支付的相关税费以及直接归属于使该资产达到预定用途所发生的其他支出为计税基础。

② 自行建造的固定资产，以竣工结算前发生的支出为计税基础。

③ 融资租入的固定资产，以租赁合同约定的付款总额和承租人在签订租赁合同过程中发生的相关费用为计税基础；租赁合同未约定付款总额的，以该资产的公允价值和承租人在签订租赁

合同过程中发生的相关费用为计税基础。

④ 盘盈的固定资产，以同类固定资产的重置完全价值为计税基础。

⑤ 通过捐赠、投资、非货币性资产交换、债务重组等方式取得的固定资产，以该资产的公允价值和支付的相关税费为计税基础。

⑥ 改建的固定资产，除法定的支出外，以改建过程中发生的改建支出增加计税基础。

（3）固定资产按照直线法计算的折旧，准予扣除。企业应当自固定资产投入使用月份的次月起计算折旧；停止使用的固定资产，应当自停止使用月份的次月起停止计算折旧。企业应当根据固定资产的性质和使用情况，合理确定固定资产的预计净残值。固定资产的预计净残值一经确定，不得变更。

（4）除国务院财政、税务主管部门另有规定外，固定资产计算折旧的最低年限如下。

① 房屋、建筑物，为20年。

② 飞机、火车、轮船、机器、机械和其他生产设备，为10年。

③ 与生产经营活动有关的器具、工具、家具等，为5年。

④ 飞机、火车、轮船以外的运输工具，为4年。

⑤ 电子设备，为3年。

（二）生产性生物资产

生产性生物资产又称生物资产，是指企业为生产农产品、提供劳务或者出租等而持有的生物资产，包括经济林、薪炭林、产畜和役畜等。

（1）生产性生物资产按照以下方法确定计税基础。

① 外购的生产性生物资产，以购买价款和支付的相关税费为计税基础。

② 通过捐赠、投资、非货币性资产交换、债务重组等方式取得的生产性生物资产，以该资产的公允价值和支付的相关税费为计税基础。

（2）生产性生物资产按照直线法计算的折旧，准予扣除。企业应当自生产性生物资产投入使用月份的次月起计算折旧；停止使用的生产性生物资产，应当自停止使用月份的次月起停止计算折旧。企业应当根据生产性生物资产的性质和使用情况，合理确定生产性生物资产的预计净残值。生产性生物资产的预计净残值一经确定，不得变更。

（3）生产性生物资产计算折旧的最低年限如下。

① 林木类生产性生物资产，为10年。

② 畜类生产性生物资产，为3年。

（三）无形资产

在计算应纳税所得额时，企业按照规定计算的无形资产摊销费用，准予扣除。无形资产，是指企业为生产产品、提供劳务、出租或者经营管理而持有的、没有实物形态的非货币性长期资产，包括专利权、商标权、著作权、土地使用权、非专利技术、商誉等。

（1）下列无形资产不得计算摊销费用扣除。

① 自行开发的支出已在计算应纳税所得额时扣除的无形资产。

② 自创商誉。

③ 与经营活动无关的无形资产。

④ 其他不得计算摊销费用扣除的无形资产。

（2）无形资产按照以下方法确定计税基础。

① 外购的无形资产，以购买价款和支付的相关税费以及直接归属于使该资产达到预定用途发生的其他支出为计税基础。

② 自行开发的无形资产，以开发过程中该资产符合资本化条件后至达到预定用途前发生的支出为计税基础。

③ 通过捐赠、投资、非货币性资产交换、债务重组等方式取得的无形资产，以该资产的公允价值和支付的相关税费为计税基础。

（3）无形资产按照直线法计算的摊销费用，准予扣除。无形资产的摊销年限不得低于10年。

作为投资或者受让的无形资产，有关法律规定或者合同约定了使用年限的，可以按照规定或者约定的使用年限分期摊销。外购商誉的支出，在企业整体转让或者清算时，准予扣除。

（四）长期待摊费用

在计算应纳税所得额时，企业发生的下列支出作为长期待摊费用，按照规定摊销的，准予扣除。

（1）已足额提取折旧的固定资产的改建支出，按照固定资产预计尚可使用年限分期摊销。

（2）租入固定资产的改建支出，按照合同约定的剩余租赁期限分期摊销。固定资产的改建支出，是指改变房屋或者建筑物结构、延长使用年限等发生的支出。

改建的固定资产延长使用年限的，除前述规定外，应当适当延长折旧年限。

（3）固定资产的大修理支出，按照固定资产尚可使用年限分期摊销。固定资产的大修理支出，是指同时符合下列条件的支出。

① 修理支出达到取得固定资产时的计税基础50%以上。

② 修理后固定资产的使用年限延长2年以上。

（4）其他应当作为长期待摊费用的支出，自支出发生月份的次月起，分期摊销，摊销年限不得低于3年。

（五）投资资产

投资资产，是指企业对外进行权益性投资和债权性投资形成的资产。企业对外投资期间，投资资产的成本在计算应纳税所得额时不得扣除。企业在转让或者处置投资资产时，投资资产的成本，准予扣除。投资资产按照以下方法确定成本。

（1）通过支付现金方式取得的投资资产，以购买价款为成本。

（2）通过支付现金以外的方式取得的投资资产，以该资产的公允价值和支付的相关税费为成本。

（六）存货

存货，是指企业持有以备出售的产品或者商品、处在生产过程中的在产品、在生产或者提供劳务过程中耗用的材料和物料等。企业使用或者销售存货，按照规定计算的存货成本，准予在计算应纳税所得额时扣除。存货按照以下方法确定成本。

（1）通过支付现金方式取得的存货，以购买价款和支付的相关税费为成本。

（2）通过支付现金以外的方式取得的存货，以该存货的公允价值和支付的相关税费为成本。

（3）生产性生物资产收获的农产品，以产出或者采收过程中发生的材料费、人工费和分摊的间接费用等必要支出为成本。

企业使用或者销售的存货的成本计算方法，可以在先进先出法、加权平均法、个别计价法中任选用一种。计价方法一经选用，不得随意变更。

（七）资产损失

资产损失，是指企业在生产经营活动中实际发生的、与取得应税收入有关的资产损失，包括现金损失，存款损失，坏账损失，贷款损失，股权投资损失，固定资产和存货盘亏、毁损、报废、被盗的损失，自然灾害等不可抗力造成的损失以及其他损失。

企业发生上述资产损失，应在按税法规定实际确认或实际发生的当年申报扣除，不得提前或延后扣除。

四、企业所得税应纳税额的计算

（一）核算征收应纳税额的计算

企业所得税应纳税额的计算

应纳税额的计算公式为

应纳税额=应纳税所得额×适用税率-减免税额-抵免税额

【例6-8】甲公司是居民企业，主要从事实木家具的生产和销售。2024年度取得销售收入2 500万元，发生销售成本1 100万元。发生销售费用670万元（其中广告费450万元）、管理费用480万元（其中业务招待费15万元）、财务费用60万元；税金及附加40万元；实现营业外收入70万元，发生营业外支出50万元（含通过公益性社会团体向贫困山区捐款30万元，支付税收滞纳金6万元）；计入成本、费用中的实发工资总额为150万元，拨付工会经费3万元，发生职工福利费25万元、职工教育经费12.25万元。

已知：企业所得税税率为25%。

要求：计算甲公司2024年度的应纳税所得额和应缴纳的企业所得税税额。

解析：（1）会计利润总额=2 500+70-1 100-670-480-60-40-50=170（万元）

（2）广告费和业务宣传费的扣除限额=2 500×15%=375（万元）

广告费和业务宣传费纳税调整增加额=450-375=75（万元）

（3）业务招待费的扣除限额=15×60%=9（万元），2 500×5‰=12.5（万元），9万元<12.5万元。

业务招待费纳税调整增加额=15-9=6（万元）

（4）公益性捐赠支出的扣除限额=170×12%=20.4（万元）

公益性捐赠支出纳税调整增加额=30-20.4=9.6（万元）

（5）工会经费的扣除限额=150×2%=3（万元），实际发生额未超过扣除限额，不需要纳税调整。

职工福利费的扣除限额=150×14%=21（万元）

职工福利费调增应纳税所得额=25-21=4（万元）

职工教育经费的扣除限额=150×8%=12（万元）

职工教育经费调增应纳税所得额=12.25-12=0.25（万元）

三项经费合计纳税调整增加额=4+0.25=4.25（万元）

（6）税收滞纳金不得在税前扣除，纳税调整增加额为6万元。

（7）应纳税所得额=170+75+6+9.6+4.25+6=270.85（万元）

（8）应缴纳企业所得税税额=270.85×25%=67.71（万元）

（二）核定征收应纳税额的计算

1. 核定征收企业所得税的适用范围

纳税人具有下列情形之一的，应采取核定征收方式征收企业所得税。

（1）依照税收法律法规规定可以不设账簿的或按照税收法律法规规定应设置但未设置账簿的。

（2）只能准确核算收入总额，或收入总额能够查实，但其成本费用支出不能准确核算的。

（3）只能准确核算成本费用支出，或成本费用支出能够查实，但其收入总额不能准确核算的。

（4）收入总额及成本费用支出均不能正确核算，不能向主管税务机关提供真实、准确、完整纳税资料，难以查实的。

（5）账目设置和核算虽然符合规定，但并未按规定保存有关账簿、凭证及有关纳税资料的。

（6）发生纳税义务，未按照税收法律、法规规定的期限办理纳税申报，经税务机关责令限期申报，逾期仍不申报的。

2. 核定征收的办法

核定征收包括定额征收和核定应税所得率征收，以及其他合理的办法。

（1）定额征收。定额征收是指税务机关按照一定的标准、程序和方法，直接核定纳税人年度应纳企业所得税税额，由纳税人按规定进行申报缴纳的办法。

（2）核定应税所得率征收。核定应税所得率征收是指税务机关按照一定的标准、程序和方法，预先核定纳税人的应税所得率，由纳税人根据纳税年度内的收入总额或成本费用等项目的实际发生额，按预先核定的应税所得率计算缴纳企业所得税的办法。

实行核定应税所得率征收办法的，应纳所得税税额的计算公式为

$$应纳所得税税额=应纳税所得额×适用税率$$

$$应纳税所得额=收入总额×应税所得率$$

或

$$=成本费用支出额÷（1-应税所得率）×应税所得率$$

应税所得率按表6-3规定的标准执行。

表 6-3　应税所得率

行业	应税所得率
农、林、牧、渔业	3%～10%
制造业	5%～15%
批发和零售贸易业	4%～15%
交通运输业	7%～15%
建筑业	8%～20%
饮食业	8%～25%
娱乐业	15%～30%
其他行业	10%～30%

例如，甲公司2024年度自行申报收入为80万元，成本费用为76万元，税务机关审查，认为其收入准确，成本费用无法查实，该行业应税所得率为12%，则甲公司当年应纳税所得额为：80×12%=9.6（万元）。

在上例中，如果税务机关审查，认为其成本费用准确，收入无法查实，则甲公司当年应纳税所得额为：76÷（1-12%）×12%=10.36（万元）。

（三）境外所得税收抵免

《企业所得税法》规定，纳税人来源于中国境外的所得，已在境外缴纳的所得税税款，准予在汇总纳税时，从其应纳税额中扣除，但是扣除额不得超过其境外所得依照中国税法规定计算的应纳税额。

所谓已在境外缴纳的所得税税款，是指纳税人来源于中国境外的所得，在境外实际缴纳的所得税税款，不包括减免的税款或纳税后又得到的补偿，以及由他人代为承担的税款。

境外所得依税法规定计算的应纳税额，是指纳税人的境外所得，依照《企业所得税法》的有关规定，扣除为取得该项所得摊计的成本、费用以及损失，得出应纳税所得额，据以计算的应纳税额。该应纳税额即为扣除限额，可"分国（地区）不分项"或"不分国（地区）不分项"计算，其计算公式为

$$境外所得税税款扣除限额 = 境内、境外所得按税法计算的应纳税总额$$
$$× （来源于某国或地区的所得 ÷ 境内、境外所得总额）$$

纳税人来源于境外的所得在境外实际缴纳的税款，低于按上述公式计算的扣除限额的，可以从应纳税额中按实扣除；超过扣除限额的，其超过部分不得在本年度的应纳税额中扣除，也不得列为费用支出，但可用以后年度税额扣除的余额补扣，补扣期限最长不得超过5年。

【例6-9】乙公司为居民企业，2024年度境内企业所得税应纳税所得额为415万元。另外，乙公司分别在A、B两国设有分支机构（我国与A、B两国已经缔结避免双重征税协定），在A国的分支机构的应纳税所得额为150万元，A国的企业所得税税率为20%；在B国的分支机构的应纳税所得额为130万元，B国的企业所得税税率为35%。假设乙公司在A、B两国所得按我国税法计算的应纳税所得额和按A、B两国税法计算的应纳税所得额是一致的，两个分支机构在A、B两国分别缴纳30万元和45.5万元的企业所得税。

已知： 企业所得税税率为25%。

要求： 计算乙公司2024年度在我国应缴纳的企业所得税税额。

解析：（1）乙公司境内、境外所得按税法计算的应纳税总额如下。

应纳税额=（415+150+130）×25%=173.75（万元）

（2）A、B两国的扣除限额如下。

A国扣除限额=173.75×[150÷（415+150+130）]=37.5（万元）

B国扣除限额=173.75×[130÷（415+150+130）]=32.5（万元）

在A国缴纳的所得税为30万元，低于扣除限额37.5万元，可全额扣除。

在B国缴纳的所得税为45.5万元，高于扣除限额32.5万元，其超过扣除限额的部分13万元不得在本年度的应纳税额中扣除。

（3）境内、境外所得应缴纳的企业所得税税额如下。

应缴纳企业所得税税额=173.75-30-32.5=111.25（万元）

五、源泉扣缴

（一）扣缴义务人

在中国境内未设立机构、场所的，或者虽然设立机构、场所，但取得的所得与其所设机构、场所没有实际联系的非居民企业，应当缴纳的企业所得税，实行源泉扣缴，以支付人为扣缴义务人。税款由扣缴义务人在每次支付或者到期应支付时，从支付或者到期应支付的款项中扣缴。

支付人，是指依照有关法律规定或者合同约定对非居民企业直接负有支付相关款项义务的单位或者个人。支付，包括现金支付、汇拨支付、转账支付和权益兑价支付等货币支付和非货币支付。到期应支付的款项，是指支付人按照权责发生制原则应当计入相关成本、费用的应付款项。

对非居民企业在中国境内取得工程作业和劳务所得应缴纳的所得税，税务机关可以指定工程价款或者劳务费的支付人为扣缴义务人。

可以指定扣缴义务人的情形，包括以下几种。

（1）预计工程作业或者提供劳务期限不足一个纳税年度，且有证据表明不履行纳税义务的。

（2）没有办理税务登记或者临时税务登记，且未委托中国境内的代理人履行纳税义务的。

（3）未在规定期限内办理企业所得税纳税申报或者预缴申报的。

（二）扣缴方法

扣缴企业所得税应纳税额的计算公式为

$$扣缴企业所得税应纳税额 = 应纳税所得额 \times 实际征收率$$

（1）股息、红利等权益性投资收益和利息、租金、特许权使用费所得，以收入全额为应纳税所得额，不得扣除税法规定之外的税费支出。

（2）转让财产所得，以收入全额减除财产净值后的余额为应纳税所得额。

（3）其他所得，参照前两项规定的方法计算应纳税所得额。

（三）扣缴管理

扣缴义务人，由县级以上税务机关指定，并同时告知扣缴义务人所扣税款的计算依据、计算方法、扣缴期限和扣缴方式。

扣缴义务人未依法扣缴或者无法履行扣缴义务的，由纳税人在所得发生地缴纳。纳税人未依法缴纳的，税务机关可以从该纳税人在中国境内其他收入项目的支付人应付的款项中，追缴该纳税人的应纳税款。

税务机关在追缴该纳税人应纳税款时，应当将追缴理由、追缴数额、缴纳期限和缴纳方式等告知该纳税人。

扣缴义务人每次代扣的税款，应当自代扣之日起7日内缴入国库，并向所在地的税务机关报送扣缴企业所得税报告表。

六、企业所得税征收管理

（一）企业所得税缴纳的方法

企业所得税实行按纳税年度计算，分月或者分季预缴，年终汇算清缴，多退少补的缴纳办法。

分月或者分季预缴企业所得税时，应当按照月度或者季度的实际利润额预缴；按照月度或者季度的实际利润额预缴有困难的，可以按照上一纳税年度应纳税所得额的月度或者季度平均额预缴，或者按照经税务机关认可的其他方法预缴。预缴方法一经确定，该纳税年度内不得随意变更。

依法缴纳的企业所得税，以人民币计算。所得以人民币以外的货币计算的，应当折合成人民币计算并缴纳税款。

企业在报送企业所得税纳税申报表时，应当按照规定附送财务会计报告和其他有关资料。

（二）企业所得税的纳税期限

企业所得税的纳税年度，自公历1月1日起至12月31日止。

企业在一个纳税年度中间开业，或者终止经营活动，使该纳税年度的实际经营期不足12个月的，应当以其实际经营期为1个纳税年度。企业依法清算时，应当以清算期间作为1个纳税年度。

企业应当自月度或者季度终了之日起15日内，向税务机关报送预缴企业所得税纳税申报表，预缴税款。

企业应当自年度终了之日起5个月内，向税务机关报送年度企业所得税纳税申报表，并汇算清缴，结清应缴应退税款。

企业在年度中间终止经营活动的，应当自实际经营终止之日起60日内，向税务机关办理当期企业所得税汇算清缴。

（三）企业所得税的纳税地点

1. 居民企业的纳税地点

除税收法律、行政法规另有规定外，居民企业以企业登记注册地为纳税地点；但登记注册地在境外的，以实际管理机构所在地为纳税地点。

2. 非居民企业的纳税地点

非居民企业在中国境内设立机构、场所的，以机构、场所所在地为纳税地点。非居民企业在中国境内设立两个或者两个以上机构、场所的，经税务机关审核批准，可以选择由其主要机构、场所汇总缴纳企业所得税。

非居民企业在中国未设立机构、场所的，或者虽然设立机构、场所但取得的所得与其所设机构、场所没有实际联系的，以扣缴义务人所在地为纳税地点。

（四）企业所得税的纳税申报

企业所得税年度纳税申报表分为基础信息表、纳税申报表及明细表。企业所得税的纳税人应按规定的纳税期限，如实填写并报送纳税申报资料。

项目实施

一、计算应补缴的企业所得税税额

（1）业务招待费纳税调整增加额=53 400-53 400×60%=21 360（元）。

（2）工会经费纳税调整增加额=97 239.46-4 347 922×2%=10 281.02（元）。

（3）税务罚款74 000元及税款滞纳金6 000元不得在税前扣除，纳税调整增加额为80 000元。

（4）符合条件的居民企业之间的权益性投资收益181 270元免征企业所得税。

（5）2024年度应纳税所得额=5 807 430+21 360+10 281.02+80 000-181 270=5 737 801.02（元）。

（6）鲁中化工股份有限公司2024年度应纳企业所得税税额=5 737 801.02×25%=1 434 450.26（元），已预缴企业所得税税额1 411 090元，应补缴企业所得税税额为23 360.26元。

二、填写企业所得税纳税申报表

鲁中化工股份有限公司2024年度企业所得税纳税申报主表如表6-4所示，附表如表6-5、表6-6、表6-7、表6-8、表6-9、表6-10、表6-11所示。填表顺序为先填附表，再填主表。

表 6-4　企业所得税年度纳税申报主表（A100000）

行次	类别	项目	金额
1	利润总额计算	一、营业收入（填写 A101010/101020/103000）	80 375 100.00
2		减：营业成本（填写 A102010/102020/103000）	69 330 486.00
3		减：税金及附加	384 877.00
4		减：销售费用（填写 A104000）	1 902 713.00
5		减：管理费用（填写 A104000）	2 422 491.00
6		减：研发费用（填写 A104000）	
7		减：财务费用（填写 A104000）	131 373.00
8		加：其他收益	
9		加：投资收益（损失以'-'号填列）	181 270.00
10		加：净敞口套期收益（损失以'-'号填列）	
11		加：公允价值变动收益（损失以'-'号填列）	
12		加：信用减值损失（损失以'-'号填列）	
13		加：资产减值损失（损失以'-'号填列）	
14		加：资产处置收益（损失以'-'号填列）	
15		二、营业利润（亏损以'-'号填列）	6 384 430.00
16		加：营业外收入（填写 A101010/101020/103000）	3 000.00
17		减：营业外支出（填写 A102010/102020/103000）	580 000.00
18		三、利润总额（15+16-17）	5 807 430.00

行次	类别	项目	金额
19	应纳税所得额计算	减：境外所得（填写 A108010）	
20		加：纳税调整增加额（填写 A105000）	111 641.02
21		减：纳税调整减少额（填写 A105000）	
22		减：免税、减计收入及加计扣除（22.1+22.2+…）	181 270.00
22.1		（填写优惠事项名称）	
22.2		（填写优惠事项名称）	
23		加：境外应税所得抵减境内亏损（填写 A108000）	
24		四、纳税调整后所得（18-19+20-21-22+23）	5 737 801.02
25		减：所得减免（填写 A107020）	
26		减：弥补以前年度亏损（填写 A106000）	
27		减：抵扣应纳税所得额（填写 A107030）	
28		五、应纳税所得额（24-25-26-27）	5 737 801.02
29	应纳税额计算	税率（25%）	0.25
30		六、应纳所得税额（28×29）	1 434 450.26
31		减：减免所得税额（31.1+31.2+…）	
31.1		（填写优惠事项名称）	
31.2		（填写优惠事项名称）	
32		减：抵免所得税额（填写 A107050）	
33		七、应纳税额（30-31-32）	1 434 450.26
34		加：境外所得应纳所得税额（填写 A108000）	
35		减：境外所得抵免所得税额（填写 A108000）	
36		八、实际应纳所得税额（33+34-35）	1 434 450.26
37	实际应补（退）税额计算	减：本年累计预缴所得税额	1 411 090.00
38		九、本年应补（退）所得税额（36-37）	23 360.26
39		其中：总机构分摊本年应补（退）所得税额（填写 A109000）	
40		财政集中分配本年应补（退）所得税额（填写 A109000）	
41		总机构主体生产经营部门分摊本年应补（退）所得税额（填写 A109000）	
42		减：民族自治地区企业所得税地方分享部分：（□ 免征 □ 减征：减征幅度___%）	
43		减：稽查查补（退）所得税额	
44		减：特别纳税调整补（退）所得税额	
45		十、本年实际应补（退）所得税额（38-42-43-44）	23 360.26

表 6-5 一般企业收入明细表（A101010）

行次	项目	金额
1	一、营业收入（2+9）	80 375 100.00
2	（一）主营业务收入（3+5+6+7+8）	80 375 100.00
3	1. 销售商品收入	80 375 100.00
4	其中：非货币性资产交换收入	
5	2. 提供劳务收入	
6	3. 建造合同收入	
7	4. 让渡资产使用权收入	
8	5. 其他	
9	（二）其他业务收入（10+12+13+14+15）	
10	1. 销售材料收入	
11	其中：非货币性资产交换收入	
12	2. 出租固定资产收入	
13	3. 出租无形资产收入	
14	4. 出租包装物和商品收入	
15	5. 其他	
16	二、营业外收入（17+18+19+20+21+22+23+24+25+26）	3 000.00
17	（一）非流动资产处置利得	
18	（二）非货币性资产交换利得	
19	（三）债务重组利得	
20	（四）政府补助利得	
21	（五）盘盈利得	
22	（六）捐赠利得	
23	（七）罚没利得	3 000.00
24	（八）确实无法偿付的应付款项	
25	（九）汇兑收益	
26	（十）其他	

表 6-6　一般企业成本支出明细表（A102010）

行次	项目	金额
1	一、营业成本（2+9）	69 330 486.00
2	（一）主营业务成本（3+5+6+7+8）	69 330 486.00
3	1.销售商品成本	69 330 486.00
4	其中：非货币性资产交换成本	
5	2.提供劳务成本	
6	3.建造合同成本	
7	4.让渡资产使用权成本	
8	5.其他	
9	（二）其他业务成本（10+12+13+14+15）	
10	1.销售材料成本	
11	其中：非货币性资产交换成本	
12	2.出租固定资产成本	
13	3.出租无形资产成本	
14	4.包装物出租成本	
15	5.其他	
16	二、营业外支出（17+18+19+20+21+22+23+24+25+26）	580 000.00
17	（一）非流动资产处置损失	
18	（二）非货币性资产交换损失	
19	（三）债务重组损失	
20	（四）非常损失	
21	（五）捐赠支出	500 000.00
22	（六）赞助支出	
23	（七）罚没支出	80 000.00
24	（八）坏账损失	
25	（九）无法收回的债券股权投资损失	
26	（十）其他	

表 6-7　期间费用明细表（A104000）

行次	项目	销售费用	其中：境外支付	管理费用	其中：境外支付	财务费用	其中：境外支付
		1	2	3	4	5	6
1	一、职工薪酬	1 053 373.00	—	1 545 232.00	—	—	—
2	二、劳务费					—	—
3	三、咨询顾问费			36 000.00			
4	四、业务招待费		—	53 400.00	—		
5	五、广告费和业务宣传费	336 000.00	—				
6	六、佣金和手续费					3 363.00	
7	七、资产折旧摊销费	29 740.00	—	569 616.00	—		
8	八、财产损耗、盘亏及毁损损失		—		—		—
9	九、办公费		—	25 107.00	—		—
10	十、董事会费		—		—		—
11	十一、租赁费						—
12	十二、诉讼费		—		—		
13	十三、差旅费		—	93 600.00	—		
14	十四、保险费						—
15	十五、运输、仓储费	480 000.00					—
16	十六、修理费			19 556.00			—
17	十七、包装费		—		—		—
18	十八、技术转让费						
19	十九、研究费用						
20	二十、各项税费		—		—		—
21	二十一、利息收支	—	—	—	—	128 010.00	
22	二十二、汇兑差额						
23	二十三、现金折扣	—		—			—
24	二十四、党组织工作经费	—		—		—	—
25	二十五、其他	3 600.00		79 980.00			
26	合计 (1+2+3+…+25)	1 902 713.00		2 422 491.00		131 373.00	

表 6-8 纳税调整项目明细表（A105000）

行次	项目	账载金额	税收金额	调增金额	调减金额
		1	2	3	4
1	一、收入类调整项目（2+3+…+8+10+11）	—	—		
2	（一）视同销售收入（填写 A105010）	—			—
3	（二）未按权责发生制原则确认的收入（填写 A105020）				
4	（三）投资收益（填写 A105030）				
5	（四）按权益法核算长期股权投资对初始投资成本调整确认收益	—	—	—	
6	（五）交易性金融资产初始投资调整	—	—		—
7	（六）公允价值变动净损益	—			
8	（七）不征税收入		—	—	
9	其中：专项用途财政性资金（填写 A105040）		—	—	
10	（八）销售折扣、折让和退回				
11	（九）其他				
12	二、扣除类调整项（13+14+…+24+26+27+28+29+30）	—	—		
13	（一）视同销售成本（填写 A105010）	—		—	
14	（二）职工薪酬（填写 A105050）	7 424 390.54	7 414 109.52	10 281.02	
15	（三）业务招待费支出	53 400.00	32 040.00	21 360.00	—
16	（四）广告费和业务宣传费支出（填写 A105060）			0.00	
17	（五）捐赠支出（填写 A105070）	500 000.00	500 000.00	0.00	
18	（六）利息支出				
19	（七）罚金、罚款和被没收财物的损失	74 000.00	—	74 000.00	
20	（八）税收滞纳金、加收利息	6 000.00		6 000.00	
21	（九）赞助支出				
22	（十）与未实现融资收益相关在当期确认的财务费用				
23	（十一）佣金和手续费支出（保险企业填写 A105060）				
24	（十二）不征税收入用于支出所形成的费用	—	—		

续表

行次	项目	账载金额 1	税收金额 2	调增金额 3	调减金额 4
25	其中：专项用途财政性资金用于支出所形成的费用（填写A105040）	—	—		
26	（十三）跨期扣除项目				
27	（十四）与取得收入无关的支出		—		—
28	（十五）境外所得分摊的共同支出	—			
29	（十六）党组织工作经费				
30	（十七）其他				
31	三、资产类调整项目（32+33+34+35）	—	—		
32	（一）资产折旧、摊销（填写A105080）				
33	（二）资产减值准备金		—		
34	（三）资产损失（填写A105090）				
35	（四）其他				
36	四、特殊事项调整项目（37+38+…+43）	—	—		
37	（一）企业重组及递延纳税事项（填写A105100）				
38	（二）政策性搬迁（填写A105110）	—	—		
39	（三）特殊行业准备金	—	—		
40	（四）房地产开发企业特定业务计算的纳税调整额（填写A105010）	—			
41	（五）合伙企业法人合伙方应分得的应纳税所得额				
42	（六）发行永续债利息支出				
43	（七）其他	—	—		
44	五、特别纳税调整应税所得				
45	六、其他				
46	合计（1+12+31+36+44+45）	—	—	111 641.02	

表 6-9 职工薪酬支出及纳税调整明细表（A105050）

行次	项目	账载金额 1	实际发生额 2	税收规定扣除率 3	以前年度累计结转扣除额 4	税收金额 5	纳税调整金额 6（1-5）	累计结转以后年度扣除额 7（2+4-5）
1	一、工资薪金支出	4 347 922.00	4 347 922.00	—	—	4 347 922.00		—
2	其中：股权激励			—	—			—
3	二、职工福利费支出	608 709.08	608 709.08	0.14	—	608 709.08		—
4	三、职工教育经费支出	136 000.00	136 000.00	—		136 000.00		
5	其中：按税收规定比例扣除的职工教育经费	136 000.00	136 000.00	0.08		136 000.00		
6	按税收规定全额扣除的职工培训费用				—			
7	四、工会经费支出	97 239.46	97 239.46	0.02	—	86 958.44	10 281.02	
8	五、各类基本社会保障性缴款	1 822 392.00	1 822 392.00	—		1 822 392.00		
9	六、住房公积金	412 128.00	412 128.00	—	—	412 128.00		
10	七、补充养老保险							
11	八、补充医疗保险							
12	九、其他							
13	合计（1+3+7+8+9+10+11+12）	7 424 390.54	7 424 390.54	—		7 414 109.52	10 281.02	

表 6-10　广告费和业务宣传费跨年度纳税调整明细表（A105060）

行次	项目	金额
1	一、本年广告费和业务宣传费支出	336 000.00
2	减：不允许扣除的广告费和业务宣传费支出	
3	二、本年符合条件的广告费和业务宣传费支出（1-2）	336 000.00
4	三、本年计算广告费和业务宣传费扣除限额的销售（营业）收入	80 375 100.00
5	乘：税收规定扣除率	0.15
6	四、本企业计算的广告费和业务宣传费扣除限额（4×5）	12 056 265.00
7	五、本年结转以后年度扣除额（3>6，本行 =3-6；3 ≤ 6，本行 =0）	
8	加：以前年度累计结转扣除额	
9	减：本年扣除的以前年度结转额 [3>6，本行 =0；3 ≤ 6，本行 =8 与（6-3）孰小值]	
10	六、按照分摊协议归集至其他关联方的广告费和业务宣传费（10 ≤ 3 与 6 孰小值）	
11	按照分摊协议从其他关联方归集至本企业的广告费和业务宣传费	
12	七、本年广告费和业务宣传费支出纳税调整金额（3>6，本行 =2+3-6+10-11；3 ≤ 6，本行 =2+10-11-9）	
13	八、累计结转以后年度扣除额（7+8-9）	

表6-11　捐赠支出及纳税调整明细表（A105070）

行次	项目	账载金额	以前年度结转可扣除的捐赠额	按税收规定计算的扣除限额	税收金额	纳税调增金额	纳税调减金额	可结转以后年度扣除的捐赠额
		1	2	3	4	5	6	7
1	一、非公益性捐赠			—	—	—	—	—
2	二、全额扣除的公益性捐赠		—	—	—	—	—	—
3	其中：扶贫捐赠		—	—	—	—	—	—
4	三、限额扣除的公益性捐赠（5+6+7+8）	500 000.00	—	696 891.60	500 000.00	—	—	—
5	前三年度（　年）	—	—	—	—	—	—	—
6	前二年度（　年）	—	—	—	—	—	—	—
7	前一年度（　年）	—	—	—	—	—	—	—
8	本　年（2024年）	500 000.00		696 891.60	500 000.00		—	—
9	合计（1+2+4）	500 000.00	—	696 891.60	500 000.00	—	—	—
附列资料	2015年度至本年发生的公益性扶贫捐赠合计金额							

项目小结

本项目由项目引入、相关知识、项目实施组成。在项目引入部分，以鲁中化工股份有限公司2024年度的纳税资料引入，提出任务；在相关知识部分，介绍了完成上述任务需要掌握的理论知识；在项目实施部分，完成项目引入提出的任务。本项目的知识结构如图6-1所示。

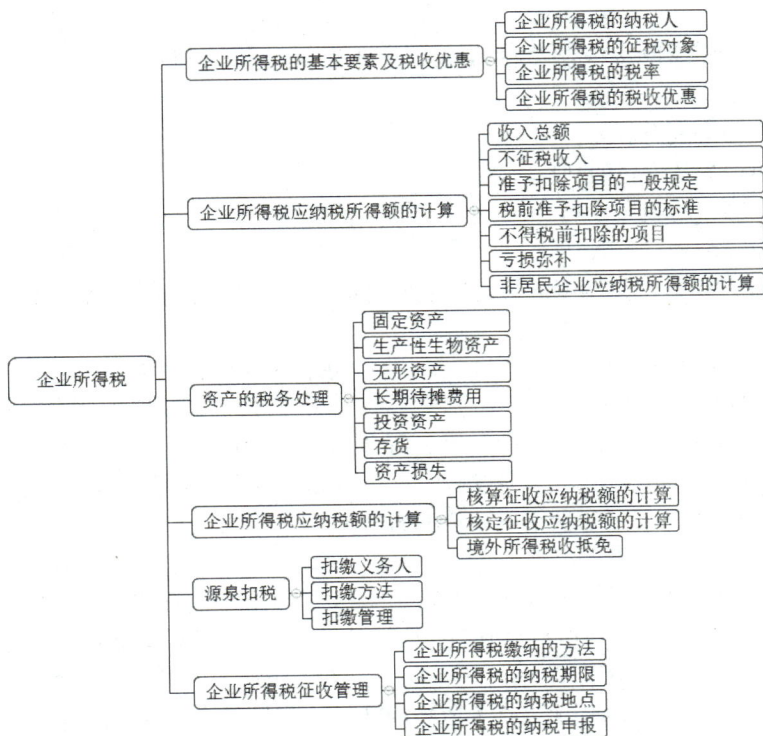

图 6-1　企业所得税之知识结构

练习与实训

（一）单项选择题

1. 根据企业所得税法律制度的规定，下列各项中，不属于企业所得税纳税人的是（　　）。
　　A. 外商投资企业　　　　　　　　　　B. 一人有限责任公司
　　C. 个人独资企业　　　　　　　　　　D. 有经营所得的事业单位

2. 根据企业所得税法律制度的规定，下列项目的所得中，减半征收企业所得税的是（　　）。
　　A. 水果的种植　　　　　　　　　　　B. 花卉的种植
　　C. 中药材的种植　　　　　　　　　　D. 农作物新品种的选育

3. 甲公司为居民企业，2024年度取得符合条件的技术转让所得900万元。已知企业所得税税率为25%。甲公司该项所得应缴纳企业所得税税额为（　　）万元。

A．50   B．100   C．112.5   D．225

4．甲小型微利企业2024年度企业所得税应纳税所得额为80万元。已知企业所得税税率为20%。甲小型微利企业2024年度应缴纳企业所得税税额为（　　）万元。

A．16   B．8   C．4   D．2

5．根据企业所得税法律制度的规定，企业安置残疾人员所支付的工资，在按照支付给残疾职工工资据实扣除的基础上，可以按照一定的比例加计扣除，该比例为（　　）。

A．50%   B．100%   C．150%   D．200%

6．根据企业所得税法律制度的规定，企业取得的下列利息收入中，免征企业所得税的是（　　）。

A．企业债券利息收入

B．外单位欠款支付的利息收入

C．购买国债的利息收入

D．银行存款利息收入

7．根据企业所得税法律制度的规定，下列项目中，在计算企业所得税应纳税所得额时准予扣除的是（　　）。

A．向投资者支付的股息   B．缴纳的税收滞纳金

C．提取的资产减值准备金   D．合理的劳动保护支出

8．甲居民企业2024年实际支出的工资、薪金总额为300万元；本期发生福利费60万元；拨缴的工会经费为6万元，已经取得工会拨缴收据；实际发生职工教育经费9万元。在计算该企业2024年应纳税所得额时，三项经费纳税调整增加额为（　　）万元。

A．0   B．15.5   C．18   D．71

9．甲公司2024年度实现销售收入2 000万元，发生与生产经营活动有关的业务招待费20万元。在计算甲公司2024年度企业所得税应纳税所得额时，准予扣除的业务招待费为（　　）万元。

A．10   B．12   C．16   D．20

10．甲家电生产企业2024年销售收入为3 000万元，发生符合条件的广告费支出500万元、业务宣传费支出20万元。在计算甲家电生产企业2024年度企业所得税应纳税所得额时，准予扣除的广告费和业务宣传费支出为（　　）万元。

A．295   B．465   C．520   D．450

11．甲公司2024年销售自产货物实现收入2 000万元，当年发生计入销售费用的广告费240万元，公司上年还有70万元的广告费没有在税前扣除，结转到2024年扣除。在计算甲公司2024年度企业所得税应纳税所得额时，准予扣除的广告费支出为（　　）万元。

A．10   B．240   C．300   D．310

12．甲公司2024年实现利润总额200万元，通过公益性社会团体向卫生事业捐款50万元。在计算甲公司2024年度企业所得税应纳税所得额时，准予扣除的公益性捐款支出为（　　）万元。

A．50   B．24   C．15   D．10

13．在计算企业所得税应纳税所得额时，企业以经营租赁方式租入固定资产发生的租赁费扣除的下列表述中，正确的是（　　）。

A．按照实际支付数扣除   B．按照租赁期限均匀扣除

C．按照应当提取折旧费用扣除   D．按照当期应付租赁费扣除

14．根据企业所得税法律制度的规定，企业的下列支出中，在计算企业所得税应纳税所得额时准予扣除的是（　　）。

A．企业所得税税款　　　　　　　　　B．付给税务机关的税收滞纳金

C．付给银行的罚息　　　　　　　　　D．付给工商行政管理部门的罚款

15．根据企业所得税法律制度的规定，企业的下列支出中，在计算企业所得税应纳税所得额时准予扣除的是（　　　）。

A．广告性赞助支出　　　　　　　　　B．对关联企业的赞助支出

C．环保部门的罚款支出　　　　　　　D．直接对贫困大学生的捐赠支出

16．根据企业所得税法律制度的规定，企业按规定缴纳的下列税金中，在计算企业所得税应纳税所得额时不得从收入额中扣除的是（　　　）。

A．增值税　　　　　　　　　　　　　B．消费税

C．城市维护建设税　　　　　　　　　D．土地增值税

17．根据企业所得税法律制度的规定，企业发生的下列保险费用中，在计算企业所得税应纳税所得额时不得扣除的是（　　　）。

A．纳税人按规定上缴社保部门的职工养老保险金

B．纳税人参加财产保险和运输保险，按规定缴纳的保险费用

C．纳税人按国家规定为特殊工种职工支付的人身安全保险费

D．纳税人为其投资者向商业保险机构投保的人寿保险的保险费用

18．甲化妆品公司2024年度发生亏损，根据企业所得税法律制度的规定，该亏损额可以用以后纳税年度的所得逐年弥补，但延续弥补的期限最长不得超过（　　　）年。

A．2　　　　　　B．3　　　　　　C．4　　　　　　D．5

19．甲公司是居民企业，2024年度实现的利润总额200万元，取得的营业收入1 600万元。发生的各项支出中，业务招待费10万元，赞助歌手演唱会10万元。假设无其他纳税调整事项，企业所得税税率为25%。则甲公司2024年度应缴纳企业所得税税额为（　　　）万元。

A．53　　　　　　B．53.5　　　　　　C．50.5　　　　　　D．49

20．根据企业所得税法律制度的规定，下列各项中，属于企业所得税的征收办法的是（　　　）。

A．按月征收　　　　　　　　　　　　B．按季计征，分月预缴

C．按季征收　　　　　　　　　　　　D．按年计征，分月或分季预缴

（二）多项选择题

1．根据企业所得税法律制度的规定，下列各项收入中，属于免税收入的有（　　　）。

A．特许权使用费收入

B．国债利息收入

C．居民企业之间股息、红利等权益性投资收益

D．接受捐赠收入

2．根据企业所得税法律制度的规定，下列收入中，属于不征税收入的有（　　　）。

A．财政拨款

B．依法收取并纳入财政管理的行政事业性收费

C．债务重组收入

D．依法收取并纳入财政管理的政府性基金

3．根据企业所得税法律制度的规定，企业按规定缴纳的下列税金中，在计算企业所得税应

纳税所得额时准予扣除的有（　　　）。

A．增值税　　B．消费税　　C．城市维护建设税　　D．个人所得税

4．根据企业所得税法律制度的规定，下列各项中，在计算企业所得税应纳税所得额时不得扣除的有（　　　）。

A．企业缴纳的消费税　　B．企业缴纳的增值税

C．以前纳税年度应提未提的折旧　　D．纳税人支付给总机构的管理费

5．根据企业所得税法律制度的规定，企业支出的下列保险金中，在计算企业所得税应纳税所得额时准予扣除的有（　　　）。

A．按规定缴纳的财产保险费　　B．按规定缴纳的职工养老保险金

C．按规定缴纳的职工医疗保险金　　D．按规定缴纳的职工失业保险金

6．根据企业所得税法律制度的规定，关于所得来源地确定的下列表述中，正确的有（　　　）。

A．销售货物所得，按照交易活动发生地确定

B．提供劳务所得，按照劳务发生地确定

C．不动产转让所得，按照不动产所在地确定

D．权益性投资资产转让所得，按照投资企业所在地确定

7．在计算广告费和业务宣传费税前准许扣除限额时，计算的基数为销售（营业）收入额，下列收入中，可计入销售（营业）收入额的有（　　　）。

A．主营业务收入　　B．其他业务收入

C．股权投资的持有收益　　D．罚没收入

8．根据企业所得税法律制度的规定，企业取得的下列收入中，应计入收入总额计征企业所得税的有（　　　）。

A．固定资产的盘盈收入　　B．教育费附加返还款

C．接受捐赠的现金收入　　D．逾期未退包装物押金收入

9．根据企业所得税法律制度的规定，下列各项中，在计算企业所得税应纳税所得额时不得扣除的有（　　　）。

A．违法经营的罚款和被没收财物的损失

B．为促销商品发生的广告性支出

C．遭受自然灾害有赔偿的部分

D．销售货物给购货方的回扣支出

10．根据企业所得税法律制度的规定，下列各项中，在计算企业所得税应纳税所得额时不得扣除的有（　　　）。

A．向投资者支付的红利

B．企业内部营业机构之间支付的租金

C．企业内部营业机构之间支付的特许权使用费

D．未经核定的准备金支出

（三）判断题

1．个人独资企业和合伙企业是企业所得税的居民纳税人。　　（　　）

2．权益性投资资产转让所得按照投资企业所在地确定所得来源地。　　（　　）

146

3．在我国境内设有机构、场所且所得与机构、场所有实际联系的非居民企业，适用20%的企业所得税税率。　　　　　　　　　　　　　　　　　　　　　　　　（　　）

4．国债利息收入属于不征税收入。　　　　　　　　　　　　　　　　　　　（　　）

5．对于股息、红利等权益性投资收益，除国务院财政、税务主管部门另有规定外，按照被投资方做出利润分配决定的日期确认收入的实现。　　　　　　　　　　　　（　　）

6．依法收取并纳入财政管理的行政事业性收费、政府性基金属于免税收入。　（　　）

7．按照法律、行政法规的有关规定提取的用于环境保护、生态恢复等方面的专项资金，准予扣除。　　　　　　　　　　　　　　　　　　　　　　　　　　　　（　　）

8．纳税人发生年度亏损的，可以用下一纳税年度的所得弥补；下一纳税年度的所得不足以弥补的，可以逐年延续弥补，但是延续弥补期不得超过3年。　　　　　（　　）

9．在我国境内未设立机构、场所的非居民企业的转让财产所得，以财产转让收入全额为应纳税所得额。　　　　　　　　　　　　　　　　　　　　　　　　　　　（　　）

10．企业应当自年度终了之日起3个月内，向税务机关报送年度企业所得税纳税申报表，并汇算清缴，结清应缴应退税款。　　　　　　　　　　　　　　　　　（　　）

（四）实训题

1．甲机械制造企业为居民企业，2024年实现税前收入总额1 900万元（其中包括产品销售收入1 800万元、购买国库券利息收入100万元），发生各项成本费用共计1 000万元，其中包括：合理的工资、薪金总额200万元，业务招待费100万元，职工福利费50万元，职工教育经费18万元，工会经费10万元，税收滞纳金10万元，提取的各项准备金100万元。另外，企业当年购置环境保护专用设备支出150万元，购置完毕即投入使用。

已知：该企业以前年度无亏损，企业所得税税率为25%。

要求：计算该企业2024年度应缴纳的企业所得税税额。

2．乙居民企业2024年度经营业务如下。

（1）取得产品销售收入5 000万元，发生产品销售成本3 800万元。

（2）取得材料销售收入800万元，发生材料销售成本600万元。

（3）取得购买国债的利息收入40万元。

（4）取得符合条件的居民企业之间的权益性投资收益60万元。

（5）发生销售费用500万元，管理费用480万元（其中业务招待费为25万元，研究开发费用为60万元），财务费用90万元。

（6）发生销售税金40万元。

（7）实现营业外收入80万元，发生营业外支出70万元（含通过公益性社会团体捐款50万元，支付税收滞纳金10万元）。

（8）计入成本费用中的实发工资总额200万元，拨缴工会经费5万元，发生职工福利费31万元，发生职工教育经费18万元。

已知：该企业以前年度无亏损，企业所得税税率为25%。

要求：计算该企业2024年度应缴纳的企业所得税税额。

▲ 税收史事专栏

汉文帝免税创盛世

汉朝初年，外有匈奴屡屡进犯，内有异姓王反叛，民生凋敝，百废待兴，连年的征战导致人民生活困苦，国家经济实力贫弱，正如《史记·平准书》所记载的那样："汉兴，接秦之弊……作业剧而财匮，自天子不能具钧驷，而将相或乘牛车，齐民无藏盖。"

《汉书·食货志》将秦朝的税收概括为"泰半之赋"，意思是百姓和商人要将其收入的一大半拿去缴纳各种名目的税赋。汉朝建立后，十分重视总结秦朝灭亡的教训，汉高祖刘邦"从民所欲，而不扰乱"，提出休养生息。《汉书》记载"轻田租，什五而税一，量吏禄，度官用，以赋於民"，田租税率降为十五分之一。

汉文帝即位后，将"轻徭薄赋"的政策继续发展，先是将田租税率减半，即按照三十分之一征收，之后更是在公元前167年6月下诏："农，天下之本，务莫大焉。今勤身从事而有租税之赋，是为本末者无以异也，其于劝农之道未备。其除田之租税！"正式免除全国田租，这也是中国古代历史上第一次免除农业税。这项免税政策一共执行13年，一直到汉文帝的儿子汉景帝继位后才恢复成"三十税一"的标准收取田租。

正是汉初高祖、文帝、景帝的共同努力与减税政策的一以贯之，使得汉朝出现了中国古代历史上第一个治世——"文景之治"。《资治通鉴·汉纪》记载这一时期"继以孝文、孝景，清净恭俭，安养天下，七十馀年之间，国家无事，非遇水旱之灾，民则人给家足"，粮价一降再降，百姓生活富足，国家经济繁荣，为汉武帝时全面盛世的出现奠定了坚实的基础。

项目七　个人所得税

素质目标

1. 培养学生爱岗敬业、诚实守信的职业道德
2. 培养学生遵纪守法、诚信纳税的意识
3. 培养学生团队协作、团队互助的意识
4. 培养学生一丝不苟的职业精神

知识目标

1. 掌握个人所得税的构成要素
2. 掌握不同应税所得应纳税额的计算
3. 了解个人所得税的税收优惠

能力目标

1. 能计算个人所得税应纳税额
2. 能处理个人所得税的纳税申报事宜

项目引入

中国公民王一（身份证号：142325********0522）是××职业学院教师，2024年全年收入情况如下。

（1）每月工资、薪金10 000元。当地规定的社会保险费和住房公积金个人缴付比例为：基本养老保险8%，基本医疗保险2%，失业保险0.5%，住房公积金12%。王一每月缴纳社会保险费核定的缴费工资基数为10 000元。

（2）3月为甲公司设计产品，取得劳务报酬50 000元。

（3）8月为乙公司讲学1次，取得劳务报酬5 000元。

（4）10月出版自传作品1部，取得稿酬16 000元。

（5）11月取得丙公司支付的专利技术使用费6 000元。

（6）12月取得全年一次性奖金30 000元。

已知：王一正在偿还首套住房贷款及利息；王一为独生子女，其独生女正就读大学二年级；王一父母均已年过60岁。王一夫妇约定住房贷款利息和子女教育专项附加扣除均由王一按扣除标准100%扣除。王一选择全年一次性奖金单独计税。王一未缴纳职业年金也未购买任何商业保险。

任务：（1）计算王一2024年度综合所得应缴纳的个人所得税税额。

（2）计算王一各项所得应预扣预缴的个人所得税税额。

（3）填写个人所得税纳税申报表。

相关知识

一、个人所得税的基本要素及税收优惠

个人所得税是以个人（自然人）取得的各项应税所得为对象征收的一种税。个人所得税最早于1799年在英国开征。1980年9月10日第五届全国人民代表大会第三次会议审议通过并同时颁布实施的《中华人民共和国个人所得税法》，是我国最早的个人所得税法。1993年10月31日，第八届全国人民代表大会常务委员会第四次会议对《中华人民共和国个人所得税法》进行了修正，自1994年1月1日起施行。2011年6月30日第十一届全国人民代表大会常务委员会第二十一次会议通过了《关于修改〈中华人民共和国个人所得税法〉的决定》，对《中华人民共和国个人所得税法》进行了第六次修正，自2011年9月1日起施行。2018年8月31日第十三届全国人民代表大会常务委员会第五次会议通过了《关于修改〈中华人民共和国个人所得税法〉的决定》，对《中华人民共和国个人所得税法》进行了第七次修正，自2019年1月1日起施行。

（一）个人所得税的纳税人

个人所得税的纳税人包括中国公民、个体工商户、个人独资企业投资者和合伙企业自然合伙人等。

个人所得税纳税人根据住所和居住时间两个标准，分为居民个人和非居民个人，分别承担不同的纳税义务。

1. 居民个人

居民个人是指在中国境内有住所，或者无住所而一个纳税年度内在中国境内居住累计满183天的个人。居民个人负无限纳税义务，从中国境内和境外取得的所得，依照法律规定缴纳个人所得税。

在中国境内有住所，是指因户籍、家庭、经济利益关系而在中国境内习惯性居住。从中国境内和境外取得的所得，分别是指来源于中国境内的所得和来源于中国境外的所得。纳税年度，自公历1月1日至12月31日。

在中国境内无住所的个人，在中国境内居住累计满183天的年度连续不满6年的，经向主管税务机关备案，其来源于中国境外且由境外单位或者个人支付的所得，免予缴纳个人所得税；在中国境内居住累计满183天的任一年度中有1次离境超过30天的，其在中国境内居住累计满183天的年度的连续年限重新起算。

2. 非居民个人

非居民个人是指在中国境内无住所又不居住，或者无住所而一个纳税年度内在中国境内居住累计不满183天的个人。非居民个人负有限纳税义务，应就其来源于中国境内的所得，向中国缴纳个人所得税。

在中国境内无住所的个人，在一个纳税年度内在中国境内居住累计不超过90天的，其来源于中国境内的所得，由境外雇主支付并且不由该雇主在中国境内的机构、场所负担的部分，免予缴纳个人所得税。

在中国境内无住所的下列外籍人员中，属于中国居民个人的是(　　)。
A．2024年9月1日入境，2024年10月1日离境的汤姆
B．来华学习180天的爱丽丝
C．2024年1月1日入境，2024年10月31日离境的约翰
D．2023年12月1日入境，2024年6月30日离境的杰克

（二）个人所得税的征税对象

1．征税对象

个人所得税的征税对象是纳税人取得的各项应税所得。《中华人民共和国个人所得税法》中列举的应税所得项目包括：工资、薪金所得，劳务报酬所得，稿酬所得，特许权使用费所得，经营所得，利息、股息、红利所得，财产租赁所得，财产转让所得，偶然所得，共9项。

居民个人取得的工资、薪金所得，劳务报酬所得，稿酬所得和特许权使用费所得4项所得（以下称综合所得），按纳税年度合并计算个人所得税；非居民个人取得的工资、薪金所得，劳务报酬所得，稿酬所得，特许权使用费所得4项所得，按月或者按次分项计算个人所得税。纳税人取得的经营所得，利息、股息、红利所得，财产租赁所得，财产转让所得，偶然所得，依法分别计算个人所得税。

个人所得的形式，包括现金、实物、有价证券和其他形式的经济利益；所得为实物的，应当按照取得的凭证上所注明的价格计算应纳税所得额，无凭证的实物或者凭证上所注明的价格明显偏低的，参照市场价格核定应纳税所得额；所得为有价证券的，根据票面价格和市场价格核定应纳税所得额；所得为其他形式的经济利益的，参照市场价格核定应纳税所得额。

2．所得来源地的确定

除国务院财政、税务主管部门另有规定外，下列所得，不论支付地点是否在中国境内，均为来源于中国境内的所得。

（1）因任职、受雇、履约等在中国境内提供劳务取得的所得。

（2）将财产出租给承租人在中国境内使用而取得的所得。

（3）许可各种特许权在中国境内使用而取得的所得。

（4）转让中国境内的不动产等财产或者在中国境内转让其他财产取得的所得。

（5）从中国境内企业、事业单位、其他组织以及居民个人取得的利息、股息、红利所得。

下列个人所得中，不论支付地点是否在境内，均为来源于中国境内所得的有(　　)。
A．境内转让房产取得的所得
B．许可专利权在境内使用取得的所得
C．因任职在境内提供劳务取得的所得
D．将财产出租给承租人在境内使用取得的所得

（三）个人所得税应税所得项目

1. 工资、薪金所得

工资、薪金所得，是指个人因任职或者受雇而取得的工资、薪金、奖金、年终加薪、劳动分红、津贴、补贴以及与任职或受雇有关的其他所得。

根据我国目前个人收入的构成情况，对于一些不属于工资、薪金性质的补贴、津贴或者不属于纳税人本人工资、薪金所得项目的收入，不予征税。这些项目如下。

① 独生子女补贴。

② 执行公务员工资制度，未纳入基本工资总额的补贴、津贴差额和家属成员的副食品补贴。

③ 托儿补助费。

④ 差旅费津贴、误餐补助（单位以误餐的名义发放的补助除外）。

试一试

根据个人所得税法律制度的规定，下列各项中，属于"工资、薪金所得"项目的是（　　）。

A．年终加薪　　　B．托儿补助费　　　C．独生子女补贴　　　D．差旅费津贴

AI助学导航

单位为职工个人购买商业健康保险是否属于工资、薪金？请使用文心一言、通义千问、DeepSeek 等 AI 工具搜索结果。

2. 劳务报酬所得

劳务报酬所得是指个人从事劳务取得的所得，包括从事设计、装潢、安装、制图、化验、测试、医疗、法律、会计、咨询、讲学、翻译、审稿、书画、雕刻、影视、录音、录像、演出、表演、广告、展览、技术服务、介绍服务、经纪服务、代办服务以及其他劳务取得的所得。

查一查　　　如何区分工资、薪金所得与劳务报酬所得

工资、薪金所得属于通过非独立个人劳务活动，即在机关、团体、学校、部队、企事业单位及其他组织中任职、受雇而得到的报酬；劳务报酬所得则是个人独立从事各种技艺、提供各项劳务取得的报酬。两者的主要区别在于，前者存在雇佣与被雇佣关系，后者则不存在这种关系。

（1）个人兼职取得的收入应按"劳务报酬所得"项目缴纳个人所得税。

（2）律师以个人的名义聘请其他人员为其工作支付的报酬，应由该律师按"劳务报酬所得"项目代扣代缴个人所得税。

3. 稿酬所得

稿酬所得是指个人因其作品以图书、报刊形式出版、发表而取得的所得。作品包括文学作品、书画作品、摄影作品及其他作品。作者去世后，财产继承人取得的遗作稿酬，也应按"稿酬所得"项目缴纳个人所得税。

4. 特许权使用费所得

特许权使用费所得是指个人提供专利权、商标权、著作权、非专利技术以及其他特许的使用权取得的所得；提供著作权的使用权取得的所得，不包括稿酬所得。

（1）作者将自己的文字作品手稿原件或复印件拍卖取得的所得，按"特许权使用费所得"项目缴纳个人所得税。

（2）个人取得的专利赔偿所得，应按"特许权使用费所得"项目缴纳个人所得税。

（3）剧本作者从电影、电视剧的制作单位取得的剧本使用费，统一按"特许权使用费所得"项目计征个人所得税。

5. 经营所得

经营所得是指下列所得。

（1）个体工商户从事生产、经营活动取得的所得，个人独资企业投资人、合伙企业的个人合伙人来源于境内注册的个人独资企业、合伙企业生产、经营的所得。

（2）个人依法从事办学、医疗、咨询以及其他有偿服务活动取得的所得。

（3）个人对企业、事业单位承包经营、承租经营以及转包、转租取得的所得。

（4）个人从事其他生产、经营活动取得的所得。

AI助学导航

商场在端午节期间用粽子做促销活动，需要缴纳个税吗？请使用文心一言、通义千问、DeepSeek等AI工具搜索结果。

---

6. 利息、股息、红利所得

利息、股息、红利所得是指个人拥有债权、股权而取得的利息、股息、红利所得。其中，利息一般是指存款、贷款和债券的利息。股息、红利是指个人拥有股权取得的公司、企业分红。按照一定的比率派发的每股息金，称为股息。根据公司、企业分配的超过股息部分的利润，按股派发的红股，称为红利。

查一查 **我国对个人储蓄存款利息征收个人所得税的相关规定**

我国从1999年11月1日起，对个人储蓄存款利息开征个人所得税，税率为20%；在2007年8月15日后孳生的利息所得适用5%的税率；自2008年10月9日起，对储蓄存款利息所得暂免征收个人所得税。

---

7. 财产租赁所得

财产租赁所得是指个人出租不动产、机器设备、车船以及其他财产取得的所得。

（1）个人取得的财产转租收入，属于"财产租赁所得"项目。

（2）房地产开发企业与商店购买者个人签订协议，以优惠价格出售其商店给购买者个人，购买者个人在一定期限内必须将购买的商店无偿提供给房地产开发企业对外出租使用。对购买者个人少支出的购房价款，按照"财产租赁所得"项目征收个人所得税。

8. 财产转让所得

财产转让所得是指个人转让有价证券、股权、合伙企业中的财产份额、不动产、机器设备、车船以及其他财产取得的所得。

9. 偶然所得

偶然所得是指个人得奖、中奖、中彩以及其他偶然性质的所得。其中，得奖所得，是指参加各种有奖竞赛活动，取得名次获得的奖金；中奖、中彩所得，是指参加各种有奖活动，如有奖销售、有奖储蓄或购买彩票，经过规定程序，抽中、摇中号码而取得的奖金。

（1）企业对累计消费达到一定额度的顾客，给予额外抽奖机会，个人的获奖所得，按照"偶然所得"项目，全额缴纳个人所得税。

（2）个人取得单张有奖发票奖金所得超过800元的，应全额按照"偶然所得"项目缴纳个人所得税。

（3）个人为单位或他人提供担保获得收入，按照"偶然所得"项目计算缴纳个人所得税。

（4）房屋产权所有人将房屋产权无偿赠与他人，受赠人因无偿受赠房屋权属取得的受赠收入，按照"偶然所得"项目计算缴纳个人所得税。

（5）企业在业务宣传、广告等活动中，随机向本单位以外的个人赠送礼品（包括网络红包），以及企业在年会、座谈会、庆典和其他活动中向本单位以外的个人赠送礼品，个人取得的收入，按照"偶然所得"项目计算缴纳个人所得税。但企业赠送的具有价格折扣或折让性质的消费券、代金券、抵用券、优惠券等礼品除外。

（四）个人所得税的税率

我国个人所得税采用的税率形式有超额累进税率和比例税率。各项所得适用的税率具体规定如下。

1. 综合所得

居民个人的综合所得适用3%～45%的超额累进税率。具体税率如表7-1所示。

表7-1 个人所得税税率表一
（综合所得适用）

级数	全年应纳税所得额	税率/%	速算扣除数
1	不超过36 000元的	3	0
2	超过36 000元至144 000元的部分	10	2 520
3	超过144 000元至300 000元的部分	20	16 920
4	超过300 000元至420 000元的部分	25	31 920
5	超过420 000元至660 000元的部分	30	52 920
6	超过660 000元至960 000元的部分	35	85 920
7	超过960 000元的部分	45	181 920

注：本表所称全年应纳税所得额是指依照税法规定，居民个人取得综合所得以每一纳税年度收入额减除费用60 000元以及专项扣除、专项附加扣除和依法确定的其他扣除后的余额。

非居民个人取得工资、薪金所得，劳务报酬所得，稿酬所得和特许权使用费所得，依照表7-1按月换算后计算应纳税额。具体税率如表7-2所示。

表 7-2　个人所得税税率表二
（非居民个人工资、薪金所得，劳务报酬所得，稿酬所得，特许权使用费所得适用）

级数	全月应纳税所得额	税率/%	速算扣除数
1	不超过 3 000 元的	3	0
2	超过 3 000 元至 12 000 元的部分	10	210
3	超过 12 000 元至 25 000 元的部分	20	1 410
4	超过 25 000 元至 35 000 元的部分	25	2 660
5	超过 35 000 元至 55 000 元的部分	30	4 410
6	超过 55 000 元至 80 000 元的部分	35	7 160
7	超过 80 000 元的部分	45	15 160

2．经营所得

经营所得适用5%～35%的超额累进税率。具体税率如表7-3所示。

表 7-3　个人所得税税率表三
（经营所得适用）

级数	全年应纳税所得额	税率/%	速算扣除数
1	不超过 30 000 元的	5	0
2	超过 30 000 元至 90 000 元的部分	10	1 500
3	超过 90 000 元至 300 000 元的部分	20	10 500
4	超过 300 000 元至 500 000 元的部分	30	40 500
5	超过 500 000 元的部分	35	65 500

注：本表所称全年应纳税所得额是指依照税法规定，以每一纳税年度的收入总额减除成本、费用以及损失后的余额。

3．利息、股息、红利所得，财产租赁所得，财产转让所得和偶然所得

利息、股息、红利所得，财产租赁所得，财产转让所得和偶然所得适用比例税率，税率为20%。自2001年1月1日起，对个人出租住房取得的所得暂减按10%的税率征收个人所得税。

（五）个人所得税的税收优惠

1．免税项目

（1）省级人民政府、国务院部委和中国人民解放军军以上单位，以及外国组织、国际组织颁发的科学、教育、技术、文化、卫生、体育、环境保护等方面的奖金。

（2）国债和国家发行的金融债券利息。其中，国债利息，是指个人持有中华人民共和国财政部发行的债券而取得的利息；国家发行的金融债券利息，是指个人持有经国务院批准发行的金融债券而取得的利息。

（3）按照国家统一规定发给的补贴、津贴。其是指按照国务院规定发给的政府特殊津贴、院士津贴，以及国务院规定免征个人所得税的其他补贴、津贴。

（4）福利费、抚恤金、救济金。福利费，是指根据国家有关规定，从企业、事业单位、国家机关、社会组织提留的福利费或者工会经费中支付给个人的生活补助费；救济金，是指各级人民政府民政部门支付给个人的生活困难补助费。

（5）保险赔款。

（6）军人的转业费、复员费、退役金。

（7）按照国家统一规定发给干部、职工的安家费、退职费、基本养老金或退休费、离休费、离休生活补助费。

（8）依照我国有关法律规定应予免税的各国驻华使馆、领事馆的外交代表、领事官员和其他人员的所得。

（9）中国政府参加的国际公约、签订的协议中规定免税的所得。

（10）国务院规定的其他免税所得。该项免税所得由国务院报全国人民代表大会常务委员会备案。

2．减税项目

（1）残疾、孤老人员和烈属的所得。

（2）因自然灾害遭受重大损失的。

上述减税项目的减征幅度和期限，由省、自治区、直辖市人民政府规定，并报同级人民代表大会常务委员会备案。

国务院可以规定其他减税情形，报全国人民代表大会常务委员会备案。

3．其他免税所得和暂免征税项目

（1）下列所得，暂免征收个人所得税。

① 外籍个人以非现金形式或实报实销形式取得的住房补贴、伙食补贴、搬迁费、洗衣费。

② 外籍个人按合理标准取得的境内、外出差补贴。

③ 外籍个人取得的探亲费、语言训练费、子女教育费等，经当地税务机关审核批准为合理的部分。

④ 外籍人员从外商投资企业取得的股息、红利所得。

⑤ 符合税法规定条件的外籍专家取得的工资、薪金所得。

2019年1月1日至2021年12月31日期间，外籍个人符合居民个人条件的，可以选择享受个人所得税专项附加扣除，也可以选择按照规定，享受住房补贴、语言训练费、子女教育费等津补贴免税优惠政策，但不得同时享受。外籍个人一经选择，在一个纳税年度内不得变更。自2022年1月1日起，外籍个人不再享受住房补贴、语言训练费、子女教育费津补贴免税优惠政策，应按规定享受专项附加扣除。

（2）个人在上海、深圳证券交易所转让从上市公司公开发行和转让市场取得的股票，转让所得暂不征收个人所得税。

（3）个人举报、协查各种违法、犯罪行为而获得的奖金暂免征收个人所得税。

（4）个人办理代扣代缴手续，按规定取得的扣缴手续费暂免征收个人所得税。

（5）个人转让自用达5年以上，并且是唯一的家庭生活用房取得的所得，暂免征收个人所得税。

（6）对个人购买福利彩票、体育彩票，一次中奖收入在1万元以下的（含1万元）暂免征收个人所得税，超过1万元的，全额征收个人所得税。

（7）个人取得单张有奖发票奖金所得不超过800元（含800元）的，暂免征收个人所得税。

（8）达到离休、退休年龄，但确因工作需要，适当延长离休退休年龄的高级专家（指享受国家发放的政府特殊津贴的专家、学者），其在延长离休退休期间的工资、薪金所得，视同退休工资、离休工资，免征个人所得税。

（9）对被拆迁人按照国家有关城镇房屋拆迁管理办法规定的标准取得的拆迁补偿款，免征个人所得税。

（10）自2008年10月9日（含）起，对储蓄存款利息所得暂免征收个人所得税。

（11）自2015年9月8日起，个人从公开发行和转让市场取得的上市公司股票，持股期限超过1年的，股息红利所得暂免征收个人所得税。

（12）符合税法规定条件的房屋产权无偿赠与的，对当事双方不征收个人所得税。

试一试

根据个人所得税法律制度的规定，居民个人取得的下列所得中，免予或暂免征收个人所得税的有（　　　）。

A．保险赔款　　　　B．抚恤金　　　　C．国债利息收入　　　D．财产租赁所得

二、个人所得税应纳税额的计算

（一）居民个人综合所得应纳税额的计算

1．应纳税所得额的确定

以居民个人每一纳税年度的收入额减除费用60 000元以及专项扣除、专项附加扣除和依法确定的其他扣除后的余额，为综合所得应纳税所得额。其计算公式为

应纳税所得额=每一纳税年度的收入总额-费用60 000元-专项扣除-专项附加扣除
-依法确定的其他扣除

综合所得，包括：工资、薪金所得，劳务报酬所得，稿酬所得，特许权使用费所得4项。劳务报酬所得、稿酬所得、特许权使用费所得以收入减除20%的费用后的余额为收入额。稿酬所得的收入额减按70%计算。

专项扣除、专项附加扣除和依法确定的其他扣除，以居民个人一个纳税年度的应纳税所得额为限额；一个纳税年度扣除不完的，不结转以后年度扣除。

（1）专项扣除。

专项扣除包括居民个人按照国家规定的范围和标准缴纳的基本养老保险、基本医疗保险、失业保险等社会保险费和住房公积金等。

（2）专项附加扣除。

专项附加扣除包括子女教育、继续教育、大病医疗、住房贷款利息或者住房租金、赡养老人、3岁以下婴幼儿照护。专项附加扣除着力于教育、医疗、养老及住房4个社会最为关注的民生问题。专项附加扣除是基本生计扣除之外的补充，其有较强的社会意义，它是社会价值观及民生关注的反映。从更深层次上看，专项附加扣除是尊重人民的权益、提高国家治理水平的反映。

① 子女教育专项附加扣除。

纳税人的子女接受学前教育和学历教育的相关支出，按照每个子女每年24 000元（每月2 000元）的标准定额扣除。

学前教育指年满3岁至小学入学前教育。学历教育包括义务教育（小学、初中教育）、高中阶段教育（普通高中、中等职业、技工教育）、高等教育（大学专科、大学本科、硕士研究生、博士研究生教育）。

受教育子女的父母可以选择由其中一方按扣除标准的100%扣除，也可以选择由双方分别按扣除标准的50%扣除，具体扣除方式在一个纳税年度内不能变更。纳税人子女在中国境外接受教育的，纳税人应当留存境外学校录取通知书、留学签证等相关教育的证明资料备查。

② 继续教育专项附加扣除。

纳税人在中国境内接受学历（学位）继续教育的支出，在学历（学位）教育期间按照每月400元定额扣除。同一学历（学位）继续教育的扣除期限不能超过48个月。纳税人接受技能人员职业资格继续教育、专业技术人员职业资格继续教育的支出，在取得相关证书的当年，按照3 600元定额扣除。

个人接受本科及以下学历（学位）继续教育，符合上述扣除条件的，可以选择由其父母扣除，也可以选择由本人扣除。

③ 大病医疗专项附加扣除。

在一个纳税年度内，纳税人发生的与基本医保相关的医药费用支出，扣除医保报销后个人负担（指医保目录范围内的自付部分）累计超过15 000元的部分，由纳税人在办理年度汇算清缴时，在80 000元限额内据实扣除。

纳税人发生的医药费用支出可以选择由本人或者其配偶扣除；未成年子女发生的医药费用支出可以选择由其父母一方扣除。纳税人及其配偶、未成年子女发生的医药费用支出，按上述规定分别计算扣除额。纳税人应当留存医药服务收费及医保报销相关票据原件（或者复印件）等资料备查。

④ 住房贷款利息专项附加扣除。

纳税人本人或者配偶单独或者共同使用商业银行或者住房公积金个人住房贷款为本人或者其配偶购买中国境内住房，发生的首套住房贷款利息支出，在实际发生贷款利息的年度，按照每月1 000元的标准定额扣除，扣除期限最长不超过240个月。纳税人只能享受一次首套住房贷款的利息扣除。

经夫妻双方约定，可以选择由其中一方扣除，具体扣除方式在一个纳税年度内不能变更。夫妻双方婚前分别购买住房发生的首套住房贷款，其贷款利息支出，婚后可以选择其中一套购买的住房，由购买方按扣除标准的100%扣除，也可以由夫妻双方对各自购买的住房分别按扣除标准的50%扣除，具体扣除方式在一个纳税年度内不能变更。纳税人应当留存住房贷款合同、贷款还款支出凭证备查。

⑤ 住房租金专项附加扣除。

纳税人在主要工作城市没有自有住房而发生的住房租金支出，可以按照以下标准定额扣除。

承租的住房位于直辖市、省会（首府）城市、计划单列市以及国务院确定的其他城市，扣除标准为每月1 500元。承租的住房位于上述所列城市以外，市辖区户籍人口数量超过100万的城市，扣除标准为每月1 100元；市辖区户籍人口数量不超过100万的城市，扣除标准为每月800元。

纳税人的配偶在纳税人的主要工作城市有自有住房的，视同纳税人在主要工作城市有自有住房。市辖区户籍人口数量，以国家统计局公布的数据为准。

主要工作城市是指纳税人任职受雇的直辖市、计划单列市、副省级城市、地级市（地区、州、盟）全部行政区域范围；纳税人无任职受雇单位的，为受理其综合所得汇算清缴的税务机关所在城市。

夫妻双方主要工作城市相同的，只能由一方扣除住房租金支出。住房租金支出由签订租赁住房合同的承租人扣除。纳税人及其配偶在一个纳税年度内不能同时分别享受住房贷款利息和住房租金专项附加扣除。纳税人应当留存住房租赁合同、协议等有关资料备查。

⑥赡养老人专项附加扣除。

纳税人赡养年满60岁的父母及其他法定赡养人的赡养支出，统一按照以下标准定额扣除。

纳税人为独生子女的，按照每月3 000元的标准定额扣除；纳税人为非独生子女的，由其与兄弟姐妹分摊每月3 000元的扣除额度，每人分摊的额度不能超过每月1 500元。可以由赡养人均摊或者约定分摊，也可以由被赡养人指定分摊。约定或者指定分摊的须签订书面分摊协议，指定分摊优先于约定分摊。具体分摊方式和额度在一个纳税年度内不能变更。

AI助学导航

赡养岳父母或公公婆婆是否可以享受赡养老人专项附加扣除？请使用文心一言、通义千问、DeepSeek等AI工具搜索结果。

⑦3岁以下婴幼儿照护专项附加扣除。

3岁以下婴幼儿照护时间，为婴幼儿出生的当月至年满3周岁的前一个月。纳税人照护3岁以下婴幼儿子女的相关支出，按照每个婴幼儿每月2 000元的标准定额扣除。父母可以选择由其中一方按扣除标准的100%扣除，也可以选择由双方分别按扣除标准的50%扣除，具体扣除方式在一个纳税年度内不能变更。

（3）依法确定的其他扣除。

依法确定的其他扣除包括个人缴付符合国家规定的企业年金、职业年金，个人购买符合国家规定的商业健康保险、税收递延型商业养老保险的支出，个人缴纳的个人养老金支出，以及国务院规定可以扣除的其他项目。

对个人购买符合规定的商业健康保险产品的支出，允许在当年（月）计算应纳税所得额时予以税前扣除，扣除限额为2 400元/年（200元/月）。单位统一为员工购买符合规定的商业健康保险产品的支出，应分别计入员工个人工资、薪金，视同个人购买，按上述限额予以扣除。2 400元/年（200元/月）的限额扣除为个人所得税法规定减除费用标准之外的扣除。

自2024年1月1日起，在全国范围实施个人养老金递延纳税优惠政策。在缴费环节，个人向个人养老金资金账户的缴费，按照12 000元/年的限额标准，在综合所得或经营所得中据实扣除；在投资环节，对计入个人养老金资金账户的投资收益暂不征收个人所得税；在领取环节，个人领取的个人养老金不并入综合所得，单独按照3%的税率计算缴纳个人所得税，其缴纳的税款计入"工资、薪金所得"项目。

2. 应纳税额的计算

居民个人的综合所得适用七级超额累进税率，其计算公式为

$$应纳税额=应纳税所得额×适用税率-速算扣除数$$

由于扣缴义务人向居民个人支付工资、薪金所得，劳务报酬所得，稿酬所得，特许权使用费所得时，预扣预缴个人所得税，因此在实际工作中，扣缴义务人需要按月或者按次预扣预缴税款，次年办理汇算清缴。

（1）扣缴义务人向居民个人支付工资、薪金所得时，应当按照累计预扣法计算预扣税款，并按月办理全员全额扣缴申报。具体计算公式为

$$本期应预扣预缴税额=（累计预扣预缴应纳税所得额×预扣率-速算扣除数）$$
$$-累计减免税额-累计已预扣预缴税额$$

$$累计预扣预缴应纳税所得额=累计收入-累计免税收入-累计减除费用-累计专项扣除$$
$$-累计专项附加扣除-累计依法确定的其他扣除$$

其中：累计减除费用，按照5 000元/月乘以纳税人当年截至本月在本单位的任职受雇月份数计算。

上述公式中，计算居民个人工资、薪金所得预扣预缴税额的预扣率、速算扣除数，按表7-4执行。

表7–4　个人所得税预扣率表一
（居民个人工资、薪金所得预扣预缴适用）

级数	累计预扣预缴应纳税所得额	预扣率/%	速算扣除数
1	不超过 36 000 元的	3	0
2	超过 36 000 元至 144 000 元的部分	10	2 520
3	超过 144 000 元至 300 000 元的部分	20	16 920
4	超过 300 000 元至 420 000 元的部分	25	31 920
5	超过 420 000 元至 660 000 元的部分	30	52 920
6	超过 660 000 元至 960 000 元的部分	35	85 920
7	超过 960 000 元的部分	45	181 920

（2）扣缴义务人向居民个人支付劳务报酬所得、稿酬所得、特许权使用费所得，按次或者按月预扣预缴个人所得税。劳务报酬所得、稿酬所得、特许权使用费所得，属于一次性收入的，以取得该项收入为1次；属于同一项目连续性收入的，以1个月内取得的收入为1次。具体预扣预缴方法如下。

劳务报酬所得、稿酬所得、特许权使用费所得以收入减除费用后的余额为收入额。其中，稿酬所得的收入额减按70%计算。

减除费用：劳务报酬所得、稿酬所得、特许权使用费所得每次收入不超过4 000元的，减除费用按800元计算；每次收入4 000元以上的，减除费用按20%计算。

应纳税所得额：劳务报酬所得、稿酬所得、特许权使用费所得，以每次收入额为预扣预缴应纳税所得额。劳务报酬所得适用20%至40%的超额累进预扣率，如表7-5所示，稿酬所得、特许权使用费所得适用20%的比例预扣率。

$$劳务报酬所得应预扣预缴税额=预扣预缴应纳税所得额×预扣率-速算扣除数$$

$$稿酬所得、特许权使用费所得应预扣预缴税额=预扣预缴应纳税所得额×20\%$$

表 7-5　个人所得税预扣率表二

（居民个人劳务报酬所得预扣预缴适用）

级数	预扣预缴应纳税所得额	预扣率 /%	速算扣除数
1	不超过 20 000 元的	20	0
2	超过 20 000 元至 50 000 元的部分	30	2 000
3	超过 50 000 元的部分	40	7 000

【例7-1】 中国居民郑某2024年全年工资、薪金190 000元。郑某每月缴纳社会保险费核定的缴费工资基数为10 000元。郑某正在偿还首套住房贷款及贷款利息；郑某为独生子女，其独生子正就读大学三年级；郑某父母均已经年过60岁。郑某夫妇约定住房贷款利息和子女教育专项附加扣除均由郑某按扣除标准100%扣除。

已知： 当地规定的社会保险和住房公积金个人缴付比例为：基本养老保险8%，基本医疗保险2%，失业保险0.5%，住房公积金12%。

要求： 计算郑某2024年度应缴纳的个人所得税税额。

解析：（1）全年减除费用60 000元。

（2）专项扣除=10 000×（8%+2%+0.5%+12%）×12=27 000（元）

（3）专项附加扣除如下。

郑某子女教育支出实行定额扣除，每年扣除24 000元。

郑某首套住房贷款利息支出实行定额扣除，每年扣除12 000元。

郑某赡养老人支出实行定额扣除，每年扣除36 000元。

专项附加扣除合计=24 000+12 000+36 000=72 000（元）

（4）应纳税所得额=190 000-60 000-27 000-72 000=31 000（元）

（5）应缴纳个人所得税税额=31 000×3%=930（元）

【例7-2】 在中国境内某高校任职的居民李教授2025年1—3月的收入如下：每月应发工资均为10 000元；1月为甲公司新进职员进行入职培训，取得劳务报酬3 000元；2月出版一部教材，取得稿酬20 000元；3月为乙公司提供一项专利技术使用权，取得特许权使用费5 000元。

已知： 李教授"三险一金"等专项扣除为1 500元/月，从1月起享受住房贷款利息专项附加扣除1 000元，没有减免收入及减免税额等情况。

要求： 计算高校、甲公司、出版社及乙公司为李教授预扣预缴的个人所得税税额。

解析： 高校1月预扣预缴个人所得税税额=（10 000-5 000-1 500-1 000）×3%=75（元）

高校2月预扣预缴个人所得税税额=（10 000×2-5 000×2-1 500×2-1 000×2）×3%-75=75（元）

高校3月预扣预缴个人所得税税额=（10 000×3-5 000×3-1 500×3-1 000×3）×3%-75-75=75（元）

甲公司预扣预缴个人所得税税额=（3 000-800）×20%=440（元）

出版社预扣预缴个人所得税税额=（20 000-20 000×20%）×70%×20%=2 240（元）

乙公司预扣预缴个人所得税税额=（5 000-5 000×20%）×20%=800（元）

（二）非居民个人扣缴个人所得税的计算

1. 应纳税所得额的确定

扣缴义务人向非居民个人支付工资、薪金所得，劳务报酬所得，稿酬所得，特许权使用费所得时，应按下列方法确定应纳税所得额并代扣代缴个人所得税。

非居民个人的工资、薪金所得，以每月收入额减除费用5 000元后的余额为应纳税所得额；劳务报酬所得、稿酬所得、特许权使用费所得，以每次收入额为应纳税所得额。其中，劳务报酬所得、稿酬所得、特许权使用费所得以收入减除20%的费用后的余额为收入额。稿酬所得的收入额减按70%计算。

非居民个人的劳务报酬所得、稿酬所得、特许权使用费所得，属于一次性收入的，以取得该项收入为1次；属于同一项目连续性收入的，以1个月内取得的收入为1次。

2. 应纳税额的计算

非居民个人工资、薪金所得，劳务报酬所得，稿酬所得，特许权使用费所得适用表7-2所列税率计算应纳税额，其计算公式为

$$应纳税额=应纳税所得额×税率-速算扣除数$$

【例7-3】受聘在中国境内甲公司工作的外籍工程师汤姆是非居民纳税人，2025年1月汤姆应发工资、薪金为10 000元；此外，1月份汤姆还为境内乙公司进行2次员工技能培训，每次税前收入均为3 000元。

已知：非居民个人的工资、薪金所得，每月减除费用为5 000元。

要求：计算汤姆1月应缴纳的个人所得税税额。

解析：非居民个人取得的工资、薪金所得，劳务报酬所得，稿酬所得，特许权使用费所得4项所得，按月或者按次分项计算个人所得税，并由发放所得的单位代扣代缴税款。汤姆1月份取得的2次技能培训收入属于同一项目连续性收入，以一个月内取得的收入为1次计税。

工资、薪金所得应纳个人所得税税额=（10 000-5 000）×10%-210=290（元）

劳务报酬所得应纳个人所得税税额=3 000×2×（1-20%）×10%-210=270（元）

（三）经营所得应纳税额的计算

1. 应纳税所得额的确定

经营所得的应纳税所得额为每一纳税年度的收入总额减除成本、费用以及损失后的余额。其计算公式为

$$应纳税所得额=收入总额-（成本+费用+损失）$$

成本、费用，是指生产、经营活动中发生的各项直接支出和分配计入成本的间接费用以及销售费用、管理费用、财务费用；损失，是指生产、经营活动中发生的固定资产和存货的盘亏、毁损、报废损失，转让财产损失，坏账损失，自然灾害等不可抗力造成的损失以及其他损失。

从事生产、经营活动，未提供完整、准确的纳税资料，不能正确计算应纳税所得额的，由主管税务机关核定应纳税所得额或者应纳税额。

自2023年1月1日起至2027年12月31日对个体工商户经营所得年应纳税所得额不超过200万元的部分，在现行优惠政策基础上，再减半征收个人所得税。个体工商户不区分征收方式，均可享受。个体工商户计算减免税额的公式为

减免税额=（经营所得应纳税所得额不超过200万元部分的应纳税额-其他政策减免税额
　　　　　×经营所得应纳税所得额不超过200万元部分÷经营所得应纳税所得额）
　　　　　×50%

（1）取得经营所得的个人，没有综合所得的，计算其每一纳税年度的应纳税所得额时，应当减除费用60 000元、专项扣除、专项附加扣除以及依法确定的其他扣除。专项附加扣除在办理汇算清缴时减除。

（2）个体工商户的生产经营所得准予扣除的项目。准予扣除的有个体工商户生产经营过程中发生的成本、费用、税金、损失、其他支出以及允许弥补的以前年度的亏损。其中税金是指个体工商户在生产经营过程中发生的除个人所得税和允许抵扣的增值税以外的各项税金及附加。

（3）个体工商户的生产经营所得准予在税前扣除的标准。

① 个体工商户向其从业人员实际支付的合理的工资、薪金支出，以及为其从业人员和业主本人按规定和标准缴纳的"五险一金"，允许在税前据实扣除。

② 个体工商户在生产经营过程中发生的合理的不需要资本化的借款费用，准予扣除。

③ 个体工商户在生产经营过程中向金融企业借款的利息支出，准予扣除；向非金融企业和个人借款的利息支出，未超过金融企业同类、同期贷款利率计算的数额部分，准予扣除。

④ 个体工商户拨缴的工会经费，发生的职工福利费、职工教育经费支出分别在工资、薪金总额2%、14%、2.5%的标准内据实扣除。

⑤ 个体工商户发生的与其生产经营业务活动有关的业务招待费支出，按照发生额的60%扣除，但最高不得超过当年销售（营业）收入的5‰。

⑥ 个体工商户每一纳税年度发生的广告费和业务宣传费不超过当年销售（营业）收入15%的部分，可据实扣除；超过部分，准予在以后纳税年度结转扣除。

⑦ 个体工商户按照规定缴纳的摊位费、行政性收费、协会会费，按实际发生数额扣除；个体工商户发生的合理的劳动保护支出，准予扣除；个体工商户参加财产保险，按规定缴纳的保险费，准予扣除。

⑧ 个体工商户通过公益性社会团体或者县级以上的人民政府及其部门进行的公益性捐赠支出，捐赠额不超过其应纳税所得额30%的部分，可以据实扣除。财政部、国家税务总局规定可以全额在税前扣除的捐赠支出项目，按有关规定执行。

⑨ 个体工商户研究开发新产品、新技术、新工艺所发生的开发费用，以及研究开发新产品、新技术而购置单台价值在10万元以下的测试仪器和试验性装置的购置费准予直接扣除；单台价值在10万元以上（含10万元）的测试仪器和试验性装置，按固定资产管理，不得在当期直接扣除。

（4）个体工商户不得在税前扣除的项目。不得在税前扣除的项目包括：个人所得税税款；税收滞纳金；罚金、罚款和被没收的财物的损失；不符合扣除规定的捐赠支出；赞助支出；计提的各种准备金；用于个人和家庭的支出；与取得生产经营收入无关的支出；国家税务总局规定的不准扣除的支出。

查账征收的个人独资企业和合伙企业的扣除项目比照个体工商户个人所得税计税办法的规定确定。

个人独资企业的投资者以全部生产经营所得为应纳税所得额；合伙企业的投资者按照合伙企业的全部生产经营所得和合伙协议约定的分配比例确定应纳税所得额，合伙协议没有约定分配比例的，以全部生产经营所得和合伙人数量平均计算每个投资者的应纳税所得额。生产经营所得，包括企业分配给投资者个人的所得和企业当年留存的所得（利润）。

试一试

根据个人所得税法律制度的规定，个体工商户的下列支出中，在计算经营所得个人所得税应纳税所得额时准予扣除的有(   )。

A. 按照规定缴纳的摊位费

B. 向其从业人员实际支付的合理的工资、薪金支出

C. 税收滞纳金

D. 合理的劳动保护支出

AI助学导航

个体工商户如何申报享受减半征收个人所得税政策？请使用文心一言、通义千问、DeepSeek等AI工具搜索结果。

2. 应纳税额的计算

经营所得适用五级超额累进税率，其应纳税额的计算公式为

$$应纳税额 = 应纳税所得额 \times 税率 - 速算扣除数$$

由于个体工商户生产、经营所得的应纳税额实行按年计算、分月或分季预缴、年终汇算清缴、多退少补的方法，因此在实际工作中，需要分别计算按月（季）预缴税款和年终汇算清缴税款。其计算公式为

本月应预缴税额 = 本月累计应纳税所得额 × 适用税率 - 速算扣除数 - 上月累计已预缴税额

公式中的适用税率，是指与计算应纳税额的月份累计应纳税所得额对应的税率。

$$全年应纳税额 = 应纳税所得额 \times 适用税率 - 速算扣除数$$

$$应补（退）税额 = 全年应纳税额 - 全年累计已预缴税额$$

（四）财产租赁所得应纳税额的计算

1. 应纳税所得额的确定

财产租赁所得以一个月内取得的收入为1次。每次收入不超过4 000元的，减除费用800元，每次收入超过4 000元的，减除20%的费用，其余额为应纳税所得额。

在确定财产租赁的应纳税所得额时，租金收入不含增值税，纳税人在出租财产的过程中缴纳的税金（增值税除外）和教育费附加，可持完税凭证，从其财产租赁收入中扣除。个人转租住房时，其向出租方支付的租金及增值税，在计算转租所得时准予扣除。准予扣除的项目除了规定费用和有关税、费外，还准予扣除能够提供有效凭证，证明由纳税人负担的该出租财产实际支出的修缮费用。

每次收入不超过4 000元的，其计算公式为

$$应纳税所得额=每次（月）收入额-合理的税费-修缮费用（以800元为限）-800$$

每次收入超过4 000元的，其计算公式为

$$应纳税所得额=［每次（月）收入额-合理的税费-修缮费用（以800元为限）］×（1-20\%）$$

2. 应纳税额的计算

财产租赁所得适用20%的比例税率。但对个人按市场价格出租居民住房取得的所得，自2001年1月1日起暂减按10%的税率征税。其计算公式为

$$应纳税额=应纳税所得额×适用税率$$

【例7-4】中国居民李某2024年4月出租住房，取得当月租金收入3 000元，支付合理税费60元，发生房屋维修费1 000元。

已知： 个人所得税税率为10%。

要求： 计算李某当月出租房屋应缴纳的个人所得税税额。

解析： 每次收入不超过4 000元的，减除费用800元；修缮费用每月最高扣除限额为800元；

应缴纳个人所得税税额=（3 000-60-800-800）×10%=134（元）

（五）财产转让所得应纳税额的计算

1. 应纳税所得额的确定

财产转让所得以个人每次转让财产取得的收入额减除财产原值和合理费用后的余额为应纳税所得额。其中，"每次"是指以财产的所有权一次转让取得的收入为1次。财产原值按照以下方法确定：有价证券为买入价以及买入时按照规定缴纳的有关费用；建筑物为建造费或者购进价格以及其他有关费用；土地使用权为取得土地使用权所支付的金额、开发土地的费用以及其他有关费用；机器设备、车船，为购进价格、运输费、安装费以及其他有关费用；其他财产参照以上方法确定。合理费用是指卖出财产时按规定支付的有关费用。转让财产应纳税所得额的计算公式为

$$应纳税所得额=每次收入额-财产原值-合理费用$$

📝 **记一记**

① 个人转让房屋的个人所得税应税收入不含增值税，其取得房屋时所支付价款中包含的增值税计入财产原值，计算转让所得时可扣除的税费不包括本次转让缴纳的增值税。

② 个人出租房屋的个人所得税应税收入不含增值税，计算房屋出租所得可扣除的税费不包括本次出租缴纳的增值税。个人转租房屋的，其向房屋出租方支付的租金及增值税税额，在计算转租所得时予以扣除。

2. 应纳税额的计算

财产转让所得适用20%的比例税率。其应纳税额的计算公式为

$$应纳税额=应纳税所得额×适用税率$$

【例7-5】中国居民王某2025年1月销售一套购进刚满1年的普通住房，该房产原值190万元，不含增值税售价200万元，售房中发生合理费用5万元。

已知：个人所得税税率为20%。

要求：计算王某出售该住房应缴纳的个人所得税税额。

解析：应缴纳个人所得税税额=（200-190-5）×20%=1（万元）

（六）利息、股息、红利所得和偶然所得应纳税额的计算

利息、股息、红利所得，以支付利息、股息、红利时取得的收入为1次；偶然所得，以每次取得该项收入为1次。利息、股息、红利所得和偶然所得，以个人每次取得的收入额为应纳税所得额，不得从收入中扣除任何费用。利息、股息、红利所得，偶然所得适用20%的比例税率。其应纳税额的计算公式为

$$应纳税额=应纳税所得额（每次收入）×适用税率$$

📝 记一记

个人从公开发行和转让市场取得的上市公司股票，持股期限在1个月以内（含1个月）的，其股息、红利所得全额计入应纳税所得额；持股期限在1个月以上至1年（含1年）的，暂减按50%计入应纳税所得额；自2015年9月8日起，个人从公开发行和转让市场取得的上市公司股票，持股期限超过1年的，股息、红利所得暂免征收个人所得税。

【例7-6】张先生2024年1月从公开发行和转让市场取得A上市公司股票，2025年1月取得该股票的1年期股息所得16 000元，该股票于2025年1月转让；取得2025年1月10日到期的一年期银行储蓄存款利息所得1 500元。

已知：个人所得税税率为20%。

要求：计算张先生上述所得应缴纳的个人所得税税额。

解析：取得上市公司的1年期股息所得减半征收个人所得税；自2008年10月9日起，对储蓄存款利息所得暂免征收个人所得税。

股息所得应纳个人所得税税额=16 000×20%×50%=1 600（元）

储蓄存款利息暂免征收个人所得税。

张先生本月应缴纳个人所得税为1 600元。

（七）居民个人全年一次性奖金应纳税额的计算

全年一次性奖金，又称年终奖，是指行政机关、企事业单位等扣缴义务人根据其全年经济效益和对员工全年工作业绩的综合考核情况，向员工发放的一次性奖金，包括年终加薪、实行年薪制和绩效工资管理办法的单位根据考核情况兑现的年薪和绩效工资。

居民个人取得全年一次性奖金，在2027年12月31日前，可以选择不并入当年综合所得，以全年一次性奖金收入除以12得到的数额，按照按月换算后的综合所得税率表（见表7-6），确定适用税率和速算扣除数，单独计算纳税。计算公式为

$$应纳税额=全年一次性奖金收入×适用税率-速算扣除数$$

居民个人取得全年一次性奖金，也可以选择并入当年综合所得计算纳税。

表7-6 按月换算后的综合所得税率表

级数	月应纳税所得额	税率	速算扣除数
1	不超过3 000元的	3%	0
2	超过3 000元至12 000元的部分	10%	210
3	超过12 000元至25 000元的部分	20%	1 410
4	超过25 000元至35 000元的部分	25%	2 660
5	超过35 000元至55 000元的部分	30%	4 410
6	超过55 000元至80 000元的部分	35%	7 160
7	超过80 000元的部分	45%	15 160

【例7-7】中国居民王某是境内甲公司的工程师,2024年度收支情况如下。

(1)取得全年工资120 000元,12月取得全年一次性奖金30 000元。全年"三险一金"专项扣除合计27 000元,专项附加扣除合计48 000元。

(2)4月为乙公司设计产品,取得劳务报酬50 000元。

(3)10月出版著作一部,取得稿酬16 000元。

已知:全年一次性奖金单独计税时,按照按月换算后的综合所得税率表,确定适用税率和速算扣除数;全年一次性奖金合并到综合所得计税时,按照综合所得税率表,确定适用税率和速算扣除数。

要求:计算王某2024年应缴纳的个人所得税税额。

解析:

(1)全年一次性奖金单独计税时。

收入额=120 000+50 000×(1-20%)+16 000×(1-20%)×70%=168 960(元)

扣除项合计=60 000+27 000+48 000=135 000(元)

应纳税所得额=168 960-135 000=33 960(元)

综合所得应纳个人所得税税额=33 960×3%=1 018.8(元)

全年一次性奖金应纳个人所得税税额=30 000×3%=900(元)

合计应纳个人所得税税额=1 018.8+900=1 918.8(元)

(2)全年一次性奖金合并到综合所得计税时。

收入额=120 000+50 000×(1-20%)+16 000×(1-20%)×70%+30 000=198 960(元)

扣除项合计=60 000+27 000+48 000=135 000(元)

应纳税所得额=198 960-135 000=63 960(元)

综合所得应纳个人所得税税额=63 960×10%-2 520=3 876(元)

(八)公益捐赠支出的扣除

个人将其所得通过中国境内的公益性社会组织、国家机关向教育、扶贫、济困等公益慈善事业进行捐赠,捐赠额未超过纳税人申报的应纳税所得额30%的部分,可以从其应纳税所得额中扣除。

个人通过非营利性的社会团体和国家机关进行的下列公益救济性捐赠支出,在计算缴纳个人所得税时,准予在税前的所得额中全额扣除。

（1）向红十字事业的捐赠。

（2）向教育事业的捐赠。

（3）向农村义务教育的捐赠。

（4）向公益性青少年活动场所（其中包括新建）的捐赠。

（5）向福利性、非营利性老年服务机构的捐赠。

（6）向宋庆龄基金会、中国医药卫生事业发展基金会、中国老龄事业发展基金会等单位的捐赠。

【例7-8】王先生在参加商场的有奖销售过程中，获得中奖收入20 000元。王先生领奖时告知商场，从中奖收入中拿出4 000元通过民政部门向贫困地区捐赠。

已知：个人所得税税率为20%。

要求：计算商场代扣代缴的个人所得税税额和王先生实际可得金额。

解析：公益捐赠支出扣除限额=20 000×30%=6 000（元），大于实际捐赠额4 000元，捐赠额准予全部从应纳税所得额中扣除。

应纳税所得额=偶然所得-捐赠额=20 000-4 000=16 000（元）

商场代扣个人所得税税额=应纳税所得额×适用税率=16 000×20%=3 200（元）

王先生实际可得金额=20 000-4 000-3 200=12 800（元）

三、个人所得税征收管理

个人所得税
征收管理

视野拓展

2018年，国内某艺人被曝通过"阴阳合同"偷逃税款。税务机关调查结果显示，该艺人在某影片拍摄过程中实际获得片酬3 000万元，其中1 000万元申报纳税，其余2 000万元以拆分合同方式偷逃个人所得税618万元，少缴税金及附加112万元；同时该艺人及其担任法定代表人的公司少缴税2.48亿元，其中偷逃税款1.34亿元。最终，税务机关依法对该艺人及其担任法定代表人的公司追缴的税款、滞纳金和罚款，共计近9亿元。

调查结果公布后，新华社发表通讯，表示该艺人案具有教育警示意义，同时指出文艺影视从业者应当遵纪守法。《光明日报》发文指出艺人"更须重警示守规矩立德行"。

从该艺人偷逃税款事件中，同学们受到什么教育？

（一）个人所得税的纳税申报方式

（1）个人所得税以所得人为纳税人，以支付所得的单位或者个人为扣缴义务人。扣缴义务人向个人支付应税款项时，应当依照个人所得税法规定预扣或者代扣税款，按时缴库，并专项记载备查。居民个人预缴税额与年度应纳税额之间的差额，年度终了后可通过综合所得汇算清缴申报，税款多退少补。支付，包括现金支付、汇拨支付、转账支付和以有价证券、实物以及其他形式的支付。对扣缴义务人按照所扣缴的税款，付给2%的手续费。

纳税人有中国公民身份号码的，以中国公民身份号码为纳税人识别号；纳税人没有中国公民身份号码的，由税务机关赋予其纳税人识别号。扣缴义务人扣缴税款时，纳税人应当向扣缴义务人提供纳税人识别号。

（2）有下列情形之一的，纳税人应当依法办理纳税申报。

①取得综合所得需要办理汇算清缴。具体情形包括以下几种。

a．从两处以上取得综合所得，且综合所得年收入额减除专项扣除的余额超过6万元。

b．取得劳务报酬所得、稿酬所得、特许权使用费所得中一项或者多项所得，且综合所得年收入额减除专项扣除的余额超过6万元。

c．纳税年度内预缴税额低于应纳税额。

d．纳税人申请退税。

②取得应税所得没有扣缴义务人。

③取得应税所得，扣缴义务人未扣缴税款。

④取得境外所得。

⑤因移居境外注销中国户籍。

⑥非居民个人在中国境内从两处以上取得工资、薪金所得。

⑦国务院规定的其他情形。

（3）居民个人取得工资、薪金所得时，可以向扣缴义务人提供专项附加扣除有关信息，由扣缴义务人扣缴税款时减除专项附加扣除。纳税人同时从两处以上取得工资、薪金所得，并由扣缴义务人减除专项附加扣除的，对同一专项附加扣除项目，在一个纳税年度内只能选择从一处取得的所得中减除。

居民个人取得劳务报酬所得、稿酬所得、特许权使用费所得，应当在汇算清缴时向税务机关提供有关信息，减除专项附加扣除。

（4）非居民个人取得工资、薪金所得，劳务报酬所得，稿酬所得和特许权使用费所得，有扣缴义务人的，由扣缴义务人按月或者按次代扣代缴税款，不办理汇算清缴。

（二）个人所得税的纳税期限

（1）居民个人取得综合所得，按年计算个人所得税；有扣缴义务人的，由扣缴义务人按月或者按次预扣预缴税款；需要办理汇算清缴的，应当在取得所得的次年3月1日至6月30日内办理汇算清缴。预扣预缴办法由国务院税务主管部门制定。

（2）非居民个人取得工资、薪金所得，劳务报酬所得，稿酬所得和特许权使用费所得，有扣缴义务人的，由扣缴义务人按月或者按次代扣代缴税款，不办理汇算清缴。

（3）纳税人取得经营所得，按年计算个人所得税，由纳税人在月度或者季度终了后15日内向税务机关报送纳税申报表，并预缴税款；在取得所得的次年3月31日前办理汇算清缴。

（4）纳税人取得利息、股息、红利所得，财产租赁所得，财产转让所得和偶然所得，按月或者按次计算个人所得税，有扣缴义务人的，由扣缴义务人按月或者按次代扣代缴税款。

（5）纳税人取得应税所得没有扣缴义务人的，应当在取得所得的次月15日内向税务机关报送纳税申报表，并缴纳税款。

（6）纳税人取得应税所得，扣缴义务人未扣缴税款的，纳税人应当在取得所得的次年6月30日前，缴纳税款；税务机关通知限期缴纳的，纳税人应当按照期限缴纳税款。

（7）居民个人从中国境外取得所得的，应当在取得所得的次年3月1日至6月30日内申报纳税。

（8）非居民个人在中国境内从两处以上取得工资、薪金所得的，应当在取得所得的次月15日内申报纳税。

（9）纳税人因移居境外注销中国户籍的，应当在注销中国户籍前办理税款清算。

（10）扣缴义务人每月或者每次预扣、代扣的税款，应当在次月15日内缴入国库，并向税务机关报送扣缴个人所得税申报表。

各项所得的计算，以人民币为单位。所得为人民币以外货币的，按照办理纳税申报或者扣缴申报的上一月最后一日人民币汇率中间价，折合成人民币计算应纳税所得额。年度终了办理汇算清缴的，对已经按月、按季或者按次预缴税款的人民币以外货币所得，不再重新折算；对应当补缴税款的所得部分，按照上一纳税年度最后一日人民币汇率中间价，折合成人民币计算应纳税所得额。

（三）个人所得税的纳税地点

（1）纳税人有两处以上任职、受雇单位的，选择向其中一处任职、受雇单位所在地主管税务机关办理纳税申报；纳税人没有任职、受雇单位的，向户籍所在地或经常居住地主管税务机关办理纳税申报。

（2）纳税人取得经营所得，按年计算个人所得税，纳税人向经营管理所在地主管税务机关办理预缴纳税申报；从两处以上取得经营所得的，选择向其中一处经营管理所在地主管税务机关办理年度汇总申报。

（3）居民个人从中国境外取得所得的，向中国境内任职、受雇单位所在地主管税务机关办理纳税申报；在中国境内没有任职、受雇单位的，向户籍所在地或中国境内经常居住地主管税务机关办理纳税申报；户籍所在地与中国境内经常居住地不一致的，选择其中一地主管税务机关办理纳税申报；在中国境内没有户籍的，向中国境内经常居住地主管税务机关办理纳税申报。

（4）纳税人因移居境外注销中国户籍的，应当在申请注销中国户籍前，向户籍所在地主管税务机关办理纳税申报，进行税款清算。

（5）非居民个人在中国境内从两处以上取得工资、薪金所得的，应当向其中一处任职、受雇单位所在地主管税务机关办理纳税申报。

（四）个人所得税的纳税申报

纳税人通过远程办税端、电子或者纸质报表等方式，填写《个人所得税专项附加扣除信息表》，向扣缴义务人或者主管税务机关报送个人专项附加扣除信息。扣缴义务人向居民个人支付工资、薪金所得，劳务报酬所得，稿酬所得，特许权使用费所得时，预扣预缴个人所得税，并向主管税务机关报送《个人所得税扣缴申报表》。

手机个人所得税
App标准申报流程

居民个人取得综合所得，需要办理汇算清缴的，应当在取得所得的次年3月1日至6月30日内办理汇算清缴。请扫描右侧二维码观看视频，了解手机个人所得税App标准申报流程。

💡 AI助学导航

年度汇算的时间范围是什么？纳税人何时可以预约办税？请使用文心一言、通义千问、DeepSeek等AI工具搜索结果。

项目实施

一、计算应纳个人所得税税额

综合所得包括工资、薪金所得，劳务报酬所得，稿酬所得和特许权使用费所得4项。

（1）全年收入额=10 000×12+50 000×（1-20%）+5 000×（1-20%）+16 000×（1-20%）×70%+6 000×（1-20%）=177 760（元）

（2）全年减除费用=60 000元

（3）全年专项扣除=10 000×（8%+2%+0.5%+12%）×12=27 000（元）

（4）专项附加扣除情况。

王一子女教育支出实行定额扣除，每年扣除24 000元。

王一首套住房贷款利息支出实行定额扣除，每年扣除12 000元。

王一赡养老人支出实行定额扣除，每年扣除36 000元。

专项附加扣除合计=24 000+12 000+36 000=72 000（元）

（5）扣除项合计=60 000+27 000+72 000=159 000（元）

（6）应纳税所得额=177 760-159 000=18 760（元）

（7）综合所得应纳个人所得税税额=18 760×3%=562.8（元）

（8）全年一次性奖金应纳个人所得税税额=30 000×3%=900（元）

（9）合计应纳个人所得税税额=562.8+900=1 462.8（元）

二、计算预扣预缴个人所得税税额

（1）××职业学院预扣预缴情况。

王一每月负担的"三险一金"专项扣除额=10 000×（8%+2%+0.5%+12%）=2 250（元）

王一每月专项附加扣除额=2 000+1 000+3 000=6 000（元）

王一每月减除费用=5 000元

每月扣除项合计=2 250+6 000+5 000=13 250（元）

每月扣除项合计额大于月工资10 000元，××职业学院对王一的月工资预扣预缴个人所得税税额为零。

全年一次性奖金预扣预缴个人所得税税额=30 000×3%=900（元）

（2）甲公司预扣预缴情况。

甲公司预扣预缴个人所得税税额=50 000×（1-20%）×30%-2 000=10 000（元）

（3）乙公司预扣预缴情况。

乙公司预扣预缴个人所得税税额=5 000×（1-20%）×20%=800（元）

（4）出版社预扣预缴情况。

出版社预扣预缴个人所得税税额=16 000×（1-20%）×70%×20%=1 792（元）

（5）丙公司预扣预缴情况。

丙公司预扣预缴个人所得税税额=6 000×（1-20%）×20%=960（元）

（6）合计预扣预缴个人所得税税额=900+10 000+800+1 792+960=14 452（元）

三、填写个人所得税纳税申报表

王一的个人所得税纳税申报表如表7-7所示。

表7-7 个人所得税年度自行纳税申报表（A表）

（仅取得境内综合所得年度汇算适用）

税款所属期：2024年1月1日至2024年12月31日
纳税人姓名：王一
纳税人识别号：142325********0522　　　　　　　　　　金额单位：人民币元（列至角分）

基本情况

手机号码	135****3381	电子邮箱	Wangyi**@163.com	邮政编码	255314
联系地址	山东省（区、市）淄博市周村区（县）北郊街道（乡、镇）××				

纳税地点（单选）

1. 有任职受雇单位的，需选本项并填写"任职受雇单位信息"：	☑ 任职受雇单位所在地

任职受雇单位信息	名称	×× 职业学院
	纳税人识别号	123703004932****1F

2. 没有任职受雇单位的，可以从本栏次选择一地：	□ 户籍所在地　□ 经常居住地　□ 主要收入来源地
户籍所在地/经常居住地/主要收入来源地	＿＿＿省（区、市）＿＿市＿＿区（县）＿＿街道（乡、镇）＿＿

申报类型（单选）

☑ 首次申报	□ 更正申报

综合所得个人所得税计算

项目	行次	金额
一、收入合计（第1行=第2行+第3行+第4行+第5行）	1	197 000.00
（一）工资、薪金	2	120 000.00
（二）劳务报酬	3	55 000.00
（三）稿酬	4	16 000.00
（四）特许权使用费	5	6 000.00
二、费用合计 [第6行=(第3行+第4行+第5行)×20%]	6	15 400.00
三、免税收入合计（第7行=第8行+第9行）	7	3 840.00
（一）稿酬所得免税部分 [第8行=第4行×(1-20%)×30%]	8	3 840.00
（二）其他免税收入（附报《个人所得税减免税事项报告表》）	9	
四、减除费用	10	60 000.00
五、专项扣除合计（第11行=第12行+第13行+第14行+第15行）	11	27 000.00
（一）基本养老保险费	12	9 600.00

续表

项目	行次	金额
（二）基本医疗保险费	13	2 400.00
（三）失业保险费	14	600.00
（四）住房公积金	15	14 400.00
六、专项附加扣除合计（附报《个人所得税专项附加扣除信息表》） （第 16 行＝第 17 行＋第 18 行＋第 19 行＋第 20 行＋第 21 行＋第 22 行＋第 23 行）	16	72 000.00
（一）子女教育	17	24 000.00
（二）继续教育	18	
（三）大病医疗	19	
（四）住房贷款利息	20	12 000.00
（五）住房租金	21	
（六）赡养老人	22	36 000.00
（七）3 岁以下婴幼儿照护	23	
七、其他扣除合计（第 24 行＝第 25 行＋第 26 行＋第 27 行＋第 28 行＋第 29 行＋第 30 行）	24	
（一）年金	25	
（二）商业健康保险（附报《商业健康保险税前扣除情况明细表》）	26	
（三）税延养老保险（附报《个人税收递延型商业养老保险税前扣除情况明细表》）	27	
（四）允许扣除的税费	28	
（五）个人养老金	29	
（六）其他	30	
八、准予扣除的捐赠额（附报《个人所得税公益慈善事业捐赠扣除明细表》）	31	
九、应纳税所得额 （第 32 行＝第 1 行－第 6 行－第 7 行－第 10 行－第 11 行－第 16 行－第 24 行－第 31 行）	32	18 760.00
十、税率	33	3%
十一、速算扣除数	34	0.00
十二、应纳税额（第 35 行＝第 32 行×第 33 行－第 34 行）	35	562.80
<div align="center">全年一次性奖金个人所得税计算</div><div align="center">（无住所居民个人预判为非居民个人取得的数月奖金，选择按全年一次性奖金计税的填写本部分）</div>		
一、全年一次性奖金收入	36	30 000.00
二、准予扣除的捐赠额（附报《个人所得税公益慈善事业捐赠扣除明细表》）	37	
三、税率	38	3%

续表

项目	行次	金额
四、速算扣除数	39	0.00
五、应纳税额 [第 40 行＝（第 36 行－第 37 行）× 第 38 行－第 39 行]	40	900.00
税额调整		
一、综合所得收入调整额（需在"备注"栏说明调整具体原因、计算方式等）	41	
二、应纳税额调整额	42	
应补 / 退个人所得税计算		
一、应纳税额合计（第 43 行＝第 35 行＋第 40 行＋第 42 行）	43	1 462.80
二、减免税额（附报《个人所得税减免税事项报告表》）	44	
三、已缴税额	45	14 452.00
四、应补 / 退税额（第 46 行＝第 43 行－第 44 行－第 45 行）	46	−12 989.20

无住所个人附报信息			
纳税年度内在中国境内居住天数		已在中国境内居住年数	

退税申请
（应补 / 退税额小于 0 的填写本部分）

☑ 申请退税（需填写"开户银行名称""开户银行省份""银行账号"）			□ 放弃退税
开户银行名称	中国建设银行 ×× 支行	开户银行省份	山东省
银行账号	623094216******9845		

备注

谨声明：本表是根据国家税收法律法规及相关规定填报的，本人对填报内容（附带资料）的真实性、可靠性、完整性负责。

纳税人签字：王一　　2025 年 3 月 4 日

经办人签字： 经办人身份证件类型： 经办人身份证件号码： 代理机构签章： 代理机构统一社会信用代码：	受理人： 受理税务机关（章）： 受理日期：　　年　月　日

项目小结

本项目由项目引入、相关知识、项目实施组成。在项目引入部分，以居民纳税人王一2024年度的纳税资料引入，提出任务；在相关知识部分，介绍了完成上述任务需要掌握的理论知识；在项目实施部分，完成项目引入提出的任务。本项目的知识结构如图7-1所示。

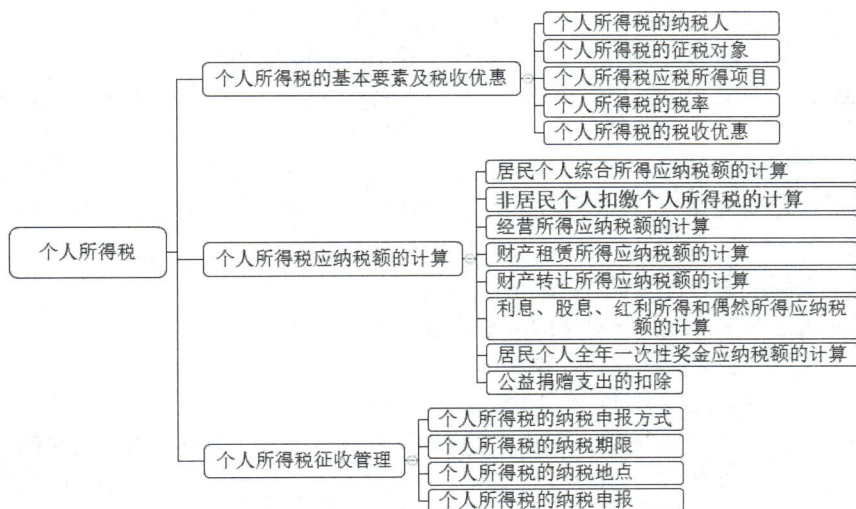

图 7-1 个人所得税之知识结构

练习与实训

(一)单项选择题

1. 根据个人所得税法律制度的规定，下列个人中，属于居民个人的是（　　　）。
   A. 在中国境内有住所的个人
   B. 在中国境内无住所而一个纳税年度内在中国境内居住累计满180天的个人
   C. 在中国境内无住所又不居住的个人
   D. 在中国境内无住所而一个纳税年度内在中国境内居住累计不满183天的个人

2. 根据个人所得税法律制度的规定，个人的下列所得中，属于"工资、薪金所得"的是（　　　）。
   A. 误餐补助　　　B. 加班费　　　　　C. 托儿费　　　　D. 独生子女补贴

3. 根据个人所得税法律制度的规定，下列所得中，属于"劳务报酬所得"的是（　　　）。
   A. 个人因其作品以图书形式出版而取得的所得
   B. 个人提供著作权的使用权而取得的所得
   C. 个人从非雇佣企业取得的咨询收入
   D. 个人从任职企业取得的年终一次性奖金

4. 根据个人所得税法律制度的规定，下列各项中，属于"劳务报酬所得"的是（　　　）。
   A. 个人为单位或他人提供担保获得的报酬
   B. 个人提供著作的版权而取得的报酬
   C. 个人翻译国外的文学作品出版取得的报酬
   D. 个人受出版社委托进行审稿取得的报酬

5. 根据个人所得税法律制度的规定，下列收入中，属于"稿酬所得"的是（　　　）。
   A. 作者出版著作取得的所得
   B. 作者提供著作权的使用权取得的所得

C. 作者将自己的文字作品手稿原件公开拍卖取得的所得

D. 作者将自己的文字作品手稿复印件公开拍卖取得的所得

6. 根据个人所得税法律制度的规定，下列征税项目中，个人转让房屋所得适用的是（　　）。

A. 财产转让所得　B. 特许权使用费所得　C. 偶然所得　　　D. 劳务报酬所得

7. 根据个人所得税法律制度的规定，下列各项中，不属于个人所得税免税项目的是（　　）。

A. 个人举报违法行为获得的奖金

B. 外籍个人按合理标准取得的出差补贴

C. 个人取得的储蓄存款利息收入

D. 个人独资企业投资者从事生产、经营取得的收入

8. 根据个人所得税法律制度的规定，个人的下列所得中，应缴纳个人所得税的是（　　）。

A. 财产租赁所得　B. 退休金　　　　　C. 保险赔款　　　D. 国债利息收入

9. 根据个人所得税法律制度的规定，下列各项中，免征个人所得税的是（　　）。

A. 劳动分红　　　　　　　　　　　B. 出版科普读物的稿酬所得

C. 年终奖金　　　　　　　　　　　D. 转让自用6年唯一家庭生活用房所得

10. 中国居民王某为非任职的甲单位设计图纸，获得设计费30 000元，则甲单位应预扣预缴个人所得税税额为（　　）元。

A. 8 000　　　　　B. 6 000　　　　　C. 5 200　　　　　D. 12 000

11. 非居民个人的下列所得在确认收入额时，适用于减按70%计算的是（　　）。

A. 特许权使用费所得　　　　　　　B. 劳务报酬所得

C. 稿酬所得　　　　　　　　　　　D. 工资、薪金所得

12. 外籍歌手Mary是非居民个人，与一歌厅签约，2024年4月每天到歌厅演唱1次，每次取得报酬200元，则Mary本月该项所得应缴纳个人所得税税额为（　　）元。

A. 0　　　　　　　B. 270　　　　　　C. 310　　　　　　D. 600

13. 居民个人王某2025年1月出版小说，取得稿酬50 000元，则这笔稿酬在计入综合所得应纳税所得额时应确认的收入额为（　　）元。

A. 28 000　　　　B. 35 000　　　　C. 40 000　　　　D. 50 000

14. 居民个人李某2025年1月编写的一部小说出版，取得稿酬50 000元，则出版社应预扣预缴个人所得税税额为（　　）元。

A. 5 600　　　　　B. 7 000　　　　　C. 8 000　　　　　D. 10 000

15. 根据个人所得税法律制度的规定，个体工商户的下列支出中，在计算经营所得应纳税所得额时准予扣除的是（　　）。

A. 个人所得税税款　　　　　　　　B. 被没收财物的损失

C. 税收滞纳金　　　　　　　　　　D. 生产经营成本

16. 个体工商户张某2024年度销售（营业）收入总额为200万元，实际发生的符合条件的广告费和业务宣传费支出为40万元。张某在计算个人所得税应纳税所得额时，准予扣除的广告费和业务宣传费为（　　）万元。

A. 1　　　　　　　B. 24　　　　　　C. 30　　　　　　　D. 40

17. 个体工商户张某2024年度取得营业收入300万元，当年发生的业务宣传费为35万元，上

年结转未扣除的业务宣传费为15万元。在计算张某2024年度个人所得税应纳税所得额时，准予扣除的业务宣传费为（　　　）万元。

    A. 15　　　　　　　B. 35　　　　　　　C. 45　　　　　　　D. 50

18. 2025年2月，王某出租住房取得当月租金收入3 000元，支付相关税费60元，支付出租房的修缮费1 000元，则王某2025年2月应缴纳的个人所得税税额为（　　　）元。

    A. 108　　　　　　　B. 128　　　　　　　C. 188　　　　　　　D. 208

19. 2024年12月，王某购买体育彩票支出200元，一次性获得中奖所得20 000元，则王某该项中奖所得应缴纳个人所得税税额为（　　　）元。

    A. 4 000　　　　　　B. 3 960　　　　　　C. 4 040　　　　　　D. 3 200

20. 根据个人所得税法律制度的规定，股息、利息、红利所得的应纳税所得额为（　　　）。

    A. 每年收入额　　B. 每季收入额　　　C. 每次收入额　　　D. 每月收入额

（二）多项选择题

1. 根据个人所得税法律制度的规定，个人取得的下列利息中，应缴纳个人所得税的有（　　　）。

    A. 国家发行的金融债券利息　　　　　B. 公司债券利息

    C. 企业集资款利息　　　　　　　　　D. 储蓄存款利息

2. 根据个人所得税法律制度的规定，下列各项中，属于个人所得税纳税人的有（　　　）。

    A. 合伙企业中的自然合伙人　　　　　B. 一人有限责任公司

    C. 个体工商户　　　　　　　　　　　D. 个人独资企业的投资者个人

3. 下列所得中，在计算个人所得税时，以每次收入额为应纳税所得额的有（　　　）。

    A. 股息、利息、红利所得　　　　　　B. 财产转让所得

    C. 财产租赁所得　　　　　　　　　　D. 偶然所得

4. 根据个人所得税法律制度的规定，下列个人中，属于居民个人的有（　　　）。

    A. 在我国境内有住所的个人

    B. 在我国境内无住所又不居住的个人

    C. 在我国境内无住所而一个纳税年度内在我国境内居住累计不满183天的个人

    D. 在我国境内无住所而一个纳税年度内在我国境内居住累计满183天的个人

5. 根据个人所得税法律制度的规定，个人的下列所得中，属于"劳务报酬所得"的有（　　　）。

    A. 从事设计取得的所得　　　　　　　B. 从事讲学取得的所得

    C. 出租房产取得的所得　　　　　　　D. 从事咨询业务取得的所得

6. 根据个人所得税法律制度的规定，个体工商户缴纳的下列税金中，在计算经营所得应纳税所得额时准予扣除的有（　　　）。

    A. 房产税　　　　B. 城市维护建设税　　C. 增值税　　　　D. 个人所得税

7. 个人取得的下列所得中，计缴个人所得税时适用超额累进税率的有（　　　）。

    A. 综合所得　　　B. 经营所得　　　　C. 偶然所得　　　　D. 财产转让所得

8. 根据个人所得税法律制度的规定，下列关于每次收入的确定表述中，正确的有（　　　）。

    A. 财产租赁所得，以1年内取得的收入为1次

    B. 利息所得，以支付利息时取得的收入为1次

C. 偶然所得，以每次取得该项收入为1次

D. 非居民个人取得的稿酬所得，属于一次性收入的，以取得该项收入为1次

9. 根据个人所得税法律制度的规定，个人通过境内非营利性社会团体进行的下列捐赠中，在计算个人所得税应纳税所得额时，准予全额扣除的有（　　）。

A. 向贫困地区的捐赠　　　　　　B. 向农村义务教育的捐赠

C. 向红十字事业的捐赠　　　　　D. 向公益性青少年活动场所的捐赠

10. 根据个人所得税法律制度的规定，下列情形中，纳税人应当依法办理纳税申报的有（　　）。

A. 居民个人取得综合所得需要办理汇算清缴

B. 取得应税所得，扣缴义务人未扣缴税款

C. 取得应税所得没有扣缴义务人

D. 因移居境外注销中国户籍

（三）判断题

1. 国家发行的金融债券利息免征个人所得税。　　　　　　　　　　　　（　　）

2. 非居民个人从同一处取得的不同项目的劳务报酬所得，应算作两次所得。（　　）

3. 储蓄存款利息暂免征收个人所得税。　　　　　　　　　　　　　　　（　　）

4. 特许权使用费所得，是指个人提供专利权、商标权、著作权等的使用权取得的所得。

（　　）

5. 个人进行公益、救济性捐赠，捐赠额未超过纳税人申报的应纳税所得额40%的部分，可以从其应纳税所得额中扣除。　　　　　　　　　　　　　　　　　　　　　（　　）

6. 专项扣除、专项附加扣除和依法确定的其他扣除，以居民个人一个纳税年度的应纳税所得额为限额；一个纳税年度扣除不完的，可以结转以后年度扣除。　　　　　　（　　）

7. 财产租赁所得以纳税人1个月内取得的租赁收入为1次。　　　　　　　（　　）

8. 纳税人取得应税所得没有扣缴义务人的，应当在取得所得的次月15日内向税务机关报送纳税申报表，并缴纳税款。　　　　　　　　　　　　　　　　　　　　　（　　）

9. 对个人独资企业投资者的生产经营所得应征收企业所得税，不征收个人所得税。（　　）

10. 居民个人从两处以上取得综合所得，且综合所得年收入额减除专项扣除的余额超过5万元的，需要办理汇算清缴。　　　　　　　　　　　　　　　　　　　　　（　　）

（四）实训题

1. 中国居民王某2025年1月取得以下收入。

① 到期国债利息收入999元。

② 股票转让所得10 000元。

③ 购福利彩票支出1 000元，取得一次性中奖收入20 000元。

④ 转让一套自有住房，取得转让收入300万元，该套住房购买价格为280万元，销售过程中支付合理费用共计2万元，该套住房购买时间为2024年1月。

已知： 利息、股息、红利、偶然所得个人所得税税率为20%；财产转让所得个人所得税税率为20%。

要求： 计算王某2025年1月应缴纳的个人所得税税额。

2．中国境内高校教师李某2024年度收入如下。

① 全年工资106 000元，李某每月缴纳社会保险费核定的缴费工资基数为7 000元。

② 3月取得特许权使用费45 000元。

③ 4月外出讲学取得劳务报酬5 000元。

④ 9月出版专著一部，取得稿酬40 000元。

已知： 当地规定的社会保险和住房公积金个人缴付比例为：基本养老保险8%，基本医疗保险2%，失业保险0.5%，住房公积金12%。李某正在偿还首套住房贷款及利息；李某为独生子女，其独生子正就读大学三年级；李某父母均已年过60岁。李某夫妇约定住房贷款利息和子女教育专项附加扣除均由李某按扣除标准100%扣除。

要求： 计算李某2024年度应缴纳的个人所得税税额。

▲ 税收史事专栏

两税法

安史之乱以后，国家失去有效地控制户口及田亩籍账的能力，土地兼并加剧，加以军费急需，各地军政长官可以任意用各种名目摊派赋税，无须获得中央批准，于是杂税林立，中央不能检查诸使，诸使不能检查诸州，赋税制度非常混乱。阶级矛盾十分尖锐，江南地区出现袁晁、方清、陈庄等人的武装起义，苦于赋敛的人民纷纷参加。

唐代宗广德二年(764年)诏令：天下户口，由所在刺史、县令据当时实在人户，依贫富评定等级差科(差派徭役和科税)，不准按旧籍账的虚额(原来户籍上的人丁、田亩、租庸调数字)去摊及邻保。这实际上就是用户税的征收原则代替租、庸、调的征税原则。不过这没有贯彻下去。

大历十四年末，杨炎上奏德宗，请求改"租庸调制"为"两税法"，并取消各种杂税。"两税法"依贫富分等征税，触犯了庄园主的利益，遭到了地主贵族的激烈反对。但建中元年(780年)正月初一，德宗还是正式下诏，实行"两税法"。

"两税法"颁布以后，到783年末，就有了1300多万贯的两税收益，比实施"两税法"前唐朝的全部财赋收入还要多出百万贯，唐朝的全部财赋收入达到了3000余万贯。

两税法改变了自战国以来以人丁为主的赋税制度，而"唯以资产为宗，不以丁身为本"，使古代赋税制度由"舍地税人"向"舍人税地"方向发展，由封建国家在不同程度上控制土地私有的原则变为不干预或少干预的原则。

两税法改变了租税徭役据丁口征收的做法，它以财产的多少为计税依据，不仅拓宽了征税的范围，增加了财政收入，而且由于依照财产多少即按照纳税人负税能力大小征税，相对地使税收负担比较公平合理，在一定程度上减轻了广大贫苦人民的税收负担，同时简化了税目和手续。这对促进当时社会经济的恢复发展起到了积极作用。两税法调动了劳动者的生产积极性，是历史的进步。它奠定了宋代以后两税法的基础，是中国赋税制度史上的一件大事。

项目八　财产和行为税

素质目标

1. 培养学生爱岗敬业、诚实守信的职业道德
2. 培养学生遵纪守法、诚信纳税的意识
3. 培养学生团队协作、团队互助的意识
4. 培养学生一丝不苟的职业精神

知识目标

1. 掌握财产和行为税中各税种的构成要素
2. 熟悉财产和行为税中各税种的税收优惠

能力目标

1. 会计算财产和行为税中各税种的应纳税额
2. 会填写财产和行为税纳税申报表

项目引入

美华实业公司（纳税人识别号：142325*******0V5EC）为增值税一般纳税人，财务部门及有关部门提供 2024 年第二季度城镇土地使用税的计税资料如下：美华实业公司实际占地面积为 30 000 平方米，其中含 2024 年 5 月 31 日新征用厂区附近的两块土地，面积共计 3 600 平方米：一块是征用耕地，面积为 3 000 平方米；另一块是征用非耕地，面积为 600 平方米。

美华实业公司 2024 年初有厂房 5 栋，房产原值共计 3 000 万元；办公楼 1 栋，房产原值 800 万元。2024 年度上半年房产没有发生增减变动。

已知：城镇土地使用税每平方米年税额为 2 元，耕地占用税每平方米税额为 30 元，房产税税率为 1.2%；计算房产余值的扣除比例为 30%。

任务：（1）计算美华实业公司第二季度应纳城镇土地使用税、耕地占用税及房产税税额。

（2）填写财产和行为税纳税申报表。

相关知识

一、城镇土地使用税

（一）城镇土地使用税的基本要素及税收优惠

城镇土地使用税
使用税

城镇土地使用税是国家在城市、县城、建制镇和工矿区范围内，对使用土地的单位和个人，以其实际占用的土地面积为计税依据，按照规定的税额计算征收的一种税。

1988年9月27日国务院颁布《中华人民共和国城镇土地使用税暂行条例》，自1988年11月1日起施行。2006年12月31日、2011年1月8日、2013年12月7日、2019年3月2日国务院对《中华人民共和国城镇土地使用税暂行条例》进行了四次修订。之后，财政部、国家税务总局又陆续发布了一些有关城镇土地使用税的规定、办法，这些构成了我国城镇土地使用税的法律制度。

1. 城镇土地使用税的征税范围

城镇土地使用税的征税范围，包括在城市、县城、建制镇和工矿区内的国家所有和集体所有的土地。城市是指经国务院批准设立的市；县城是指县人民政府所在地；建制镇是指经省、自治区、直辖市人民政府批准设立的建制镇；工矿区是指工商业比较发达，人口比较集中，符合国务院规定的建制镇标准，但尚未设立建制镇的大、中型工矿企业所在地，工矿区须经省、自治区、直辖市人民政府批准才能设立。

建立在城市、县城、建制镇和工矿区以外的工矿企业则不需要缴纳城镇土地使用税。

自2009年1月1日起，公园和名胜古迹内的索道公司经营用地，应按规定缴纳城镇土地使用税。

2. 城镇土地使用税的纳税人

在城市、县城、建制镇、工矿区范围内使用土地的单位和个人，为城镇土地使用税的纳税人，应当依照规定缴纳城镇土地使用税。城镇土地使用税的纳税人根据用地者的不同情况，分为以下几类。

（1）城镇土地使用税由拥有土地使用权的单位和个人缴纳。

（2）拥有土地使用权的纳税人不在土地所在地的，由代管人或实际使用人缴纳。

（3）土地使用权未确定或权属纠纷未解决的，由实际使用人缴纳。

（4）土地使用权共有的，共有各方均为纳税人，由共有各方分别缴纳。

土地使用权共有的，以共有各方实际使用土地的面积占总面积的比例，分别计算缴纳城镇土地使用税。

3. 城镇土地使用税的税率

城镇土地使用税采用定额税率，即采用有幅度的差别税额，按大、中、小城市和县城、建制镇、工矿区分别规定每平方米城镇土地使用税年应纳税额。大、中、小城市以公安部门登记在册的非农业正式户口人数为依据，按照国务院颁布的《中华人民共和国城市规划法》中规定的标准划分。人口数量在50万人以上的为大城市；人口数量为20万～50万人的为中等城市；人口数量在20万人以下的为小城市。城镇土地使用税税率如表8-1所示。

表 8-1　城镇土地使用税税率

级别	人口 / 人	每平方米税额 / 元
大城市	50 万以上	1.5 ~ 30
中等城市	20 万 ~ 50 万	1.2 ~ 24
小城市	20 万以下	0.9 ~ 18
县城、建制镇、工矿区		0.6 ~ 12

城镇土地使用税规定幅度税额，而且每个幅度税额的差距为20倍，省、自治区、直辖市人民政府，应当在表8-1规定的税额幅度内，根据市政建设状况、经济繁荣程度等条件，确定所辖地区的适用税额幅度。市、县人民政府应当根据实际情况，将本地区土地划分为若干等级，在省、自治区、直辖市人民政府确定的税额幅度内，制定相应的适用税额标准，报省、自治区、直辖市人民政府批准执行。

经省、自治区、直辖市人民政府批准，经济落后地区城镇土地使用税的适用税额标准可以适当降低，但降低额不得超过表8-1规定最低税额的30%。经济发达地区城镇土地使用税的适用税额标准可以适当提高，但须报经财政部批准。

4. 城镇土地使用税的税收优惠

（1）国家机关、人民团体、军队自用的土地免征城镇土地使用税。

（2）由国家财政部门拨付事业经费的单位自用的土地免征城镇土地使用税。

（3）宗教寺庙、公园、名胜古迹自用的土地免征城镇土地使用税。

（4）市政街道、广场、绿化地带等公共用地免征城镇土地使用税。

（5）直接用于农、林、牧、渔业的生产用地免征城镇土地使用税。

（6）由财政部另行规定免税的能源、交通、水利设施用地和其他用地，免征城镇土地使用税。

（7）经批准开山填海整治的土地和改造的废弃土地，从使用的月份起免缴城镇土地使用税5 ~ 10年。

（8）对免税单位无偿使用纳税单位的土地（如公安、海关等单位使用铁路、民航等单位的土地），免征城镇土地使用税；对纳税单位无偿使用免税单位的土地，纳税单位应照章缴纳城镇土地使用税。

💡 AI助学导航

城镇土地使用税优惠政策如何规定仓储用地？请使用文心一言、通义千问、DeepSeek等AI工具搜索结果。

（二）城镇土地使用税应纳税额的计算

1. 计税依据

城镇土地使用税以纳税人实际占用的土地面积为计税依据。土地面积计量单位为平方米。纳税人实际占用的土地面积按照下列办法确定。

（1）凡由省级人民政府确定的单位组织测定土地面积的，以测定的面积为准。

（2）尚未组织测定，但纳税人持有政府部门核发的土地使用证书的，以证书确定的土地面积为准。

（3）尚未核发土地使用证书的，应由纳税人据实申报土地面积，并据以纳税，待核发土地使用证书后再做调整。

试一试

根据城镇土地使用税法律制度的规定，下列各项中，属于城镇土地使用税计税依据的是（　　）。

A．建筑面积　　　　　　　　　　　B．使用面积

C．居住面积　　　　　　　　　　　D．实际占用的土地面积

2．应纳税额的计算

城镇土地使用税的应纳税额可以通过纳税人实际占用的应税土地面积乘以该土地所在地段的适用税额求得。计算公式为

全年应纳税额=实际占用应税土地面积（平方米）×适用税额

【例8-1】甲公司为增值税一般纳税人，2024年实际占地面积为25 000平方米，经税务机关核定，该土地为应税土地。

已知：城镇土地使用税每平方米年税额为2元。

要求：计算甲公司2024年度应缴纳的城镇土地使用税税额。

解析：应缴纳城镇土地使用税税额=25 000×2=50 000（元）

（三）城镇土地使用税征收管理

1．城镇土地使用税的纳税义务发生时间

（1）纳税人购置新建商品房，自房屋交付使用之次月起，缴纳城镇土地使用税。

（2）纳税人购置存量房，自办理房屋权属转移、变更登记手续，房地产权属登记机关签发房屋权属证书之次月起，缴纳城镇土地使用税。

（3）纳税人出租、出借房产，自交付出租、出借房产之次月起，缴纳城镇土地使用税。

（4）以出让或转让方式有偿取得土地使用权的，应由受让方从合同约定交付土地时间的次月起缴纳城镇土地使用税；合同未约定交付土地时间的，由受让方从合同签订的次月起缴纳城镇土地使用税。

（5）纳税人新征用的耕地，自批准征用之日起满1年时开始缴纳城镇土地使用税。

（6）纳税人新征用的非耕地，自批准征用次月起缴纳城镇土地使用税。

2．城镇土地使用税的纳税期限

城镇土地使用税按年计算、分期缴纳。具体纳税期限由省、自治区、直辖市人民政府确定。

3．城镇土地使用税的纳税地点

城镇土地使用税由土地所在地的税务机关征收。

纳税人使用的土地不属于同一省、自治区、直辖市管辖的，由纳税人分别向土地所在地的税务机关缴纳城镇土地使用税；在同一省、自治区、直辖市管辖范围内，纳税人跨地区使用的土

地，其纳税地点由各省、自治区、直辖市税务局确定。

4. 城镇土地使用税的纳税申报

为了减少纳税申报次数，便利纳税人办税，进一步优化营商环境，自2021年6月1日起，纳税人申报缴纳城镇土地使用税、房产税、车船税、印花税、耕地占用税、资源税、土地增值税、契税、环境保护税、烟叶税中一个或多个税种时，使用《财产和行为税纳税申报表》《财产和行为税减免税明细申报附表》，该申报表及附表如表8-2和表8-3所示。纳税人新增税源或税源变化时，需先填报《财产和行为税税源明细表》。

表 8-2　财产和行为税纳税申报表

纳税人识别号（统一社会信用代码）：□□□□□□□□□□□□□□□□□□

纳税人名称：　　　　　　　　　　　　　　　　　　金额单位：人民币元（列至角分）

序号	税种	税目	税款所属期起	税款所属期止	计税依据	税率	应纳税额	减免税额	已缴税额	应补（退）税额
1										
2										
3										
4										
5										
6										
7										
8										
9										
10										
11	合计	—	—	—						

声明：此表是根据国家税收法律法规及相关规定填写的，本人（单位）对填报内容（及附带资料）的真实性、可靠性、完整性负责。

纳税人（签章）：　　年　月　日

经办人： 经办人身份证号： 代理机构签章： 代理机构统一社会信用代码：	受理人： 受理税务机关（章）： 受理日期：　年　月　日

表8-2填表说明如下。

（1）本表适用于申报城镇土地使用税、房产税、契税、耕地占用税、土地增值税、印花税、车船税、烟叶税、环境保护税、资源税。

（2）本表根据各税种税源明细表自动生成，申报前需填写税源明细表。

（3）本表包含一张附表《财产和行为税减免税明细申报附表》。

（4）纳税人识别号（统一社会信用代码）：填写税务机关核发的纳税人识别号或有关部门核发的统一社会信用代码。纳税人名称：填写营业执照载明的纳税人名称。

（5）税种：税种名称，多个税种的，可增加行次。

（6）税目：税目名称，多个税目的，可增加行次。

（7）税款所属期起：纳税人申报相应税种所属期的起始时间，填写具体的年、月、日。

（8）税款所属期止：纳税人申报相应税种所属期的终止时间，填写具体的年、月、日。

（9）计税依据：计算税款的依据。

（10）税率：适用的税率。

（11）应纳税额：纳税人本期应当缴纳的税额。

（12）减免税额：纳税人本期享受的减免税金额，等于减免税附表中该税种的减免税额小计。

（13）已缴税额：纳税人本期应纳税额中已经缴纳的部分。

（14）应补（退）税额：纳税人本期实际需要缴纳的税额。应补（退）税额=应纳税额-减免税额-已缴税额。

表 8-3　财产和行为税减免税明细申报附表

纳税人识别号（统一社会信用代码）：□□□□□□□□□□□□□□□□□□□□

纳税人名称：　　　　　　　　　　　　　　　　　　　金额单位：人民币元（列至角分）

本期是否适用增值税小规模纳税人减征政策	□是　□否	本期适用增值税小规模纳税人减征政策起始时间	年　月
		本期适用增值税小规模纳税人减征政策终止时间	年　月
合计减免税额			

城镇土地使用税

序号	土地编号	税款所属期起	税款所属期止	减免性质代码和项目名称	减免税额
1					
2					
小计	—			—	

房产税

序号	房产编号	税款所属期起	税款所属期止	减免性质代码和项目名称	减免税额
1					
2					
小计	—			—	

车船税

序号	车辆识别代码/船舶识别码	税款所属期起	税款所属期止	减免性质代码和项目名称	减免税额
1					
2					
小计	—			—	

印花税

续表

序号	税目	税款所属期起	税款所属期止	减免性质代码和项目名称	减免税额
1					
2					
小计	—			—	

资源税

序号	税目	子目	税款所属期起	税款所属期止	减免性质代码和项目名称	减免税额
1						
2						
小计	—	—			—	

耕地占用税

序号	税源编号	税款所属期起	税款所属期止	减免性质代码和项目名称	减免税额
1					
2					
小计	—			—	

契税

序号	税源编号	税款所属期起	税款所属期止	减免性质代码和项目名称	减免税额
1					
2					
小计	—			—	

土地增值税

序号	项目编号	税款所属期起	税款所属期止	减免性质代码和项目名称	减免税额
1					
2					
小计	—			—	

环境保护税

序号	税源编号	污染物类别	污染物名称	税款所属期起	税款所属期止	减免性质代码和项目名称	减免税额

续表

	1							
	2							
小计	—	—	—			—		

声明：此表是根据国家税收法律法规及相关规定填写的，本人（单位）对填报内容（及附带资料）的真实性、可靠性、完整性负责。

纳税人（签章）：　　年　月　日

经办人： 经办人身份证号： 代理机构签章： 代理机构统一社会信用代码：	受理人： 受理税务机关（章）： 受理日期：　年　月　日

表8-3填表说明如下。

（1）本表为《财产和行为税纳税申报表》的附表，适用于申报城镇土地使用税、房产税、契税、耕地占用税、土地增值税、印花税、车船税、环境保护税、资源税的减免税。

（2）纳税人识别号（统一社会信用代码）：填写税务机关核发的纳税人识别号或有关部门核发的统一社会信用代码。纳税人名称：填写营业执照载明的纳税人名称。

（3）适用增值税小规模纳税人减征政策的，需填写"本期是否适用增值税小规模纳税人减征政策""本期适用增值税小规模纳税人减征政策起始时间""本期适用增值税小规模纳税人减征政策终止时间"。其余项目根据各税种税源明细表自动生成，减免税申报前需填写税源明细表。

（4）本期是否适用增值税小规模纳税人减征政策：适用增值税小规模纳税人减征政策的，填写本项。纳税人在税款所属期内适用增值税小规模纳税人减征政策的，勾选"是"；否则，勾选"否"。增值税小规模纳税人按规定登记为一般纳税人的，自一般纳税人生效之日起不再适用减征优惠；增值税年应税销售额超过小规模纳税人标准应当登记为一般纳税人而未登记，经税务机关通知，逾期仍不办理登记的，自逾期次月起不再适用减征优惠。

（5）本期适用增值税小规模纳税人减征政策起始时间：适用增值税小规模纳税人减征政策的，填写本项。如果税款所属期内纳税人一直为增值税小规模纳税人，填写税款所属期起始月份。

（6）本期适用增值税小规模纳税人减征政策终止时间：适用增值税小规模纳税人减征政策的，填写本项。如果税款所属期内纳税人一直为增值税小规模纳税人，填写税款所属期终止月份，如同时存在多个税款所属期，则填写最晚的税款所属期终止月份；如果税款所属期内纳税人由增值税小规模纳税人登记为增值税一般纳税人，填写增值税一般纳税人生效之日上月；经税务机关通知，逾期仍不办理增值税一般纳税人登记的，自逾期次月起不再适用减征优惠，填写逾期当月所在的月份。

（7）税款所属期起：纳税人申报相应税种所属期的起始时间，具体到年、月、日。

（8）税款所属期止：纳税人申报相应税种所属期的终止时间，具体到年、月、日。

（9）减免性质代码和项目名称：按照税务机关最新制发的减免税政策代码表中最细项减免项目名称填写。

（10）减免税额：减免税项目对应的减免税金额。

二、房产税

（一）房产税的基本要素及税收优惠

房产税是以房屋为征税对象，依据房产计税价值或房产租金收入向房产所有人或经营人征收的一种税。

1986年9月15日国务院发布并于同年10月1日起实施《中华人民共和国房产税暂行条例》（以下简称《房产税暂行条例》），同年9月25日，财政部、国家税务总局印发《关于房产税若干具体问题的解释和暂行规定》。2011年1月8日国务院令第588号修订《房产税暂行条例》之后，国务院以及财政部、国家税务总局又陆续发布了一些有关房产税的规定、办法，这些构成了我国房产税的法律制度。

1. 房产税的征税范围

房产税的征税对象是房屋。房屋，指有屋面和围护结构（有墙或两边有柱），能够遮风避雨，可供人们在其中生产、学习、工作、娱乐、居住或贮藏物资的场所。独立于房屋之外的建筑物，如围墙、烟囱、水塔、菜窖、室外游泳池等不属于房产税的征税对象。

房产税的征税范围为在城市、县城、建制镇和工矿区的房屋。房产税的征税范围不包括农村的房屋。

房地产开发企业建造的商品房，在出售前，不征收房产税；但对出售前房地产开发企业已使用或出租、出借的商品房应按规定征收房产税。

2. 房产税的纳税人

房产税的纳税人，指在城市、县城、建制镇和工矿区内拥有房屋产权的单位和个人。具体包括以下几种情况。

（1）产权属于国家所有的，其经营管理的单位为纳税人；产权属于集体或个人所有的，集体单位或个人为纳税人。

（2）产权出典的，承典人为纳税人。

（3）产权所有人、承典人不在房产所在地的，房产代管人或者使用人为纳税人。

（4）产权未确定及租典纠纷未解决的，房产代管人或者使用人为纳税人。

（5）应税单位和个人无租使用其他单位的房产，由使用人代为缴纳房产税。

综上所述，房产税的纳税人包括产权所有人、承典人、房产代管人或者使用人。

试一试

下列关于房产税纳税人的表述是否正确？

张某将个人拥有产权的房屋出典给李某，则李某为该房屋房产税的纳税人。　　　（　　　）

---

3. 房产税的税率

我国现行房产税采用的是比例税率。由于房产税分为从价计征和从租计征两种形式，所以房产税的税率也有两种：一种是按房产原值一次减除10%~30%后的余值计征的，税率为1.2%；另一种是按房产出租的租金收入计征的，税率为12%。自2008年3月1日起，对个人出租住房，不区分用途，按4%的税率征收房产税；自2021年10月1日起，对企事业单位、社会团体以及其他组织向个人、专业化规模化住房租赁企业出租住房的，减按4%的税率征收房产税。

4．房产税的税收优惠

房产税的税收优惠，包括以下情形。

（1）国家机关、人民团体、军队自用的房产免征房产税。但上述免税单位的出租房产以及非自身业务使用的生产、营业用房，不属于免税范围。

（2）由国家财政部门拨付事业经费的单位，如学校，医疗卫生单位，托儿所，幼儿园，敬老院，文化、体育、艺术这些实行全额或差额预算管理的事业单位所有的，本身业务范围内使用的房产免征房产税。

（3）宗教寺庙、公园、名胜古迹自用的房产免征房产税。

（4）个人所有非营业用的房产免征房产税。为抑制房价过快增长和房产投机行为，从2011年1月28日起，我国在上海、重庆两地进行房产税试点改革。

（5）经财政部批准的免税房产，包括以下情形。

①毁损不堪居住的房屋和危险房屋，经有关部门鉴定，在停止使用后，可免征房产税。

②纳税人因房屋大修导致连续停用半年以上的，在房屋大修期间免征房产税。

③在基建工地为基建工地服务的各种工棚、材料棚、休息棚和办公室、食堂、茶炉房、汽车房等临时性房屋，施工期间一律免征房产税。但工程结束后，施工企业将这种临时性房屋交还或估价转让给基建单位的，应从基建单位接收的次月起，照章纳税。

④对房管部门经租的居民住房，在房租调整改革之前收取租金偏低的，可暂缓征收房产税。

⑤对高校学生公寓免征房产税。

⑥对非营利性医疗机构、疾病控制机构和妇幼保健机构等卫生机构自用的房产，免征房产税。

⑦老年服务机构自用的房产免征房产税。

⑧对按政府规定价格出租的公有住房和廉租住房，暂免征收房产税。

（二）房产税应纳税额的计算

1．计税依据

房产税的计税依据是房产的余值或房产的租金收入。房产的余值是房产的原值一次性减除10%～30%后的剩余价值，各地扣除比例由当地省、自治区、直辖市人民政府确定；房产出租的，以不含增值税的房产租金收入为房产税的计税依据。

2．应纳税额的计算

房产税分从价计征和从租计征两种形式。按照房产余值计征的，称为从价计征；按照房产租金收入计征的，称为从租计征。

（1）从价计征。从价计征是指按房产的原值减除一定比例后的余值计征房产税，计算公式为

$$应纳税额＝应税房产原值×（1-扣除比例）×1.2\%$$

【例8-2】甲公司为增值税一般纳税人，2024年度自有生产用房原值5 000万元，账面已提折旧1 000万元。

已知：房产税税率为1.2%，当地政府规定计算房产余值的扣除比例为30%。

要求：计算甲公司2024年度应缴纳的房产税税额。

解析：应缴纳房产税税额＝5 000×（1-30%）×1.2%＝42（万元）

（2）从租计征。从租计征是指按房产的租金收入计征房产税，计算公式为

$$应纳税额＝租金收入×12\%（或4\%）$$

【**例8-3**】乙公司为增值税一般纳税人，2023年12月31日出租房屋10间，租期1年，收取不含增值税的年租金收入100 000元。

已知： 房产税税率为12%。

要求： 计算乙公司2024年度该房产应缴纳的房产税税额。

解析： 应缴纳房产税税额=100 000×12%=12 000（元）

（三）房产税征收管理

1. **房产税的纳税义务发生时间**

（1）纳税人将原有房产用于生产经营，从生产经营之月起，缴纳房产税。

（2）纳税人自行新建房屋用于生产经营，从建成之次月起，缴纳房产税。

（3）纳税人委托施工企业建设的房屋，从办理验收手续之次月起，缴纳房产税。

（4）纳税人购置新建商品房，自房屋交付使用之次月起，缴纳房产税。

（5）纳税人购置存量房，自办理房屋权属转移、变更登记手续，房地产权属登记机关签发房屋权属证书之次月起，缴纳房产税。

（6）纳税人出租、出借房产，自交付出租、出借房产之次月起，缴纳房产税。

（7）房地产开发企业自用、出租、出借本企业建造的商品房，自房屋使用或交付之次月起，缴纳房产税。

（8）纳税人因房产的实物或权利状态发生变化而依法终止房产税纳税义务的，其应纳税款的计算应截至房产的实物或权利状态发生变化的当月月末。

> **试一试**
>
> 甲公司委托某施工企业建造一幢办公楼。工程于2023年12月完工，2024年1月办妥（竣工）验收手续，4月付清全部价款。甲公司此幢办公楼房产税的纳税义务发生时间为（　　　）。
> A．2023年12月　　　B．2024年1月　　　C．2024年2月　　　D．2024年4月

2. **房产税的纳税期限**

房产税实行按年计算、分期缴纳的征收方法，具体纳税期限由省、自治区、直辖市人民政府确定。

3. **房产税的纳税地点**

房产税在房产所在地缴纳。房产不在同一地方的纳税人，应按房产的坐落地点分别向房产所在地的税务机关申报纳税。

4. **房产税的纳税申报**

房产税的纳税人应该按照有关规定及时办理纳税申报，填写报送纳税申报表和附表。纳税申报表和附表如表8-2和表8-3所示。

三、车船税

（一）车船税的基本要素及税收优惠

车船税是指对在中国境内车船管理部门登记的车辆、船舶（以下简称车船）依法征收的一种税。

车船税

2011年2月25日，第十一届全国人民代表大会常务委员会第十九次会议通过、2019年4月23日第十三届全国人民代表大会常务委员会第十次会议修订《中华人民共和国车船税法》。2011年12月5日国务院发布、2019年3月2日修订《中华人民共和国车船税法实施条例》。

1. 车船税的征税范围

车船税的征税范围为在中华人民共和国境内属于车船税法所规定的应税车辆和船舶。车辆，是指依靠燃油、电力等能源作为动力运行的机动车辆，包括乘用车、商用车、挂车、其他车辆、摩托车；船舶，是指各类机动、非机动船舶以及其他水上移动装置，包括机动船舶和游艇，但是船舶上装备的救生艇筏和长度小于5米的艇筏除外。车船税的征税范围具体如下。

（1）依法应当在车船管理部门登记的机动车辆和船舶。

（2）依法不需要在车船管理部门登记、在单位内部场所行驶或者作业的机动车辆和船舶。

视野拓展

我国正进入汽车消费的强盛时期，汽车的保有量逐年增长，机动车违法和交通事故发生率也随之上涨，国家对道路交通安全的管理也在日益完善和加强。维持良好的交通秩序，不仅需要驾车者的参与，也需要行人的自律与配合。

请列出你所见到的妨碍道路交通安全的行为，并分享你所知道的道路交通安全常识。

2. 车船税的纳税人

车船税的纳税人是指在中华人民共和国境内属于税法规定的车辆、船舶的所有人或者管理人。管理人，指对车船具有管理使用权，不具有所有权的单位。

车船的所有人或者管理人未缴纳车船税的，使用人应当代为缴纳车船税。从事机动车第三者责任强制保险业务的保险机构为机动车车船税的扣缴义务人，应当依法代收代缴车船税，机动车车船税的扣缴义务人依法代收代缴车船税时，纳税人不得拒绝。

3. 车船税的税目与税率

车船税的税目有6类，包括乘用车、商用车、挂车、其他车辆、摩托车和船舶。车船税采用幅度定额税率，具体如表8-4所示。

表 8-4　车船税税目税额表

税目		计税单位	年基准税额/元	备注
乘用车[按发动机汽缸容量（排气量）分档]	≤ 1.0L	每辆	60 ~ 360	核定载客人数 9 人（含）以下
	1.0L ~ 1.6L（含）		300 ~ 540	
	1.6L ~ 2.0L（含）		360 ~ 660	
	2.0L ~ 2.5L（含）		660 ~ 1 200	
	2.5L ~ 3.0L（含）		1 200 ~ 2 400	
	3.0L ~ 4.0L（含）		2 400 ~ 3 600	
	>4.0L		3 600 ~ 5 400	

续表

税目		计税单位	年基准税额/元	备注
商用车	客车	每辆	480～1 440	核定载客人数9人以上（包括电车）
	货车	整备质量每吨	16～120	包括半挂牵引车、三轮汽车和低速载货汽车等
挂车	—	整备质量每吨	按照货车税额的50%计算	—
其他车辆	专用作业车	整备质量每吨	16～120	不包括拖拉机
	轮式专用机械车		16～120	
摩托车	—	每辆	36～180	
船舶	机动船舶	净吨位每吨	3～6	拖船、非机动驳船分别按照机动船舶税额的50%计算
	游艇	艇身长度每米	600～2 000	—

4. 车船税的税收优惠

车船税的税收优惠包括以下情形。

（1）捕捞、养殖渔船免征车船税。

（2）军队、武警部队专用的车船免征车船税。

（3）警用车船免征车船税。

（4）悬挂应急救援专用号牌的国家综合性消防救援车辆和国家综合性消防救援专用船舶免征车船税。

（5）依照我国法律规定应当予以免税的外国驻华使领馆、国际组织驻华代表机构及其有关人员的车船免征车船税。

（6）新能源车船免征车船税。免征车船税的新能源汽车是指纯电动商用车、插电式（含增程式）混合动力汽车、燃料电池商用车。纯电动乘用车和燃料电池乘用车不属于车船税征税范围，对其不征车船税。免征车船税的新能源汽车（不含纯电动乘用车和燃料电池乘用车）必须符合国家有关标准。

（7）对临时入境的外国车船和香港特别行政区、澳门特别行政区、台湾地区的车船不征收车船税。

（8）按照规定缴纳船舶吨税的机动船舶，自《中华人民共和国车船税法》实施之日起5年内免征车船税。

（9）依法不需要在车船登记管理部门登记的机场、港口、铁路站场内部行驶或者作业的车船，自《中华人民共和国车船税法》实施之日起5年内免征车船税。

（10）对节约能源的车船，减半征收车船税。

（11）对受严重自然灾害影响纳税困难以及有其他特殊原因确需减税、免税的，可以减征或者免征车船税。

（12）省、自治区、直辖市人民政府根据当地实际情况，可以对公共交通车船，农村居民拥有并主要在农村地区使用的摩托车、三轮汽车和低速载货汽车定期减征或者免征车船税。

（二）车船税应纳税额的计算

1. 计税依据

（1）乘用车、商用客车和摩托车，以辆数为计税依据。

（2）商用货车、挂车、专用作业车和轮式专用机械车，以整备质量吨位数为计税依据。

（3）机动船舶、非机动驳船、拖船，以净吨位数为计税依据。

（4）游艇，以艇身长度为计税依据。

试一试

根据车船税法律制度的规定，下列各项中，属于商用货车计税依据的是（　　　）。

A．辆数　　　　　　　　　　　B．整备质量吨位数

C．净吨位数　　　　　　　　　D．购置价格

---

2. 应纳税额的计算

车船税应纳税额的计算公式如下。

（1）乘用车、商用客车和摩托车。

$$应纳税额=辆数×适用年基准税额$$

（2）商用货车、挂车、专用作业车和轮式专用机械车。

$$应纳税额=整备质量吨位数×适用年基准税额$$

（3）机动船舶。

$$应纳税额=净吨位数×适用年基准税额$$

（4）拖船和非机动驳船。

$$应纳税额=净吨位数×适用年基准税额×50\%$$

（5）游艇。

$$应纳税额=艇身长度×适用年基准税额$$

（6）购置的新车船，购置当年的应纳税额自纳税义务发生的当月起按月计算。

$$应纳税额=适用年基准税额÷12×应纳税月份数$$

在一个纳税年度内，已完税的车船被盗抢、报废、灭失的，纳税人可以凭有关管理机关出具的证明和完税证明，向纳税所在地的主管税务机关申请退还自被盗抢、报废、灭失月份起至该纳税年度终了期间的税款。已办理退税的被盗抢车船失而复得的，纳税人应当从公安机关出具相关证明的当月起计算缴纳车船税。

【例8-4】甲公司2024年4月购买1辆发动机汽缸容量为1.6升的乘用车。

已知： 车船税适用年基准税额为480元。

要求： 计算甲公司2024年度该小汽车应缴纳的车船税税额。

解析： 应缴纳车船税税额=480÷12×9=360（元）

（三）车船税征收管理

1. 车船税的纳税义务发生时间

车船税的纳税义务发生时间为取得车船所有权或者管理权的当月。以购买车船的发票或其他证明文件所载的当月为准。

2. 车船税的纳税期限

车船税按年申报，分月计算，一次性缴纳。纳税年度，自公历1月1日起至12月31日止。具体申报纳税期限由省、自治区、直辖市人民政府确定。

3. 车船税的纳税地点

车船税的纳税地点为车船的登记地或者车船税扣缴义务人所在地。依法不需要办理登记的车船，车船税的纳税地点为车船的所有人或者管理人所在地。

4. 车船税的纳税申报

车船税的纳税人应该按照有关规定及时办理纳税申报，填写报送纳税申报表和附表。纳税申报表和附表如表8-2和表8-3所示。

四、印花税

（一）印花税的基本要素及税收优惠

印花税，是对经济活动和经济交往中书立、使用应税经济凭证的单位和个人征收的一种税。因纳税人主要是通过在应税凭证上粘贴印花税票来完成纳税义务，故该税种被命名为印花税。

1988年8月6日，国务院公布了《中华人民共和国印花税暂行条例》，于同年10月1日开始征收印花税。同年9月29日，财政部发布《中华人民共和国印花税暂行条例施行细则》，同年12月12日，国家税务总局印发《国家税务总局关于印花税若干具体问题的规定》。2021年6月10日第十三届全国人民代表大会常务委员会第二十九次会议通过《中华人民共和国印花税法》，自2022年7月1日起施行。

1. 印花税的征税范围

我国经济活动中发生的经济凭证种类繁多，数量巨大，现行印花税采用正列举形式，只对法律规定中列举的凭证征收，没有列举的凭证不征收印花税。列举的凭证分为4类，即合同类、产权转移书据类、营业账簿类和证券交易类。

（1）合同，指平等主体的自然人、法人、其他组织之间设立、变更、终止民事权利义务关系的协议。印花税税目中的合同包括买卖合同、借款合同、融资租赁合同、租赁合同、承揽合同、建设工程合同、运输合同、技术合同、保管合同、仓储合同、财产保险合同。

> 📝 **视野拓展**
>
> 讲到合同，不得不讲《中华人民共和国民法典》（以下简称《民法典》）合同编。合同编包括三个分编，共计526条，占《民法典》条文总数的40%以上。《民法典》合同编是民事主体实现意思自治的重要工具，应用《民法典》是优化营商环境的重要方式，是促进社会主义市场经济健康有序发展的重要保障，更是推进国家治理体系和治理能力现代化的重要手段。

> 请查阅《民法典》第五百零九条，了解当事人在履行合同过程中应当遵循的原则及应当避免的事项。思考在日常生活中，我们该如何增强守法观念，为建设法治社会做贡献。

（2）产权转移书据，指在产权的买卖（出售）、继承、赠与、互换、分割等产权主体变更过程中，由产权出让人和受让人之间订立的民事法律文书。我国印花税税目中的产权转移书据，包括土地使用权出让和转让书据，房屋等建筑物和构筑物所有权、股权（不包括上市和挂牌公司股票）、商标专用权、著作权、专利权、专有技术使用权转让书据。

（3）营业账簿，指单位或者个人记载生产经营活动的财务会计核算账簿。按照营业账簿反映的内容不同，在税目中分为记载资金的账簿（简称资金账簿）和其他营业账簿两类，对资金账簿征收印花税，对其他营业账簿不征收印花税。资金账簿是反映生产经营单位实收资本和资本公积金额增减变化的账簿，其他营业账簿是反映除资金资产以外的生产经营活动内容的账簿。

（4）证券交易，指在依法设立的证券交易所上市交易或者国务院批准的其他证券交易场所转让公司股票和以股票为基础发行的存托凭证。证券交易印花税对证券交易的出让方征收，不对受让方征收。

2. 印花税的纳税人

在中华人民共和国境内书立应税凭证、进行证券交易的单位和个人，为印花税的纳税人。在中华人民共和国境外书立在境内使用的应税凭证的单位和个人，应当依法缴纳印花税。单位是指企业、行政单位、事业单位、军事单位、社会团体及其他单位，个人是指个体工商户和其他个人。根据书立、领受、使用应税凭证的不同，印花税纳税人可分为立合同人、立账簿人、立据人、使用人等。

（1）立合同人，指合同的当事人，即对凭证有直接权利义务关系的单位和个人，但不包括合同的担保人、证人、鉴定人。

（2）立账簿人，指开立并使用营业账簿的单位和个人。

（3）立据人，指书立产权转移书据的单位和个人。

（4）使用人，指在国外书立、领受，但在国内使用应税凭证的单位和个人。

（5）出让方。证券交易印花税对证券交易的出让方征收，不对受让方征收。

试一试

根据印花税法律制度的规定，下列关于印花税纳税人的表述中，正确的有（　　　　）。

A．会计账簿以立账簿人为纳税人　　　　B．产权转移书据以立据人为纳税人
C．建设工程合同以立合同人为纳税人　　D．借款合同以担保人为纳税人

AI助学导航

继承行为是否缴纳印花税？由谁交？请使用文心一言、通义千问、DeepSeek等AI工具搜索结果。

---

3. 印花税的税率

印花税的税率为比例税率，具体税率如下。

（1）借款合同、融资租赁合同，适用税率为万分之零点五。

（2）营业账簿，适用税率为万分之二点五。

（3）买卖合同，承揽合同，建设工程合同，运输合同，技术合同，商标专用权、著作权、专利权、专有技术使用权转让书据，适用税率为万分之三。

（4）土地使用权出让书据，土地使用权、房屋等建筑物和构筑物所有权转让书据（不包括土地承包经营权和土地经营权转移），股权转让书据（不包括应缴纳证券交易印花税的），适用税率为万分之五。

（5）租赁合同、保管合同、仓储合同、财产保险合同、证券交易，适用税率为千分之一。

《中华人民共和国印花税法》所附"印花税税目税率表"如表8-5所示。

表 8-5 印花税税目税率表

税目		税率	备注
合同（指书面合同）	借款合同	借款金额的万分之零点五	指银行业金融机构、经国务院银行业监督管理机构批准成立的其他金融机构与借款人（不包括银行同业拆借）的借款合同
	融资租赁合同	租金的万分之零点五	
	买卖合同	价款的万分之三	指动产买卖合同（不包括个人书立的动产买卖合同）
	承揽合同	报酬的万分之三	
	建设工程合同	价款的万分之三	
	运输合同	运输费用的万分之三	指货运合同或多式联运合同（不包括管道运输合同）
	技术合同	价款、报酬或者使用费的万分之三	不包括专利权、专有技术使用权转让书据
	租赁合同	租金的千分之一	
	保管合同	保管费的千分之一	
	仓储合同	仓储费的千分之一	
	财产保险合同	保险费的千分之一	不包括再保险合同
产权转移书据	土地使用权出让书据	价款的万分之五	转让包括买卖（出售）、继承、赠与、互换、分割
	土地使用权、房屋等建筑物和构筑物所有权转让书据（不包括土地承包经营权和土地经营权转移）	价款的万分之五	
	股权转让书据（不包括应缴纳证券交易印花税的）	价款的万分之五	
	商标专用权、著作权、专利权、专有技术使用权转让书据	支付价款的万分之三	
营业账簿		实收资本（股本）和资本公积合计金额的万分之二点五	
证券交易		成交金额的千分之一	

4. 印花税的税收优惠

《中华人民共和国印花税法》规定，下列凭证免征印花税。

（1）应税凭证的副本或者抄本。

（2）依照法律规定应当予以免税的外国驻华使馆、领事馆和国际组织驻华代表机构为获得馆舍书立的应税凭证。

（3）中国人民解放军、中国人民武装警察部队书立的应税凭证。

（4）农民、家庭农场、农民专业合作社、农村集体经济组织、村民委员会购买农业生产资料或者销售农产品书立的买卖合同和农业保险合同。

（5）无息或者贴息借款合同、国际金融组织向中国提供优惠贷款书立的借款合同。

（6）财产所有权人将财产赠与政府、学校、社会福利机构、慈善组织书立的产权转移书据。

（7）非营利性医疗卫生机构采购药品或者卫生材料书立的买卖合同。

（8）个人与电子商务经营者订立的电子订单。

（9）自2023年8月28日起，证券交易印花税实施减半征收。

根据国民经济和社会发展的需要，国务院对居民住房需求保障、企业改制重组、破产、支持小型微型企业发展等情形可以规定减征或者免征印花税，报全国人民代表大会常务委员会备案。

（二）印花税应纳税额的计算

1. 计税依据

印花税的计税依据，按照下列方法确定。

（1）应税合同的计税依据，为合同所列的金额，不包括列明的增值税税款。

（2）应税产权转移书据的计税依据，为产权转移书据所列的金额，不包括列明的增值税税款。

（3）应税营业账簿的计税依据，为账簿记载的实收资本（股本）、资本公积合计金额。

（4）证券交易的计税依据，为成交金额。

应税合同、产权转移书据未列明金额的，印花税的计税依据按照实际结算的金额确定。

计税依据按照前款规定仍不能确定的，按照书立合同、产权转移书据时的市场价格确定；依法应当执行政府定价或者政府指导价的，按照国家有关规定确定。

证券交易无转让价格的，按照办理过户登记手续时该证券前一个交易日收盘价计算确定计税依据；无收盘价的，按照证券面值计算确定计税依据。

2. 应纳税额的计算

印花税应纳税额的计算公式如下。

（1）应税合同。

$$应纳税额 = 价款或者报酬 \times 适用税率$$

（2）应税产权转移书据。

$$应纳税额 = 价款 \times 适用税率$$

（3）应税营业账簿。

$$应纳税额 = 实收资本（股本）、资本公积合计金额 \times 适用税率$$

（4）证券交易。

$$应纳税额=成交金额或依法确定的计税依据×适用税率$$

【例8-5】 甲公司为增值税一般纳税人，2024年实收资本为500万元，资本公积为400万元。甲公司2023年资金账簿上已按规定贴印花2 000元。

已知：印花税税率为2.5‰。

要求：计算甲公司2024年度资金账簿应缴纳的印花税税额。

解析：营业账簿中资金账簿计税依据为实收资本与资本公积两项的合计金额。

应缴纳印花税税额=（5 000 000+4 000 000）×2.5‰-2 000=250（元）

【例8-6】 大宇电厂为增值税一般纳税人，2024年10月大宇电厂与甲水运公司签订了两份合同：第一份合同载明的金额合计50万元（运费和保管费未分别记载）；第二份合同中注明运费30万元、保管费10万元。

已知：运输合同印花税适用税率为3‰，保管合同印花税适用税率为1‰。

要求：分别计算大宇电厂第一份、第二份合同应缴纳的印花税税额。

解析：第一份合同应缴纳印花税税额=500 000×1‰=500（元）

第二份合同应缴纳印花税税额=300 000×3‰+100 000×1‰=1□0（元）

（三）印花税征收管理

1. 印花税票

印花税票是缴纳印花税的完税凭证，由国务院税务主管部门监制。其票面金额以人民币为单位，分为壹角、贰角、伍角、壹元、贰元、伍元、拾元、伍拾元、壹佰元□种。印花税票为有价证券，一套□枚，每年发行主题不一。2021年印花税票以"中国共产党领导下的税收事业发展"为题材，2020年印花税票以"税收助力决胜全面小康"为题材，201□年印花税票以"丝路远望"为题材，201□年印花税票以"红色税收记忆"为题材，201□年印花税票以"明清榷关"为题材，201□年印花税票以"荆关楚市"为题材，2015年印花税票以"中国古代税收思想家"为题材。

印花税可以采用粘贴印花税票或者由税务机关依法开具其他完税凭证的方式缴纳。印花税票粘贴在应税凭证上的，由纳税人在每枚税票的骑缝处盖戳注销或者画销。

2. 印花税的纳税义务发生时间

印花税的纳税义务发生时间为纳税人书立应税凭证或者完成证券交易的当日。

证券交易印花税扣缴义务发生时间为证券交易完成的当日。

3. 印花税的纳税期限

印花税按季、按年或者按次计征。实行按季、按年计征的，纳税人应当自季度、年度终了之日起十五日内申报缴纳税款；实行按次计征的，纳税人应当自纳税义务发生之日起15日内申报缴纳税款。

证券交易印花税按周解缴。证券交易印花税扣缴义务人应当自每周终了之日起5日内申报解缴税款以及银行结算的利息。已缴纳印花税的应税凭证所载价款或者报酬增加的，纳税人应补缴印花税；已缴纳印花税的应税凭证所载价款或者报酬较少的，纳税人可以向主管税务机关申请退还印花税税款。

4. 印花税的纳税地点

纳税人为单位的，应当向其机构所在地的主管税务机关申报缴纳印花税；纳税人为个人的，应当向应税凭证书立地或者纳税人居住地的主管税务机关申报缴纳印花税。

不动产产权发生转移的，纳税人应当向不动产所在地的主管税务机关申报缴纳印花税。

纳税人为境外单位或者个人，在境内有代理人的，以其境内代理人为扣缴义务人；在境内没有代理人的，由纳税人自行申报缴纳印花税，具体办法由国务院税务主管部门规定。

证券登记结算机构为证券交易印花税的扣缴义务人，应当向其机构所在地的主管税务机关申报解缴税款以及银行结算的利息。

5. 印花税的纳税申报

印花税的纳税人应该按照有关规定及时办理纳税申报，填写报送纳税申报表和附表。纳税申报表和附表如表8-2和表8-3所示。

💡 AI助学导航

哪些纳税人可以享受"六税两费"减免政策？请使用文心一言、通义千问、DeepSeek等AI工具搜索结果。

五、耕地占用税

（一）耕地占用税的基本要素及税收优惠

耕地占用税

耕地占用税是为了合理利用土地资源，加强土地管理，保护耕地，对占用耕地建设建筑物、构筑物或者从事非农业建设的单位和个人征收的一种税。

1987年4月1日国务院颁布《中华人民共和国耕地占用税暂行条例》。2018年12月29日第十三届全国人民代表大会常务委员会第七次会议通过《中华人民共和国耕地占用税法》，自2019年9月1日起施行。

📝 视野拓展

2024年6月25日是第34个全国土地日，主题是"节约集约用地 严守耕地红线"。耕地是人类获取粮食的重要基地，维护耕地数量与质量，对农业可持续发展至关重要。"十分珍惜、合理利用土地和切实保护耕地"是必须长期坚持的一项基本国策。

查阅我国的"耕地红线"，思考学生如何为保护耕地做点力所能及的事情。

1. 耕地占用税的征税范围

耕地占用税的征税范围包括纳税人为建设建筑物、构筑物或者从事非农业建设而占用的国家所有和集体所有的耕地。

耕地，指用于种植农作物的土地。

占用鱼塘及其他农用土地建房或从事其他非农业建设，也视同占用耕地，必须依法征收耕地占用税。

占用园地、林地、草地、农田水利用地、养殖水面、渔业水域滩涂以及其他农用地建设建筑物、构筑物或者从事非农业建设的，依照规定缴纳耕地占用税。

建设直接为农业生产服务的生产设施占用上述农用地的，不征收耕地占用税。

2. 耕地占用税的纳税人

在中华人民共和国境内占用耕地建设建筑物、构筑物或者从事非农业建设的单位和个人，为耕地占用税的纳税人。单位，包括企业、事业单位、社会团体、国家机关、部队以及其他单位；个人，包括个体工商户、农村承包经营户以及其他个人。

经批准占用耕地的，纳税人为农用地转用审批文件中标明的建设用地人；农用地转用审批文件中未标明建设用地人的，纳税人为用地申请人，其中用地申请人为各级人民政府的，由同级土地储备中心、自然资源主管部门或政府委托的其他部门、单位履行耕地占用税申报纳税义务。未经批准占用耕地的，纳税人为实际用地人。

3. 耕地占用税的税率

耕地占用税实行地区差别定额税率，按照人均耕地面积的多少确定每平方米耕地的适用税率，耕地占用税税率如表8-6所示。

表8-6　耕地占用税税率

级次	地区	每平方米税额 / 元
1	人均耕地不超过1亩（含1亩，1亩≈666.67平方米）的地区	10 ~ 50
2	人均耕地超过1亩但不超过2亩（含2亩）的地区	8 ~ 40
3	人均耕地超过2亩但不超过3亩（含3亩）的地区	6 ~ 30
4	人均耕地超过3亩的地区	5 ~ 25

各地区耕地占用税的适用税额，由省、自治区、直辖市人民政府根据人均耕地面积和经济发展等情况，在规定的税额幅度内提出，报同级人民代表大会常务委员会决定，并报全国人民代表大会常务委员会和国务院备案。各省、自治区、直辖市耕地占用税适用税额的平均水平，不得低于《各省、自治区、直辖市耕地占用税平均税额表》规定的平均税额。《各省、自治区、直辖市耕地占用税平均税额表》如表8-7所示。

表8-7　各省、自治区、直辖市耕地占用税平均税额表

省、自治区、直辖市	每平方米平均税额 / 元
上海	45
北京	40
天津	35
江苏、浙江、福建、广东	30
辽宁、湖北、湖南	25
河北、安徽、江西、山东、河南、重庆、四川	22.5
广西、海南、贵州、云南、陕西	20
山西、吉林、黑龙江	17.5
内蒙古、西藏、甘肃、青海、宁夏、新疆	12.5

在人均耕地低于0.5亩的地区，省、自治区、直辖市可以根据当地经济发展情况，适当提高耕地占用税的适用税额，但提高的部分不得超过确定的适用税额的50%。

占用基本农田的，应当按照确定的当地适用税额，加按150%征收耕地占用税。

4. 耕地占用税的税收优惠

下列情形可以减征或免征耕地占用税。

（1）军事设施、学校、幼儿园、社会福利机构、医疗机构占用耕地免征耕地占用税。

① 免税的军事设施，具体范围为《中华人民共和国军事设施保护法》规定的军事设施。

② 免税的学校，具体范围包括县级以上人民政府教育行政部门批准成立的大学、中学、小学、学历性职业教育学校和特殊教育学校，以及经省级人民政府或其人力资源和社会保障行政部门批准成立的技工院校。

学校内经营性场所和教职工住房占用耕地的，按照当地适用税额缴纳耕地占用税。

③ 免税的幼儿园，具体范围限于县级以上人民政府教育行政部门批准成立的幼儿园内专门用于幼儿保育、教育的场所。

④ 免税的社会福利机构，具体范围限于依法登记的养老服务机构、残疾人服务机构、儿童福利机构、救助管理机构、未成年人救助保护机构内，专门为老年人、残疾人、未成年人、生活无着落的流浪乞讨人员提供养护、康复、托管等服务的场所。

⑤ 免税的医疗机构，具体范围限于县级以上人民政府卫生健康行政部门批准设立的医疗机构内专门从事疾病诊断、治疗活动的场所及其配套设施。

医疗机构内职工住房占用耕地的，按照当地适用税额缴纳耕地占用税。

（2）铁路线路、公路线路、飞机场跑道、停机坪、港口、航道、水利工程占用耕地，减按每平方米2元的税额征收耕地占用税。

① 减税的铁路线路，具体范围限于铁路路基、桥梁、涵洞、隧道及其按照规定两侧留地、防火隔离带。

专用铁路和铁路专用线占用耕地的，按照当地适用税额缴纳耕地占用税。

② 减税的公路线路，具体范围限于经批准建设的国道、省道、县道、乡道和属于农村公路的村道的主体工程以及两侧边沟或者截水沟。

专用公路和城区内机动车道占用耕地的，按照当地适用税额缴纳耕地占用税。

③ 减税的飞机场跑道、停机坪，具体范围限于经批准建设的民用机场专门用于民用航空器起降、滑行、停放的场所。

④ 减税的港口，具体范围限于经批准建设的港口内供船舶进出、停靠以及旅客上下、货物装卸的场所。

⑤ 减税的航道，具体范围限于在江、河、湖泊、港湾等水域内供船舶安全航行的通道。

⑥ 减税的水利工程，具体范围限于经县级以上人民政府水利行政主管部门批准建设的防洪、排涝、灌溉、引（供）水、滩涂治理、水土保持、水资源保护等各类工程及其配套和附属工程的建筑物、构筑物占压地和经批准的管理范围用地。

（3）农村居民在规定用地标准以内占用耕地新建自用住宅，按照当地适用税额减半征收耕地占用税；其中农村居民经批准搬迁，新建自用住宅占用耕地不超过原宅基地面积的部分，免征耕地占用税。

（4）农村烈士遗属、因公牺牲军人遗属、残疾军人以及符合农村最低生活保障条件的农村居民，在规定用地标准以内新建自用住宅，免征耕地占用税。

纳税人改变原占地用途，不再属于免征或减征情形的，应自改变用途之日起30日内申报补缴税款，补缴税款按改变用途的实际占用耕地面积和改变用途时当地适用税额计算。

（二）耕地占用税应纳税额的计算

1. 计税依据

耕地占用税以纳税人实际占用的耕地面积为计税依据，按应税土地当地适用税额计税，实行一次性征收。

2. 应纳税额的计算

耕地占用税的应纳税额是根据纳税人实际占用的耕地面积和当地适用税率确定的，计算公式为

$$应纳税额=实际占用的耕地面积（平方米）×适用税率$$

【例8-7】 甲公司为增值税一般纳税人，2024年10月经批准占用市郊区耕地40 000平方米用于建设新厂房。

已知： 耕地占用税税率为35元/平方米。

要求： 计算甲公司应缴纳的耕地占用税税额。

解析： 应缴纳耕地占用税税额=40 000×35=1 400 000（元）

（三）耕地占用税征收管理

1. 耕地占用税的纳税义务发生时间

经批准占用耕地的，耕地占用税的纳税义务发生时间为纳税人收到自然资源主管部门办理占用耕地手续的书面通知的当日。

未经批准占用耕地的，耕地占用税的纳税义务发生时间为自然资源主管部门认定的纳税人实际占用耕地的当日。

因挖损、采矿塌陷、压占、污染等损毁耕地的纳税义务发生时间为自然资源、农业农村等相关部门认定损毁耕地的当日。

纳税人占地类型、占地面积和占地时间等纳税申报数据材料以自然资源等相关部门提供的相关材料为准；未提供相关材料或者材料信息不完整的，经主管税务机关提出申请，由自然资源等相关部门自收到申请之日起30日内出具认定意见。

2. 耕地占用税的纳税期限

耕地占用税按照"先缴税后用地"的原则一次性征收。

自然资源等相关部门在通知单位或者个人办理占用耕地手续时，应当同时通知耕地所在地税务机关。获准占用耕地的单位或者个人应当在收到自然资源等相关部门的通知之日起30日内缴纳耕地占用税。自然资源等相关部门凭耕地占用税完税凭证或者免税凭证和其他有关文件发放建设用地批准书。

3. 耕地占用税的纳税地点

耕地占用税由耕地所在地税务机关负责征收。纳税人占用耕地或其他农用地，应当在耕地或其他农用地所在地申报纳税。

4. 耕地占用税的纳税申报

耕地占用税的纳税人应该按照有关规定及时办理纳税申报，填写报送纳税申报表和附表。纳税申报表和附表如表8-2和表8-3所示。

💡 **AI助学导航**

公司申报缴纳的哪些税费种可以享受"六税两费"减免优惠？请使用文心一言、通义千问、DeepSeek等AI工具搜索结果。

六、资源税

（一）资源税的基本要素及税收优惠

资源税是对在中华人民共和国领域和中华人民共和国管辖的其他海域开发应税资源的单位和个人征收的一种税。

1993年12月国务院发布了《中华人民共和国资源税暂行条例》（以下简称《资源税暂行条例》），自1994年1月1日起执行。2011年9月30日国务院对《资源税暂行条例》进行了修订，自2011年11月1日起执行。2016年5月9日，财政部、国家税务总局发布《关于全面推进资源税改革的通知》（财税〔2016〕53号），自2016年7月1日起全面推进资源税改革。2019年8月26日第十三届全国人民代表大会常务委员会第十二次会议通过《中华人民共和国资源税法》，自2020年9月1日起施行。

📝 **视野拓展**

《中华人民共和国矿产资源法》已由中华人民共和国第十四届全国人民代表大会常务委员会第十二次会议于2024年11月8日修订通过，自2025年7月1日起施行。新矿产资源法第一条将"保障国家矿产资源安全"作为矿产资源法的立法目的之一。

思考学生如何为保护矿产资源做点力所能及的事情。

1. 资源税的征税范围

现行资源税的征税范围是在中国境内开采的应税矿产品和生产的盐两大类，具体包括以下几种。

（1）能源矿产。能源矿产包括原油，天然气、页岩气、天然气水合物，煤，煤成（层）气，铀，钍，油页岩、油砂、天然沥青、石煤，地热。

（2）金属矿产。金属矿产包括黑色金属和有色金属。

（3）非金属矿产。非金属矿产包括矿物类、岩石类和宝玉石类。

（4）水气矿产。水气矿产包括二氧化碳、硫化氢、氦气、氡气和矿泉水。

（5）盐。盐包括钠盐、钾盐、镁盐、锂盐，天然卤水和海盐。

👨‍🏫 **试一试**

根据资源税法律制度的规定，下列各项中，属于资源税征税范围的有（　　　　）。

A．大理石　　　　　　　　　　　B．原油

C．海盐　　　　　　　　　　　　D．人造石油

2. 资源税的纳税人

资源税的纳税人是指在中华人民共和国领域和中华人民共和国管辖的其他海域开发应税资源的单位和个人。资源税的纳税人包括国有企业、集体企业、私营企业、股份制企业、外商投资企业、外国企业及其他企业、行政单位、事业单位、军事单位、社会团体、其他单位、个体经营者、其他个人。

中外合作开采陆上、海上石油资源的企业依法缴纳资源税。2011年11月1日前已依法订立中外合作开采陆上、海上石油资源合同的，在该合同有效期内，继续依照国家有关规定缴纳矿区使用费，不缴纳资源税；合同期满后，依法缴纳资源税。

试一试

根据资源税法律制度的规定，下列各项中，属于资源税纳税人的有( )。
A. 进口盐的外贸企业
B. 开采原煤的私营企业
C. 销售食用盐的超市
D. 中外合作开采石油的企业

3. 资源税的税目、税率

资源税税目、税率如表8-8所示。

表 8-8　资源税税目、税率表

税目		征税对象	税率
一、能源矿产	原油	原矿	6%
	天然气、页岩气、天然气水合物	原矿	6%
	煤	原矿或者选矿	2% ~ 10%
	煤成（层）气	原矿	1% ~ 2%
	铀、钍	原矿	4%
	油页岩、油砂、天然沥青、石煤	原矿或者选矿	1% ~ 4%
	地热	原矿	1% ~ 20% 或每平方米 1 ~ 30 元
二、金属矿产	黑色金属　铁、锰、铬、钒、钛	原矿或者选矿	1% ~ 9%
	有色金属　铜、铅、锌、锡、镍、锑、镁、钴、铋、汞	原矿或者选矿	2% ~ 10%
	铝土矿	原矿或者选矿	2% ~ 9%
	钨	选矿	6.5%
	钼	选矿	8%
	金、银	原矿或者选矿	2% ~ 6%

续表

税目		征税对象	税率
二、金属矿产	有色金属	铂、钯、钌、锇、铱、铑	原矿或者选矿	5%～10%
		轻稀土	选矿	7%～12%
		中重稀土	选矿	20%
		铍、锂、锆、锶、铷、铯、铌、钽、锗、镓、铟、铊、铪、铼、镉、硒、碲	原矿或者选矿	2%～10%
三、非金属矿产	矿物类	高岭土	原矿或者选矿	1%～6%
		石灰岩	原矿或者选矿	1%～6%或者每吨（或者每立方米）1～10元
		磷	原矿或者选矿	3%～8%
		石墨	原矿或者选矿	3%～12%
		萤石、硫铁矿、自然硫	原矿或者选矿	1%～8%
		天然石英砂、脉石英、粉石英、水晶、工业用金刚石、冰洲石、蓝晶石、硅线石（矽线石）、长石、滑石、刚玉、菱镁矿、颜料矿物、天然碱、芒硝、钠硝石、明矾石、砷、硼、碘、溴、膨润土、硅藻土、陶瓷土、耐火粘土、铁矾土、凹凸棒石粘土、海泡石粘土、伊利石粘土、累托石粘土	原矿或者选矿	1%～12%
		叶蜡石、硅灰石、透辉石、珍珠岩、云母、沸石、重晶石、毒重石、方解石、蛭石、透闪石、工业用电气石、白垩、石棉、蓝石棉、红柱石、石榴子石、石膏	原矿或者选矿	2%～12%
		其他粘土（铸型用粘土、砖瓦用粘土、陶粒用粘土、水泥配料用粘土、水泥配料用红土、水泥配料用黄土、水泥配料用泥岩、保温材料用粘土）	原矿或者选矿	1%～5%或者每吨（或者每立方米）0.1～5元
	岩石类	大理岩、花岗岩、白云岩、石英岩、砂岩、辉绿岩、安山岩、闪长岩、板岩、玄武岩、片麻岩、角闪岩、页岩、浮石、凝灰岩、黑曜岩、霞石正长岩、蛇纹岩、麦饭石、泥灰岩、含钾岩石、含钾砂页岩、天然油石、橄榄岩、松脂岩、粗面岩、辉长岩、辉岩、正长岩、火山灰、火山渣、泥炭	原矿或者选矿	1%～10%
		砂石	原矿或者选矿	1%～5%或者每吨（或者每立方米）0.1～5元
	宝玉石类	宝石、玉石、宝石级金刚石、玛瑙、黄玉、碧玺	原矿或者选矿	4%～20%

续表

税目		征税对象	税率
四、水气矿产	二氧化碳、硫化氢、氦气、氡气	原矿	2%～5%
	矿泉水	原矿	1%～20%或者每立方米1～30元
五、盐	钠盐、钾盐、镁盐、锂盐	选矿	3%～15%
	天然卤水	原矿	3%～15%或者每吨（或者每立方米）1～10元
	海盐		2%～5%

《资源税税目、税率表》中规定实行幅度税率的，其具体适用税率由省、自治区、直辖市人民政府统筹考虑该应税资源的品位、开采条件以及对生态环境的影响等情况，在《资源税税目、税率表》规定的税率幅度内提出，报同级人民代表大会常务委员会决定，并报全国人民代表大会常务委员会和国务院备案。《资源税税目、税率表》中规定征税对象为原矿或者选矿的，应当分别确定具体适用税率。

《资源税税目、税率表》中规定可以选择实行从价计征或者从量计征的，具体计征方式由省、自治区、直辖市人民政府提出，报同级人民代表大会常务委员会决定，并报全国人民代表大会常务委员会和国务院备案。

实行从价计征的，应纳税额按照应税资源产品（以下称应税产品）的销售额乘以具体适用税率计算。实行从量计征的，应纳税额按照应税产品的销售数量乘以具体适用税率计算。

应税产品为矿产品的，包括原矿和选矿产品。

纳税人开采或者生产不同税目应税产品的，应当分别核算不同税目应税产品的销售额或者销售数量；未分别核算或者不能准确提供不同税目应税产品的销售额或者销售数量的，从高适用税率。

4. 资源税的税收优惠

（1）有下列情形之一的，免征资源税。

① 开采原油以及在油田范围内运输原油过程中用于加热的原油、天然气。

② 煤炭开采企业因安全生产需要抽采的煤成（层）气。

（2）有下列情形之一的，减征资源税。

① 从低丰度油气田开采的原油、天然气，减征20%资源税。

② 高含硫天然气、三次采油和从深水油气田开采的原油、天然气，减征30%资源税。

③ 稠油、高凝油减征40%资源税。

④ 从衰竭期矿山开采的矿产品，减征30%资源税。

根据国民经济和社会发展需要，国务院对有利于促进资源节约集约利用、保护环境等情形可以规定免征或者减征资源税，报全国人民代表大会常务委员会备案。

（3）有下列情形之一的，省、自治区、直辖市可以决定免征或者减征资源税。

① 纳税人开采或者生产应税产品过程中，因意外事故或者自然灾害等原因遭受重大损失。

② 纳税人开采共伴生矿、低品位矿、尾矿。

上述规定的免征或者减征资源税的具体办法，由省、自治区、直辖市人民政府提出，报同级人民代表大会常务委员会决定，并报全国人民代表大会常务委员会和国务院备案。

纳税人的免税、减税项目，应当单独核算销售额或者销售数量；未单独核算或者不能准确提供销售额或者销售数量的，不予免税或者减税。

（二）资源税应纳税额的计算

1. 计税依据

纳税人开采或生产应税产品的销售额或者销售数量是资源税的计税依据。

（1）销售额。

销售额为按照纳税人销售应税产品向购买方收取的全部价款，不包括增值税税款。计入销售额中的相关运杂费用，凡取得增值税发票或者其他合法有效凭据的，准予从销售额中扣除。相关运杂费用是指应税产品从坑口或者洗选（加工）地到车站、码头或者购买方指定地点的运输费用、建设基金以及随运销产生的装卸、仓储、港杂费用。

① 纳税人开采或者生产应税产品自用的，应当依照规定缴纳资源税；但是，自用于连续生产应税产品的，不缴纳资源税。纳税人自用应税产品应当缴纳资源税的情形，包括纳税人以应税产品用于非货币性资产交换、捐赠、偿债、赞助、集资、投资、广告、样品、职工福利、利润分配或者连续生产非应税产品等。

② 纳税人申报的应税产品销售额明显偏低且无正当理由的，或者有自用应税产品行为而无销售额的，主管税务机关可以按下列方法和顺序确定其应税产品销售额。

a. 按纳税人最近时期同类产品的平均销售价格确定。

b. 按其他纳税人最近时期同类产品的平均销售价格确定。

c. 按后续加工非应税产品销售价格，减去后续加工环节的成本利润后确定。

d. 按应税产品组成计税价格确定。

$$组成计税价格=成本×（1+成本利润率）÷（1-资源税税率）$$

上述公式中的成本利润率由省、自治区、直辖市税务机关确定。

e. 按其他合理方法确定。

（2）销售数量。

销售数量包括纳税人开采或者生产应税产品的实际销售数量和自用于应当缴纳资源税情形的应税产品数量。

（3）计税依据的特殊规定。

① 纳税人外购应税产品与自采应税产品混合销售或者混合加工为应税产品销售的，在计算应税产品销售额或者销售数量时，准予扣减外购应税产品的购进金额或者购进数量；当期不足扣减的，可结转下期扣减。纳税人应当准确核算外购应税产品的购进金额或者购进数量，未准确核算的，一并计算缴纳资源税。

纳税人核算并扣减当期外购应税产品购进金额、购进数量，应当依据外购应税产品的增值税发票、海关进口增值税专用缴款书或者其他合法有效凭据。

② 纳税人以外购原矿与自采原矿混合为原矿销售，或者以外购选矿产品与自产选矿产品混合为选矿产品销售的，在计算应税产品销售额或者销售数量时，直接扣减外购原矿或者外购选矿产品的购进金额或者购进数量。

纳税人以外购原矿与自采原矿混合洗选加工为选矿产品销售的，在计算应税产品销售额或者销售数量时，按照下列方法进行扣减。

准予扣减的外购应税产品购进金额（数量）=外购原矿购进金额（数量）×（本地区原矿适用税率÷本地区选矿产品适用税率）

不能按照上述方法计算扣减的，按照主管税务机关确定的其他合理方法进行扣减。

③ 纳税人开采或者生产同一税目下适用不同税率应税产品的，应当分别核算不同税率应税产品的销售额或者销售数量；未分别核算或者不能准确提供不同税率应税产品的销售额或者销售数量的，从高适用税率。

④ 纳税人以自采原矿（经过采矿过程采出后未进行选矿或者加工的矿石）直接销售，或者自用于应当缴纳资源税情形的，按照原矿计征资源税。

纳税人以自采原矿洗选加工为选矿产品（通过破碎、切割、洗选、筛分、磨矿、分级、提纯、脱水、干燥等过程形成的产品，包括富集的精矿和研磨成粉、粒级成型、切割成型的原矿加工品）销售，或者将选矿产品自用于应当缴纳资源税情形的，按照选矿产品计征资源税，在原矿移送环节不缴纳资源税。对于无法区分原生岩石矿种的粒级成型砂石颗粒，按照砂石税目征收资源税。

⑤ 纳税人开采或者生产同一应税产品，其中既有享受减免税政策的，又有不享受减免税政策的，按照免税、减税项目的产量占比等方法分别核算确定免税、减税项目的销售额或者销售数量。纳税人开采或者生产同一应税产品同时符合两项或者两项以上减征资源税优惠政策的，除另有规定外，只能选择其中一项执行。

2．应纳税额的计算

资源税的应纳税额，按照从价定率或者从量定额的办法，分别以应税产品的销售额乘以纳税人具体适用的比例税率或者以应税产品的销售数量乘以纳税人具体适用的定额税率计算。计算公式为

$$应纳税额=销售额×比例税率$$

或

$$应纳税额=销售数量×定额税率$$

【例8-8】甲油田为增值税一般纳税人，2025年1月开采原油5 000吨，当月销售3 000吨，每吨不含税销售价格为2 000元，开采过程中加热自用100吨。

已知：资源税税率为6%。

要求：计算甲油田当月应缴纳的资源税税额。

解析：根据规定，开采原油过程中用于加热的原油，免征资源税。纳税人开采或者生产原油销售的，以销售额为计税依据。

应缴纳资源税税额=3 000×2 000×6%=360 000（元）

【例8-9】甲煤矿为增值税一般纳税人，2025年1月销售自采原煤收取不含增值税价款800万元，其中从坑口到车站的运输费用为20万元，随运销产生的装卸、仓储费用为10万元，均取得增值税发票。

已知：资源税税率为5%。

要求：计算甲煤矿当月应缴纳的资源税税额。

解析：煤矿的征税对象为原矿或者选矿，本题计税依据为原煤销售额，减除运输费用和装卸、仓储费用。

应税产品销售额=800－（20+10）=770（万元）

应缴纳资源税税额=770×5%=38.5（万元）

（三）资源税征收管理

1. 资源税的纳税义务发生时间

（1）纳税人销售应税产品的，纳税义务发生时间为收讫销售款或者取得索取销售款凭据的当日。

（2）纳税人自产自用应税产品的，纳税义务发生时间为移送应税产品的当日。

2. 资源税的纳税期限

资源税按月或者按季申报缴纳；不能按固定期限计算缴纳的，可以按次申报缴纳。

纳税人按月或者按季申报缴纳的，应当自月度或者季度终了之日起15日内，向税务机关办理纳税申报并缴纳税款；按次申报缴纳的，应当自纳税义务发生之日起15日内，向税务机关办理纳税申报并缴纳税款。

3. 资源税的纳税地点

（1）纳税人应当向应税产品开采地或者生产地的税务机关申报缴纳资源税。

（2）纳税人应当在矿产品的开采地或者海盐的生产地缴纳资源税。

（3）海上开采的原油和天然气资源税由海洋石油税务管理机构征收管理。

4. 资源税的纳税申报

资源税的纳税人应该按照有关规定及时办理纳税申报，填写报送纳税申报表和附表。纳税申报表和附表如表8-2和表8-3所示。

AI助学导航

作为采选洗一体化的矿山企业，既生产原矿产品又生产选矿产品，如何申报缴纳资源税？请使用文心一言、通义千问、DeepSeek等AI工具搜索结果。

七、土地增值税

（一）土地增值税的基本要素及税收优惠

土地增值税是对转让国有土地使用权、地上建筑物及其附着物（简称转让房地产）并取得收入的单位和个人，就其转让房地产所取得的增值额征收的一种税。

1993年12月13日国务院颁布了《中华人民共和国土地增值税暂行条例》（以下简称《土地增值税暂行条例》），并于1994年1月1日起施行。1995年1月财政部印发了《中华人民共和国土地增值税暂行条例实施细则》（以下简称《土地增值税暂行条例实施细则》），自1995年1月27日起施行。之后，财政部、国家税务总局又陆续发布了一些有关土地增值税的规定、办法。这些构成了我国土地增值税的法律制度。

1. 土地增值税的征税范围

凡转让国有土地使用权、地上建筑物及其附着物并取得收入的行为，都属于土地增值税的征税范围。

（1）征税范围的一般规定。

① 土地增值税只对转让国有土地使用权的行为征税，对出让国有土地使用权的行为不征税。

② 土地增值税既对转让土地使用权的行为征税，也对转让地上建筑物及其附着物产权的行为征税。

③ 土地增值税只对有偿转让的房地产征税，对以继承、赠与等方式无偿转让的房地产，不予征税。

（2）征税范围的特殊规定。

① 以房地产进行投资、联营。以房地产进行投资、联营的，投资、联营一方以土地（房地产）作价入股进行投资或者作为联营条件，将房地产转让到所投资、联营的企业中，暂免征收土地增值税。对投资、联营企业将上述房地产再转让的，应征收土地增值税。

② 房地产开发企业将开发的部分房地产转为企业自用或者用于出租等商业用途，如果产权没有发生转移，不征收土地增值税。

③ 房地产的互换。由于发生了房产产权、土地使用权的转移，交换双方又取得了实物形态的收入，因此属于土地增值税的征税范围。但是对于个人之间互换自有居住用房的行为，经过当地税务机关审核，可以免征土地增值税。

④ 合作建房。对于一方出地，另一方出资金，双方合作建房，建成后按比例分房自用的，暂免征收土地增值税；但建成后转让的，应征收土地增值税。

⑤ 房地产的出租。房地产出租，指房产所有者或土地使用者，将房产或土地使用权租赁给承租人使用，由承租人向出租人支付租金的行为。房地产出租，房地产企业虽然取得了收入，但没有发生房产产权、土地使用权的转让，因此，不属于土地增值税的征税范围。

⑥ 房地产的抵押。房地产抵押，是指房产所有者或土地使用者作为债务人或第三人向债权人提供不动产作为清偿债务的担保而不转移权属的法律行为。这种情况下房产的产权、土地使用权在抵押期间并没有发生权属的变更，因此对房地产的抵押，在抵押期间不征收土地增值税。待抵押期满后，视该房地产是否发生转移占有而确定是否征收土地增值税。对于以房地产抵押而发生房地产权属转让的，应列入土地增值税的征税范围。

⑦ 房地产的代建行为。代建行为，是指房地产开发公司代客户进行房地产的开发，开发完成后向客户收取代建收入的行为。对于房地产开发公司而言，虽然取得了收入，但没有发生房地产权属的转移，其收入属于劳务收入性质，故不在土地增值税征税范围内。

⑧ 房地产的重新评估。按照财政部门的规定，国有企业在清产核资时对房地产进行重新评估而产生的评估增值，因其既没有发生房地产权属的转移，房产产权、土地使用权人也未取得收入，所以不属于土地增值税征税范围。

⑨ 土地使用者处置土地使用权。土地使用者转让、抵押或置换土地，无论其是否取得了该土地的使用权属证书，无论其在转让、抵押或置换土地过程中是否与对方当事人办理了土地使用权属证书变更登记手续，只要土地使用者享有占用、使用、收益或处分该土地的权利，具有合同等证据表明其实质转让、抵押或置换了土地并取得了相应的经济利益，土地使用者及其对方当事人就应当依照税法规定缴纳增值税、土地增值税和契税等。

2. 土地增值税的纳税人

转让国有土地使用权、地上建筑物及其附着物并取得收入的单位和个人，为土地增值税的纳税人。单位，指各类企业单位、事业单位、国家机关和社会团体及其他组织。个人，包括个体经营者和其他个人。

下列单位和个人中，不属于土地增值税纳税人的是（　　　）。

A．以房抵债的甲食品公司　　　　　　　　B．转让土地使用权的自然人王某

C．出租写字楼的乙房地产开发公司　　　　D．转让国有土地使用权的丙民办学校

3．土地增值税的税率

土地增值税采用四级超率累进税率，最低税率为30%，最高税率为60%。土地增值税四级超率累进税率如表8-9所示。

表8-9　土地增值税四级超率累进税率

级数	增值额与扣除项目金额的比例	税率	速算扣除系数
1	不超过50%的部分	30%	0
2	超过50%～100%的部分	40%	5%
3	超过100%～200%的部分	50%	15%
4	超过200%的部分	60%	35%

4．土地增值税的税收优惠

土地增值税有以下税收优惠政策。

（1）建造普通标准住宅的税收优惠。纳税人建造普通标准住宅出售，增值额未超过扣除项目金额20%的，免征土地增值税。对于纳税人既建造普通标准住宅又进行其他房地产开发的，应分别核算增值额。不分别核算增值额或不能准确核算增值额的，其建造的普通标准住宅不能适用这一免税规定。

何谓普通标准住宅

普通标准住宅，是指按所在地一般民用住宅标准建造的居住用住宅。高级公寓、别墅、度假村等不属于普通标准住宅。普通标准住宅与其他住宅的具体划分界限，2005年5月31日以前由各省、自治区、直辖市人民政府规定。自2005年6月1日起，普通标准住宅应同时满足：住宅小区建筑容积率在1.0以上；单套建筑面积在120平方米以下；实际成交价格低于同级别土地上住房平均交易价格1.2倍以下。

（2）国家征用、收回的房地产的税收优惠。因国家建设需要依法征用、收回的房地产，免征土地增值税。因城市实施规划、国家建设的需要而搬迁，由纳税人自行转让原房地产的，比照有关规定免征土地增值税。

（3）企事业单位、社会团体以及其他经济组织转让旧房作为公共租赁住房房源且增值额未超过扣除项目金额20%的，免征土地增值税。

（4）个人转让房地产的税收优惠。自2008年11月1日起，对居民个人转让住房一律免征土地增值税。

（二）土地增值税应纳税额的计算

1. 计税依据

土地增值税的计税依据是纳税人转让房地产所取得的增值额，即纳税人转让房地产取得的应税收入减除法定的扣除项目金额后的余额。计算公式为

$$增值额=转让房地产所取得的应税收入-法定扣除项目金额$$

（1）转让房地产所取得的应税收入的确定。根据《土地增值税暂行条例》及其实施细则的规定，纳税人转让房地产取得的不含增值税的收入，应包括转让房地产的全部价款及有关的经济利益。从收入形式上看，包括货币收入、实物收入和其他收入。

（2）扣除项目的确定。准予纳税人从转让收入额减除的扣除项目包括以下6项。

① 取得土地使用权所支付的金额，是指纳税人为取得土地使用权所支付的地价款和按国家统一规定缴纳的有关费用。该项包括纳税人为取得土地使用权所支付的地价款和纳税人在取得土地使用权过程中为办理有关手续，按国家统一规定缴纳的有关登记、过户手续费和契税。

② 房地产开发成本，指纳税人开发房地产项目实际发生的成本。该项包括土地的征用及拆迁补偿费、前期工程费、建筑安装工程费、基础设施费、公共配套设施费、开发间接费用等。

③ 房地产开发费用，指与房地产开发项目有关的销售费用、管理费用和财务费用。根据现行财务会计制度的规定，这3项费用作为期间费用，直接计入当期损益，不按成本核算对象进行分摊。故作为土地增值税扣除项目的房地产开发费用，不按纳税人房地产开发项目实际发生的费用进行扣除，而应区分以下两种情况分别计算扣除。

a. 财务费用中的利息支出，凡能够按转让房地产项目计算分摊并提供金融机构证明的，允许据实扣除，但最高不能超过按商业银行同类同期贷款利率计算的金额。其他房地产开发费用，按《土地增值税暂行条例实施细则》有关规定（即取得土地使用权所支付的金额和房地产开发成本，下同）计算的金额之和的5%以内计算扣除。计算公式为

$$允许扣除的房地产开发费用=利息+（取得土地使用权所支付的金额+房地产开发成本）×5\%以内$$

b. 财务费用中的利息支出，凡不能按转让房地产项目计算分摊利息支出或不能提供金融机构证明的，房地产开发费用按《土地增值税暂行条例实施细则》的有关规定计算的金额之和的10%以内计算扣除。计算公式为

$$允许扣除的房地产开发费用=（取得土地使用权所支付的金额+房地产开发成本）×10\%以内$$

另外，财政部、国家税务总局还对扣除项目金额中利息支出的计算问题做了两点专门规定：一是利息的上浮幅度按国家的有关规定执行，超过上浮幅度的部分不允许扣除；二是对于超过贷款期限的利息部分和加罚的利息不允许扣除。

④ 与转让房地产有关的税金，指在转让房地产时缴纳的城市维护建设税、印花税。因转让房地产缴纳的教育费附加，也可视同税金予以扣除。

《土地增值税暂行条例》等规定的土地增值税扣除项目涉及的增值税进项税额，允许在销项税额中计算抵扣的，不计入扣除项目；不允许在销项税额中计算抵扣的，可计入扣除项目。

⑤ 加计扣除金额，对从事房地产开发的纳税人可按取得土地使用权所支付的金额和房地产开发成本的金额之和，加计20%扣除。

⑥ 旧房及建筑物的评估价格，指在转让已使用的房屋及建筑物时，由政府批准设立的房地产评估机构评定的重置成本价乘以成新度折扣率后的价格。评估价格须经当地税务机关确认。重置成本价，是指对旧房及建筑物，按转让时的价格及人工费用计算，建造同样面积、同样层次、

同样结构、同样建设标准的新房及建筑物所需花费的成本费用。成新度折扣率，是指按旧房的新旧程度作一定比例的折扣。

纳税人转让旧房及建筑物，凡不能取得评估价格，但能提供购房发票的，经当地税务部门确认，《土地增值税暂行条例》规定的扣除项目的金额，可按发票所载金额并从购买年度起至转让年度止每年加计5%计算。对于纳税人购房时缴纳的契税，凡能够提供契税完税凭证的，准予作为"与转让房地产有关的税金"予以扣除，但不作为加计5%的基数。

2. 应纳税额的计算

计算土地增值税税额，可按增值额乘以适用的税率减去扣除项目金额乘以速算扣除系数的简便方法计算，具体公式有以下4个。

（1）增值额未超过扣除项目金额50%的，计算公式为

$$土地增值税税额=增值额×30\%$$

（2）增值额超过扣除项目金额50%，未超过100%的，计算公式为

$$土地增值税税额=增值额×40\%-扣除项目金额×5\%$$

（3）增值额超过扣除项目金额100%，未超过200%的，计算公式为

$$土地增值税税额=增值额×50\%-扣除项目金额×15\%$$

（4）增值额超过扣除项目金额200%的，计算公式为

$$土地增值税税额=增值额×60\%-扣除项目金额×35\%$$

公式中的5%、15%和35%为速算扣除系数。

【例8-10】甲公司于2025年1月将一座写字楼整体转让给乙公司，合同约定不含增值税的转让价为20 000万元，甲公司按税法规定缴纳城市维护建设税、教育费附加共计100万元，印花税10万元。甲公司为取得土地使用权而支付的地价款和按国家统一规定缴纳的有关费用和税金为3 000万元；投入房地产开发成本为4 000万元；房地产开发费用中的利息支出为1 200万元（不能按转让房地产项目计算分摊利息支出，也不能提供金融机构证明）。

已知：甲公司所在省人民政府规定的房地产开发费用的计算扣除比例为10%。

要求：计算甲公司转让该写字楼应缴纳的土地增值税税额。

解析：房地产转让收入=20 000万元

确定转让房地产的扣除项目金额。

取得土地使用权所支付的金额=3 000万元

房地产开发成本=4 000万元

房地产开发费用=（3 000+4 000）×10%=700（万元）

与转让房地产有关的税金=100+10=110（万元）

从事房地产开发的加计扣除=（3 000+4 000）×20%=1 400（万元）

转让房地产的扣除项目金额=3 000+4 000+700+110+1 400=9 210（万元）

转让房地产的增值额=20 000-9 210=10 790（万元）

增值额与扣除项目金额的比率=10 790÷9 210×100%=117.16%

查税率表确定税率为50%，速算扣除系数为15%。

应缴纳土地增值税税额=10 790×50%-9 210×15%=4 013.5（万元）

【例8-11】甲公司2024年转让一处旧房地产取得收入1 600万元，甲公司取得土地使用权所支付的金额为200万元，当地税务机关确认的房屋的评估价格为800万元，甲公司支付给房地产评估

机构的评估费为20万元，缴纳的与转让该房地产有关的税金及附加为10万元。

要求： 计算甲公司转让该房地产应缴纳的土地增值税税额。

解析： 扣除项目金额=200+800+20+10=1 030（万元）

增值额=1 600-1 030=570（万元）

增值额与扣除项目金额的比率=570÷1 030×100%=55.34%

查税率表确定税率为40%，速算扣除系数为5%。

应缴纳土地增值税税额=570×40%-1 030×5%=176.5（万元）

（三）土地增值税征收管理

1. 土地增值税的纳税期限

纳税人应当自转让房地产合同签订之日起7日内向房地产所在地主管税务机关办理纳税申报，在税务机关核定的期限内缴纳土地增值税，并向税务机关提供房屋及建筑物产权、土地使用权证，土地转让、房产买卖合同，房地产评估报告及其他与转让房地产有关的资料。

纳税人因经常发生房地产转让而难以在每次转让后申报的，经税务机关审核同意后，可以定期进行纳税申报，具体期限由税务机关根据情况确定。

纳税人采取预售方式销售房地产的，对在项目全部竣工结算前转让房地产取得的收入，税务机关可以预征土地增值税。具体办法由各省、自治区、直辖市税务局根据当地情况制定。

对于纳税人预售房地产所取得的收入，凡当地税务机关规定预征土地增值税的纳税人应当到主管税务机关办理纳税申报，并按规定比例预缴，办理完纳税清算后，多退少补。

2. 土地增值税的纳税清算

（1）土地增值税的清算单位。土地增值税以国家有关部门审批的房地产开发项目为单位进行清算，对于分期开发的项目，以分期项目为单位清算。

开发项目中同时包含普通住宅和非普通住宅的，应分别计算增值额。

（2）土地增值税的清算条件。

① 符合下列情形之一的，纳税人应当进行土地增值税的清算：房地产开发项目全部竣工、完成销售的；整体转让未竣工决算房地产开发项目的；直接转让土地使用权的。

② 符合下列情形之一的，主管税务机关可要求纳税人进行土地增值税清算：已竣工验收的房地产开发项目，已转让的房地产建筑面积占整个项目可售建筑面积的比例在85%以上，或该比例虽未超过85%，但剩余的可售建筑面积已经出租或自用的；取得销售（预售）许可证满3年仍未销售完毕的；纳税人申请注销税务登记但未办理土地增值税清算手续的；省税务机关规定的其他情况。

（3）清算后再转让房地产的处理。

在土地增值税清算时未转让的房地产，清算后销售或有偿转让的，纳税人应按规定进行土地增值税的纳税申报，扣除项目金额按清算时的单位建筑面积成本费用乘以销售或转让面积计算。计算公式为

单位建筑面积成本费用=清算时的扣除项目总金额÷清算的总建筑面积

（4）土地增值税的核定征收。在土地增值税清算过程中，发现纳税人符合以下条件之一的，可按核定征收方式征收土地增值税。

① 依照法律、行政法规的规定应当设置但未设置账簿的。

② 擅自销毁账簿或者拒不提供纳税资料的。

③ 虽设置账簿，但账目混乱或者成本资料、收入凭证、费用凭证残缺不全，难以确定转让收入或扣除项目金额的。

④ 符合土地增值税清算条件，企业未按照规定的期限办理清算手续，经税务机关责令限期清算，逾期仍不清算的。

⑤ 申报的计税依据明显偏低，又无正当理由的。

3．土地增值税的纳税地点

土地增值税的纳税人应到房地产所在地主管税务机关办理纳税申报，并在税务机关核定的期限内缴纳土地增值税。具体可以分为以下两种情况。

纳税人是法人。当转让的房地产坐落地与其机构所在地或经营所在地一致时，则在办理税务登记的原管辖税务机关申报纳税即可；当转让的房地产坐落地与其机构所在地或经营所在地不一致时，则应在房地产坐落地所管辖的税务机关申报纳税。

纳税人是自然人。当转让的房地产坐落地与其居住所在地一致时，则在居住所在地税务机关申报纳税；当转让的房地产坐落地与其居住所在地不一致时，在办理过户手续所在地的税务机关申报纳税。

4．土地增值税的纳税申报

土地增值税的纳税人应该按照有关规定及时办理纳税申报，填写报送纳税申报表和附表。纳税申报表和附表如表8-2和表8-3所示。

八、契税

（一）契税的基本要素及税收优惠

契税是指国家在土地、房屋权属转移时，按照当事人双方签订的合同（契约），以及所确定价格的一定比例，向权属承受人征收的一种税。

1997年7月7日，国务院颁布了《中华人民共和国契税暂行条例》，自1997年10月1日起施行。同年10月28日，财政部印发《中华人民共和国契税暂行条例细则》。2020年8月11日第十三届全国人民代表大会常务委员会第二十一次会议通过了《中华人民共和国契税法》，自2021年9月1日起施行。

1．契税的征税范围

契税以在我国境内转移土地、房屋权属的行为作为征税对象。土地、房屋权属未发生转移的，不征收契税。具体包括以下内容。

（1）国有土地使用权出让。国有土地使用权出让是指土地使用者向国家交付土地使用权出让费用，国家将国有土地使用权在一定年限内让与土地使用者的行为。出让费用包括出让金、土地收益等。

（2）土地使用权转让。土地使用权转让是指土地使用者以出售、赠与、交换或者其他方式将土地使用权转移给其他单位和个人的行为。土地使用权转让不包括土地承包经营权和土地经营权的转移。

（3）房屋买卖。房屋买卖是指房屋所有者将其房屋出售，由承受者交付货币、实物、无形资产或其他经济利益的行为。

（4）房屋赠与。房屋赠与是指房屋所有者将其房屋无偿转让给受让者的行为。

（5）房屋互换。房屋互换是指房屋所有者之间相互交换房屋的行为。

除上述情形外，以作价投资（入股）、偿还债务、划转、奖励等方式转移土地、房屋权属

的，应当征收契税。

土地、房屋典当、分拆（分割）、抵押以及出租等行为，不属于契税的征税范围。

根据契税法律制度的规定，下列各项中，应缴纳契税的是(　　　)。

A．承包者获得农村集体土地承包经营权　　　B．企业受让土地使用权

C．企业将厂房抵押给银行　　　　　　　　　D．个人承租居民住宅

2．契税的纳税人

契税的纳税人是指在中华人民共和国境内转移土地、房屋权属的承受单位和个人。契税由权属的承受人缴纳。这里所说的"承受"，指以受让、购买、受赠、互换等方式取得土地、房屋权属的行为。土地、房屋权属，指土地使用权和房屋所有权；单位，指企业单位、事业单位、国家机关、军事单位和社会团体以及其他组织；个人，指个体经营者及其他个人。

3．契税的税率

契税采用比例税率，并实行3%～5%的幅度税率。契税的具体适用税率由省、自治区、直辖市人民政府在规定的税率幅度内提出，报同级人民代表大会常务委员会决定，并报全国人民代表大会常务委员会和国务院备案。

省、自治区、直辖市可以依照税法规定的程序对不同主体、不同地区、不同类型的住房的权属转移确定差别税率。

4．契税的税收优惠

契税的税收优惠包括以下情形。

（1）国家机关、事业单位、社会团体、军事单位承受土地、房屋权属用于办公、教学、医疗、科研、军事设施的，免征契税。

（2）非营利性的学校、医疗机构、社会福利机构承受土地、房屋权属用于办公、教学、医疗、科研、养老、救助的，免征契税。

（3）承受荒山、荒地、荒滩土地使用权用于农、林、牧、渔业生产的，免征契税。

（4）婚姻关系存续期间夫妻之间变更土地、房屋权属的，免征契税。

（5）法定继承人通过继承承受土地、房屋权属的，免征契税。

（6）依照法律规定应当予以免税的外国驻华使馆、领事馆和国际组织驻华代表机构承受土地、房屋权属的，免征契税。

（7）因土地、房屋被县级以上人民政府征收、征用，重新承受土地、房屋权属和因不可抗力灭失住房，重新承受住房权属的，省、自治区、直辖市可以决定免征或者减征契税。

（二）契税应纳税额的计算

1．计税依据

按照土地、房屋权属转移的形式、定价方法的不同，契税的计税依据确定如下。

（1）土地使用权出让、出售，房屋买卖，以成交价格作为计税依据。其包括承受者应交付的货币、实物、无形资产或其他经济利益对应的价款。计征契税的成交价格不含增值税。

（2）土地使用权赠与、房屋赠与以及其他没有价格的转移土地、房屋权属行为，计税依据

为税务机关参照土地使用权出售、房屋买卖的市场价格依法核定的价格。

（3）土地使用权互换、房屋互换，以所互换的土地使用权、房屋价格的差额作为计税依据。计税依据只考虑其价格的差额，互换价格不相等的，由多交付货币、实物、无形资产或其他经济利益的一方缴纳契税；互换价格相等的，免征契税。土地使用权与房屋所有权之间相互交换，也应按照上述办法确定计税依据。

（4）以划拨方式取得土地使用权，经批准转让房地产时应补交的契税，以补交的土地使用权出让费用或土地收益作为计税依据。

纳税人申报的成交价格、互换价格差额明显偏低且无正当理由的，由税务机关依照《中华人民共和国税收征收管理法》的规定核定。

2．应纳税额的计算

契税应纳税额依照省、自治区、直辖市人民政府确定的适用税率和税法规定的计税依据计算征收。其计算公式为

$$应纳税额=计税依据×适用税率$$

【例8-12】林某有面积140平方米的住房一套，价值96万元。黄某有面积120平方米的住房一套，价值72万元。两人进行房屋互换，差价部分黄某以现金补偿林某。

已知：契税适用税率为3%，林某和黄某用来互换的住房均免征增值税。

要求：计算黄某应缴纳的契税税额。

解析：土地使用权互换、房屋互换，计税依据为所互换土地使用权、房屋的价格差额；互换价格不相等的，由多交付货币的一方缴纳契税。

黄某应缴纳契税税额=（96-72）×3%=0.72（万元）

（三）契税征收管理

1．契税的纳税义务发生时间

契税的纳税义务发生时间，为纳税人签订土地、房屋权属转移合同的当日，或者纳税人取得其他具有土地、房屋权属转移合同性质凭证的当日。

2．契税的纳税期限

纳税人应当在依法办理土地、房屋权属登记手续前申报缴纳契税。纳税人办理纳税事宜后，税务机关应当开具契税完税凭证。纳税人办理土地、房屋权属登记，不动产登记机构应当查验契税完税、减免税凭证或者有关信息。未按照规定缴纳契税的，不动产登记机构不予办理土地、房屋权属登记。

3．契税的纳税地点

契税实行属地征收管理。纳税人发生契税纳税义务时，应向土地、房屋所在地的税务机关申报纳税。

4．契税的纳税申报

契税的纳税人应该按照有关规定及时办理纳税申报，填写报送纳税申报表和附表。纳税申报表和附表如表8-2和表8-3所示。

九、环境保护税

（一）环境保护税的基本要素及税收优惠

环境保护税是为了保护和改善环境，减少污染物排放，推进生态文明建设而征收的一种税。

2016年12月25日第十二届全国人民代表大会常务委员会第二十五次会议通过《中华人民共和国环境保护税法》，2017年12月25日中华人民共和国国务院令第693号公布《中华人民共和国环境保护税法实施条例》，自2018年1月1日起施行。《中华人民共和国环境保护税法》是我国第一部体现绿色税制、推进生态文明建设的单行税法。环境保护税的开征，标志着我国"绿色税制"进入法制化、专业化和精细化阶段，标志着我国在完善绿色税制上迈出了突破性的一步，强化了税收这一政策工具对生态环境的保护力量。

📝 **视野拓展**

环境保护税开征以来，从政策层面上发挥了引导绿色发展的杠杆作用，促使企业和机构自发升级污染治理，为推进我国生态文明建设提供了全新动力。

请查阅世界环境日及每年的主题，思考我们在日常生活中应如何保护环境。

---

1. 环境保护税的征税范围

环境保护税的征税范围是《中华人民共和国环境保护法》所附《环境保护税税目税额表》《应税污染物和当量值表》规定的大气污染物、水污染物、固体废物和噪声等应税污染物。

有下列情形之一的，不属于直接向环境排放污染物，不缴纳相应污染物的环境保护税。

（1）企业事业单位和其他生产经营者向依法设立的污水集中处理、生活垃圾集中处理场所排放应税污染物的。

（2）企业事业单位和其他生产经营者在符合国家和地方环境保护标准的设施、场所贮存或者处置固体废物的。

依法设立的城乡污水集中处理、生活垃圾集中处理场所超过国家和地方规定的排放标准向环境排放应税污染物的，应当缴纳环境保护税。

企业事业单位和其他生产经营者贮存或者处置固体废物不符合国家和地方环境保护标准的，应当缴纳环境保护税。

2. 环境保护税的纳税人

在中华人民共和国领域和中华人民共和国管辖的其他海域，直接向环境排放应税污染物的企业事业单位和其他生产经营者为环境保护税的纳税人。

3. 环境保护税的税目、税额

现行环境保护税税目、税额如表8-10所示。

表 8-10　环境保护税税目、税额

税目		计税单位	税额	备注
大气污染物		每污染当量	1.2～12 元	污染当量，是指根据污染物或者污染排放活动对环境的有害程度以及处理的技术经济性，衡量不同污染物对环境污染的综合性指标或者计量单位。同一介质相同污染当量的不同污染物，其污染程度基本相当
水污染物		每污染当量	1.4～14 元	
固体废物	煤矸石	每吨	5 元	—
	尾矿	每吨	15 元	—
	危险废物	每吨	1 000 元	—
	冶炼渣、粉煤灰、炉渣、其他固体废物（含半固态、液态废物）	每吨	25 元	—
噪声	工业噪声	超标 1～3 分贝	每月 350 元	1．一个单位边界上有多处噪声超标，根据最高一处超标声级计算应纳税额；当沿边界长度超过 100 米有两处以上噪声超标，按照两个单位计算应纳税额。2．一个单位有不同地点作业场所的，应当分别计算应纳税额，合并计征。3．昼、夜均超标的环境噪声，昼、夜分别计算应纳税额，累计计征。4．声源一个月内超标不足 15 天的，减半计算应纳税额。5．夜间频繁突发和夜间偶然突发厂界超标噪声，按等效声级和峰值噪声两种指标中超标分贝值高的一项计算应纳税额
		超标 4～6 分贝	每月 700 元	
		超标 7～9 分贝	每月 1 400 元	
		超标 10～12 分贝	每月 2 800 元	
		超标 13～15 分贝	每月 5 600 元	
		超标 16 分贝以上	每月 11 200 元	

应税大气污染物和水污染物的具体适用税额的确定和调整，由省、自治区、直辖市人民政府统筹考虑本地区环境承载能力、污染物排放现状和经济社会生态发展目标要求，在《环境保护税税目税额表》规定的税额幅度内提出，报同级人民代表大会常务委员会决定，并报全国人民代表大会常务委员会和国务院备案。

4．环境保护税的税收优惠

下列情形，暂免征收环境保护税。

（1）农业生产（不包括规模化养殖）排放应税污染物的。

（2）机动车、铁路机车、非道路移动机械、船舶和航空器等流动污染源排放应税污染物的。

（3）依法设立的城乡污水集中处理、生活垃圾集中处理场所排放相应应税污染物，不超过国家和地方规定的排放标准的。

（4）纳税人综合利用的固体废物，符合国家和地方环境保护标准的。

（5）国务院批准免税的其他情形。

　　纳税人排放应税大气污染物或者水污染物的浓度值低于国家和地方规定的污染物排放标准30%的，减按75%征收环境保护税。纳税人排放应税大气污染物或者水污染物的浓度值低于国家和地方规定的污染物排放标准50%的，减按50%征收环境保护税。

（二）环境保护税应纳税额的计算

　　1. 计税依据

应税污染物的计税依据，按照下列方法确定。

（1）应税大气污染物按照污染物排放量折合的污染当量数确定。

（2）应税水污染物按照污染物排放量折合的污染当量数确定。

（3）应税固体废物按照固体废物的排放量确定。

（4）应税噪声按照超过国家规定标准的分贝数确定。

　　2. 应纳税额的计算

环境保护税实行从量定额的办法计算应纳税额。应纳税额的计算公式如下。

（1）应税大气污染物。

$$应纳税额=污染当量数×具体适用税额$$

（2）应税水污染物。

$$应纳税额=污染当量数×具体适用税额$$

（3）应税固体废物。

$$应纳税额=固体废物排放量×具体适用税额$$

（4）应税噪声。

$$应纳税额=超过国家规定标准的分贝数对应的具体适用税额$$

　　【例8-13】 甲煤矿为增值税一般纳税人，2025年1月采煤过程中产生煤矸石1 000吨，其中综合利用煤矸石500吨（符合国家相关规定），在符合国家和地方环境保护标准的设施处置煤矸石120吨，在符合国家和地方环境保护标准的场所贮存煤矸石180吨。

　　已知： 环境保护税税额为5元/吨。

　　要求： 计算甲煤矿当月应缴纳的环境保护税税额。

　　解析： 应税固体废物的计税依据为固体废物的排放量。应税固体废物的排放量为当期应税固体废物的产生量减去当期应税固体废物贮存量、处置量、综合利用量的余额。

煤矸石排放量=1 000-500-120-180=200（吨）

应缴纳环境保护税税额=200×5=1 000（元）

（三）环境保护税征收管理

　　1. 环境保护税的纳税义务发生时间

环境保护税的纳税义务发生时间为纳税人排放应税污染物的当日。

　　2. 环境保护税的纳税期限

环境保护税按月计算，按季申报缴纳。不能按固定期限计算缴纳的，可以按次申报缴纳。

纳税人按季申报缴纳的，应当自季度终了之日起15日内，向税务机关办理纳税申报并缴纳税款。纳税人按次申报缴纳的，应当自纳税义务发生之日起15日内，向税务机关办理纳税申报并缴纳税款。

3. 环境保护税的纳税地点

纳税人应当向应税污染物排放地的税务机关申报缴纳环境保护税。

4. 环境保护税的纳税申报

环境保护税的纳税人应该按照有关规定及时办理纳税申报，填写报送纳税申报表和附表。纳税申报表和附表如表8-2和表8-3所示。

十、车辆购置税

（一）车辆购置税的基本要素及税收优惠

车辆购置税是国家对购置应税车辆的单位和个人，以其应税车辆的计税价格为计税依据，按照规定的税率计算并一次性征收的一种税。

2000年10月22日国务院颁布《中华人民共和国车辆购置税暂行条例》。2001年1月1日起开征车辆购置税。2018年12月29日第十三届全国人民代表大会常务委员会第七次会议通过《中华人民共和国车辆购置税法》，自2019年7月1日起施行。

1. 车辆购置税的征税范围

车辆购置税的征税范围包括汽车、有轨电车、汽车挂车、排气量超过150毫升的摩托车。

2. 车辆购置税的纳税人

在中华人民共和国境内购置征税范围规定车辆的单位和个人，为车辆购置税的纳税人。购置，包括购买、进口、自产、受赠、获奖或者以其他方式取得并自用应税车辆的行为。单位，包括国有企业、集体企业、私营企业、股份制企业、外商投资企业、外国企业以及其他企业和事业单位、社会团体、国家机关、部队以及其他单位；个人，包括个体工商户以及其他个人。

3. 车辆购置税的税率

车辆购置税采用10%的比例税率。

4. 车辆购置税的税收优惠

下列车辆免征车辆购置税。

（1）依照法律规定应当予以免税的外国驻华使馆、领事馆和国际组织驻华机构及其有关人员自用的车辆。

（2）中国人民解放军和中国人民武装警察部队列入装备订货计划的车辆。

（3）悬挂应急救援专用号牌的国家综合性消防救援车辆。

（4）设有固定装置的非运输专用作业车辆。

（5）城市公交企业购置的公共汽电车辆。

（二）车辆购置税应纳税额的计算

1. 计税依据

车辆购置税的计税价格根据不同情况，按照下列规定确定。

（1）纳税人购买自用应税车辆的计税价格，为纳税人实际支付给销售者的全部价款，不包括增值税税款。

（2）纳税人进口自用应税车辆的计税价格，为关税计税价格加上关税和消费税。计算公式为

$$计税价格=关税计税价格+关税+消费税$$

（3）纳税人自产自用应税车辆的计税价格，按照纳税人生产的同类应税车辆的销售价格确定，不包括增值税税款。

（4）纳税人以受赠、获奖或者其他方式取得自用应税车辆的计税价格，按照购置应税车辆时相关凭证载明的价格确定，不包括增值税税款。

纳税人申报的应税车辆计税价格明显偏低，又无正当理由的，由税务机关依照《中华人民共和国税收征收管理法》的规定核定其应纳税额。

2. 应纳税额的计算

车辆购置税实行从价定率的办法计算应纳税额。应纳税额的计算公式为

$$应纳税额=计税价格×税率$$

【例8-14】甲公司2025年1月购置一辆小汽车自用，取得电子发票（机动车销售统一发票）注明不含税价20万元、增值税税额2.6万元。

已知：车辆购置税税率为10%。

要求：计算甲公司应缴纳的车辆购置税税额。

解析：应缴纳车辆购置税税额=200 000×10%=20 000（元）

（三）车辆购置税征收管理

1. 车辆购置税的纳税义务发生时间

车辆购置税实行一次性征收。购置已征车辆购置税的车辆，不再征收车辆购置税。纳税人应当在向公安机关交通管理部门办理车辆登记注册前，缴纳车辆购置税。

2. 车辆购置税的纳税期限

纳税人购买自用应税车辆的，应当自购买之日起60日内申报缴纳车辆购置税；进口自用应税车辆的，应当自进口之日起60日内申报缴纳车辆购置税；自产、受赠、获奖或者以其他方式取得并自用应税车辆的，应当自取得之日起60日内申报缴纳车辆购置税。

3. 车辆购置税的纳税地点

纳税人购置应税车辆，应当向车辆登记地的主管税务机关申报纳税；购置不需要办理车辆登记手续的应税车辆的，应当向纳税人所在地的主管税务机关申报缴纳车辆购置税。

4. 车辆购置税的纳税申报

车辆购置税纳税人应该按照主管税务机关核定的纳税期限，如实填写并报送《车辆购置税纳税申报表》，该申报表如表8-11所示。

AI助学导航

纳税人进口自用的小汽车车辆购置税由谁征收？请使用文心一言、通义千问、DeepSeek等AI工具搜索结果。

表 8-11　车辆购置税纳税申报表

填表日期：　　年　月　日　　　　　　　　　　　　　　　　　　　金额单位：元

纳税人名称		申报类型	□征税□免税□减税
证件名称		证件号码	
联系电话		地　　址	
合格证编号(货物进口证明书号)		车辆识别代号/车架号	
厂牌型号			
排量（cc）		机动车销售统一发票代码	
机动车销售统一发票号码		不含税价	

海关进口关税专用缴款书（进出口货物征免税证明）号码

关税计税价格		关　税		消费税	
其他有效凭证名称		其他有效凭证号码		其他有效凭证价格	
购置日期		申报计税价格		申报免（减）税条件或者代码	
是否办理车辆登记		车辆拟登记地点			

纳税人声明：

本纳税申报表是根据国家税收法律法规及相关规定填报的，我确定它是真实的、可靠的、完整的。

纳税人（签名或盖章）：

委托声明：

现委托（姓名）＿＿＿＿＿（证件号码）＿＿＿＿＿＿＿＿＿＿办理车辆购置税涉税事宜，提供的凭证、资料是真实、可靠、完整的。任何与本申报表有关的往来文件，都可交予此人。

委托人（签名或盖章）：　　　　　被委托人（签名或盖章）：

以下由税务机关填写

免（减）税条件代码

计税价格	税率	应纳税额	免（减）税额	实纳税额	滞纳金金额

受理人：　　　　　　　复核人（适用于免、减税申报）：　　　　　　主管税务机关（章）

年　月　日　　　　　　　　　年　月　日

表8-11填表说明如下。

（1）本表由车辆购置税纳税人在办理纳（免、减）税申报时填写(打印)，由纳税人签章确认。

（2）"纳税人名称"栏，填写办理申报时提供的车辆相关价格凭证证明的车辆购买方名称。

（3）"证件名称"栏，单位纳税人填写《统一社会信用代码证书》或者《营业执照》或者其他有效机构证明；个人纳税人填写《居民身份证》或者其他身份证明名称。

（4）"证件号码"栏，填写"证件名称"栏填写的证件的号码。

（5）"合格证编号(货物进口证明书号)""车辆识别代号/车架号""厂牌型号""排量（cc）"栏，分别按照车辆合格证或者《中华人民共和国海关货物进口证明书》或者《中华人民共和国海关监管车辆进（出）境领（销）牌照通知书》或者《没收走私汽车、摩托车证明书》中对应的编号、车辆识别代号/车架号、车辆品牌和车辆型号、排量填写。

（6）"机动车销售统一发票代码""机动车销售统一发票号码""不含税价"栏，分别按照机动车销售统一发票相应项目填写。

（7）下列栏次由进口自用车辆的纳税人填写：

①"海关进口关税专用缴款书（进出口货物征免税证明）号码"栏，填写《海关进口关税专用缴款书》中注明的号码；免征关税应税车辆填写《进出口货物征免税证明》中注明的编号。

②"关税计税价格"栏，通过《海关进口关税专用缴款书》《海关进口消费税专用缴款书》《海关进口增值税专用缴款书》或者其他资料进行采集。

③"关税"栏，填写《海关进口关税专用缴款书》中注明的关税税额。

④"消费税"栏，填写《海关进口消费税专用缴款书》中注明的消费税税额。

（8）"其他有效凭证名称""其他有效凭证号码""其他有效凭证价格"栏由未取得机动车销售统一发票且非进口自用的纳税人按取得的相应证明资料内容填写。

（9）"购置日期"栏，填写机动车销售统一发票或者海关进口关税专用缴款书（进出口货物征免税证明）或者其他有效凭证的开具或者生效日期。

（10）"申报计税价格"栏，分别按照下列要求填写：

①购买自用应税车辆，填写购买应税车辆时相关凭证载明的不含税价格；

②进口自用应税车辆，填写计税价格，计税价格=关税计税价格+关税+消费税；

③自产自用应税车辆，填写纳税人生产的同类应税车辆的销售价格，不包括增值税税款；

④受赠、获奖或者其他方式取得自用应税车辆，填写原车辆所有人购置或者以其他方式取得应税车辆时相关凭证载明的价格，不包括增值税税款。

（11）"申报免（减）税条件或者代码"栏，分别按照下列情形填写字母代码或者文字：

① 依照法律规定应当予以免税的外国驻华使馆、领事馆和国际组织驻华机构及其有关人员自用的车辆。

A1．外国驻华使领馆和国际组织驻华机构自用车辆

A2．外国驻华使领馆和国际组织有关人员自用车辆

② 中国人民解放军和中国人民武装警察部队列入装备订货计划的车辆。

B．部队列入装备订货计划的车辆

③悬挂应急救援专用号牌的国家综合性消防救援车辆。

C．悬挂专用号牌国家综合性消防救援车辆

④设有固定装置的非运输专用作业车辆。

D．设有固定装置的非运输专用作业车辆

⑤ 城市公交企业购置的公共汽电车辆。

E1. 城市公交企业购置公共汽电车辆（汽车）

E2. 城市公交企业购置公共汽电车辆（有轨电车）

⑥ 根据国民经济和社会发展的需要，国务院可以规定减征或者其他免征车辆购置税的情形，报全国人民代表大会常务委员会备案。

F1. 防汛车辆

F2. 森林消防车辆

F3. 留学人员购买车辆

F4. 来华专家购置车辆

F5. "母亲健康快车"项目专用车辆

F6. 北京冬奥会新购车辆

F7. 新能源汽车

F8. 减半征收挂车

F9. 部队改挂车辆

F10. 国务院规定其他减征或者免征车辆

※1. 设有固定装置非运输车辆免税，申报时直接填写"设有固定装置非运输车辆"。

※2. F1-F10，根据减、免税政策变化公告调整。

（12）"是否办理车辆登记"栏，如填写"是"，则"车辆拟登记地点"栏应填写具体县（市、区）。

（13）本表一式二份（一车一表），一份由纳税人留存，一份由主管税务机关留存。

📝 项目实施

一、计算应缴纳城镇土地使用税、耕地占用税、房产税税额

1. 城镇土地使用税应纳税额的计算

征用3 000平方米耕地缴纳耕地占用税，批准征用之日起满1年后征收城镇土地使用税；征用非耕地600平方米，应纳城镇土地使用税税额=600×2÷12=100（元）

其余土地应纳城镇土地使用税税额=（30 000-3 600）×2÷4=13 200（元）

美华实业公司第二季度应缴纳城镇土地使用税税额=100+13 200=13 300（元）

2. 耕地占用税应纳税额的计算

美华实业公司2024年6月应缴纳耕地占用税税额=3 000×30=90 000（元）

3. 房产税应纳税额的计算

美华实业公司第二季度应缴纳房产税税额=（3 000+800）×（1-30%）×1.2%÷4=7.98（万元）

二、填写纳税申报表

由于自2021年6月1日起，财产和行为税合并申报，美华实业公司财产和行为税纳税申报表如表8-12所示。

表 8-12 财产和行为税纳税申报表

纳税人识别号（统一社会信用代码）：142325*******0V5EC

纳税人名称：美华实业公司

金额单位：人民币元（列至角分）

序号	税种	税目	税款所属期起	税款所属期止	计税依据	税率	应纳税额	减免税额	已缴税额	应补（退）税额
1	城镇土地使用税		2024-04-01	2024-06-30	27 000m²	2 元/m²	13 300.00	0.00	0.00	13 300.00
2	耕地占用税		2024-06-01	2024-06-30	3 000m²	30 元/m²	90 000.00	0.00	0.00	90 000.00
3	房产税		2024-04-01	2024-06-30	26 600 000.00	1.2%	79 800.00	0.00	0.00	79 800.00
4										
5										
6										
7										
8										
9										
10										
11	合计	—	—	—	—		183 100.00	0.00	0.00	183 100.00

声明：此表是根据国家税收法律法规及相关规定填写的，本人（单位）对填报内容（及附带资料）的真实性、可靠性、完整性负责。

纳税人（签章）：

年 月 日

经办人：

经办人身份证号：

代理机构签章：

代理机构统一社会信用代码：

受理人：

受理税务机关（章）：

受理日期： 年 月 日

项目小结

本项目由项目引入、相关知识、项目实施组成。在项目引入部分，以美华实业公司的纳税资料引入，提出任务；在相关知识部分，介绍了完成上述任务需要掌握的理论知识；在项目实施部分，完成项目引入提出的任务。本项目的知识结构如图8-1所示。

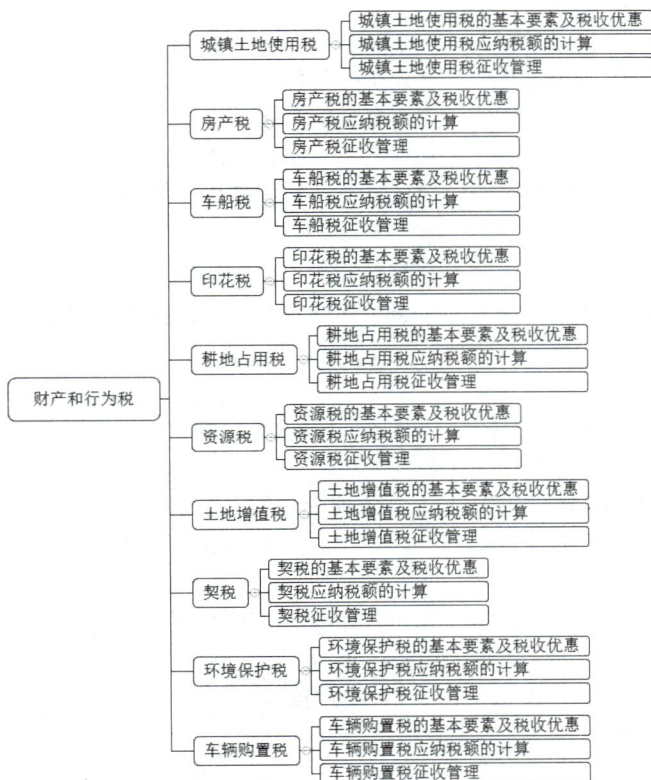

图 8-1　财产和行为税之知识结构

练习与实训

（一）单项选择题

1. 根据城镇土地使用税法律制度的规定，下列土地中，不属于城镇土地使用税征税范围的是（　　）。

　　A. 城市的土地　　B. 县城的土地　　　　C. 建制镇的土地　　　D. 农村的土地

2. 根据城镇土地使用税法律制度的规定，下列土地中，应征收城镇土地使用税的是（　　）。

　　A. 国家机关自用的土地　　　　　　　B. 公园自用的土地

　　C. 街道绿化占用的土地　　　　　　　D. 市区商业大楼占用的土地

3. 根据房产税法律制度的规定，按照房产租金收入计算房产税所适用的税率是（　　）。

　　A. 12%　　　　　　B. 10%　　　　　　　C. 5%　　　　　　　　D. 1.2%

4. 根据房产税法律制度的规定，下列各项中，不属于我国房产税征税范围的是（　　）。

    A. 县城　　　　　　B. 农村　　　　　　　　C. 城市　　　　　　　D. 建制镇

5. 根据房产税法律制度的规定，下列各项中，属于从价计征房产税计税依据的是（　　）。

    A. 房产市价　　　　B. 房产余值　　　　　　C. 房产原值　　　　　D. 房产净值

6. 根据房产税法律制度的规定，下列各项中，属于房产税征税对象的是（　　）。

    A. 塑膜暖房　　　　B. 围墙　　　　　　　　C. 室外游泳池　　　　D. 房屋

7. 甲公司为增值税一般纳税人，2024年度自有生产用房原值5 000万元，账面已提折旧2 000万元，重新评估价值6 000万元。已知房产税税率为1.2%，当地政府规定计算房产余值的扣除比例为30%。甲公司2024年度应缴纳房产税税额为（　　）万元。

    A. 19.2　　　　　　B. 25.2　　　　　　　　C. 42　　　　　　　　D. 84

8. 根据房产税法律制度的规定，纳税人自行新建的房屋用于生产经营，其房产税纳税义务发生时间为（　　）。

    A. 建成之次月　　　B. 生产经营当月　　　　C. 生产经营次月　　　D. 验收完之次月

9. 根据车船税法律制度的规定，拖船在计征车船税时，税额按船舶税额的一定比例计征车船税，该比例为（　　）。

    A. 100%　　　　　　B. 70%　　　　　　　　C. 50%　　　　　　　D. 30%

10. 根据车船税法律制度的规定，下列各项中，属于载货汽车计税依据的是（　　）。

    A. 辆数　　　　　　B. 净吨位数　　　　　　C. 整备质量吨位数　　D. 原始价值

11. 根据车船税法律制度的规定，下列各项中，属于车船税征税范围的是（　　）。

    A. 用于农业生产的拖拉机　　　　　　　B. 残疾人机动轮椅车

    C. 武警专用车　　　　　　　　　　　　D. 企业运货车

12. 根据车船税法律制度的规定，下列车船中，应缴纳车船税的是（　　）。

    A. 公安用警车　　　B. 运输公司载客车　　　C. 电动自行车　　　　D. 军队用车

13. 根据车船税法律制度的规定，车船税的纳税地点为（　　）。

    A. 车辆所在地　　　　　　　　　　　　B. 车辆行驶地

    C. 纳税人所在地　　　　　　　　　　　D. 领取车船牌照地

14. A企业与B企业签订了一份购销合同，规定用一台40万元的设备换取一批40万元的原材料，合同已履行。已知印花税税率为0.3‰。A、B企业应缴纳的印花税税额均为（　　）元。

    A. 0　　　　　　　　B. 60　　　　　　　　　C. 120　　　　　　　D. 240

15. 根据印花税法律制度的规定，下列各项中，属于印花税免税范围的是（　　）。

    A. 借款合同　　　　　　　　　　　　　B. 运输合同

    C. 技术咨询合同　　　　　　　　　　　D. 出版合同

16. 根据印花税法律制度的规定，记载资金的营业账簿的计税依据是（　　）。

    A. "实收资本"和"资本公积"账户差额

    B. "实收资本"和"资本公积"账户合计金额

    C. "实收资本"和"盈余公积"账户合计金额

    D. "实收资本"和"利润分配"账户合计金额

17. 根据印花税法律制度的规定，下列各项中，属于印花税纳税人的是（　　）。

    A. 合同的鉴定人　　　　　　　　　　　B. 合同的担保人

    C. 合同的代理人　　　　　　　　　　　D. 合同的签订人

18. 根据耕地占用税法律制度的规定，获准占用耕地的单位或者个人缴纳耕地占用税的期限为（　　）。

  A．实际占用耕地之日起15日内

  B．实际占用耕地之日起30日内

  C．收到自然资源等相关部门的书面通知之日起15日内

  D．收到自然资源等相关部门的书面通知之日起30日内

19. 根据资源税法律制度的规定，下列油类产品中，属于资源税征税范围的是（　　）。

  A．人造石油   B．天然原油   C．汽油   D．机油

20. 下列行为中，既缴纳增值税又缴纳资源税的是（　　）。

  A．工业企业生产销售居民用煤炭制品 B．盐场生产销售海盐

  C．外贸企业进口大理石   D．煤矿将自产原煤移送加工洗煤

21. 资源税纳税人自产自用的应税产品，其纳税义务发生时间为（　　）。

  A．应税产品开采的当天   B．应税产品投入使用的当天

  C．应税产品使用完毕的当天   D．移送使用应税产品的当天

22. 下列关于开采原油过程中用于加热的原油应纳资源税的表述中，正确的是（　　）。

  A．按规定征收资源税   B．减半征收资源税

  C．减征40%   D．免征资源税

23. 根据资源税法律制度的规定，下列单位中，属于资源税纳税人的是（　　）。

  A．出口盐的外贸企业

  B．开采石灰石的合资企业

  C．外购原煤销售的商贸企业

  D．进口有色金属矿原矿的进口公司

24. 根据土地增值税法律制度的规定，凡不能按转让房地产项目计算分摊利息支出或不能提供金融机构证明的，房地产开发费用可按取得土地使用权所支付的金额和房地产开发成本的金额之和的一定比例以内计算扣除，该比例为（　　）。

  A．5%   B．6%   C．8%   D．10%

25. 根据土地增值税法律制度的规定，下列各项中，属于土地增值税计税依据的是（　　）。

  A．销售收入 B．增值额   C．所得额   D．超额利润

26. 根据契税法律制度的规定，下列各项中，应缴纳契税的是（　　）。

  A．以高级轿车换取房屋   B．购买高级轿车

  C．取得国家划拨的土地   D．等价交换土地使用权

27. A、B两人因需要互换房地产权，经评估部门确认，A的房地产价值为400万元，B的房地产价值为500万元，该地区契税适用税率为3%，则应缴纳契税为（　　）万元。

  A．4.2   B．3.6   C．3   D．10.4

28. 张三将一居室连同2万元差价款与李四的两居室互换，下列关于契税的纳税人和计税依据的表述中，正确的是（　　）。

  A．张三是纳税人，计税依据为2万元

  B．李四是纳税人，计税依据为2万元

  C．张三是纳税人，计税依据为两居室评估价

  D．李四是纳税人，计税依据为两居室评估价

29. 根据环境保护税法律制度的规定，下列各项中，不属于环境保护税征税范围的是（　　）。

    A. 光源污染　　　B. 大气污染物　　　　C. 水污染物　　　　D. 工业噪声

30. 2024年11月甲公司进口一辆小汽车自用，海关审定的关税计税价格60万元，缴纳关税15万元、增值税13万元、消费税25万元。已知车辆购置税税率为10%。甲公司进口自用该小汽车应缴纳车辆购置税税额为（　　）万元。

    A. 7.5　　　　　B. 8.8　　　　　　　C. 10　　　　　　　D. 11.3

（二）多项选择题

1. 根据城镇土地使用税法律制度的规定，下列各项中，属于城镇土地使用税的纳税人的有（　　）。

    A. 土地的实际使用人　　　　　　　　　B. 土地的代管人

    C. 拥有土地使用权的单位和个人　　　　D. 土地使用权共有的各方

2. 根据城镇土地使用税法律制度的规定，下列项目中，应缴纳城镇土地使用税的有（　　）。

    A. 县城校办工厂用地　　　　　　　　　B. 市政街道公共用地

    C. 市区中外合资企业用地　　　　　　　D. 市区残疾人福利工厂用地

3. 根据城镇土地使用税法律制度的规定，下列关于城镇土地使用税纳税义务发生时间的表述中，正确的有（　　）。

    A. 纳税人购置新建商品房，自房屋交付使用次月起缴纳城镇土地使用税

    B. 纳税人出租、出借房产，自交付出租、出借房产次月起，缴纳城镇土地使用税

    C. 纳税人新征用的耕地，自批准征用次月起缴纳城镇土地使用税

    D. 纳税人新征用的非耕地，自批准征用之日起满1年时开始缴纳城镇土地使用税

4. 根据房产税法律制度的规定，下列各项中，属于房产税计税依据的有（　　）。

    A. 房产净值　　　B. 租金收入　　　　C. 房产市价　　　　D. 房产余值

5. 根据房产税法律制度的规定，下列各项中，属于房产税纳税人的有（　　）。

    A. 承典人　　　　B. 房产使用人　　　C. 经营管理人　　　D. 产权所有人

6. 根据房产税法律制度的规定，企业经办的下列自用房产中，需征收房产税的有（　　）。

    A. 幼儿园　　　　B. 仓库　　　　　　C. 职工医院　　　　D. 学校

7. 根据房产税法律制度的规定，下列关于房产税纳税人的表述中，正确的有（　　）。

    A. 房屋产权属于国家所有的，由经营管理的单位缴纳房产税

    B. 房屋产权属于集体或个人所有的，由集体单位或个人缴纳房产税

    C. 房屋产权出典的，由出典人缴纳房产税

    D. 产权所有人、承典人不在房产所在地的，由房产代管人或使用人缴纳房产税

8. 根据房产税法律制度的规定，下列各项中，不属于房产税征税范围的有（　　）。

    A. 水塔和室外游泳池　　　　　　　　　B. 玻璃暖房

    C. 烟囱　　　　　　　　　　　　　　　D. 房屋及与房屋不可分割的附属设备

9. 根据车船税法律制度的规定，下列车船中，属于车船税征税范围的有（　　）。

    A. 载客汽车　　　B. 载货汽车　　　　C. 摩托车　　　　　D. 电动自行车

10. 根据车船税法律制度的规定，下列车船中，免缴车船税的有（　　）。

    A. 商场的送货车　　　　　　　　　　B. 公安部门的警车

    C. 军队的专用车　　　　　　　　　　D. 运输公司的客货车

11. 根据车船税法律制度的规定，下列车船中，属于车船税征税范围的有（　　）。

    A. 机动车　　　　B. 非机动车　　　　C. 机动船　　　　D. 非机动驳船

12. 根据车船税法律制度的规定，下列各项中，属于我国车船税计税依据的有（　　）。

    A. 辆数　　　　　　　　　　　　　　B. 购置价格

    C. 净吨位数　　　　　　　　　　　　D. 整备质量吨位数

13. 根据印花税法律制度的规定，下列各项中，属于印花税纳税人的有（　　）。

    A. 立合同人　　　　B. 立据人　　　　C. 立账簿人　　　　D. 使用人

14. 根据耕地占用税法律制度的规定，下列各项中，免征耕地占用税的有（　　）。

    A. 公立学校教学楼占用耕地　　　　　B. 城区机动车道占用耕地

    C. 军事设施占用耕地　　　　　　　　D. 医院内的职工住房占用耕地

15. 根据资源税法律制度的规定，下列各项中，属于资源税征税范围的有（　　）。

    A. 人造石油　　　　B. 天然气　　　　C. 铁矿石　　　　D. 汽油

16. 下列税种中，某煤矿销售一批自产煤炭应缴纳的税种有（　　）。

    A. 增值税　　　　B. 消费税　　　　C. 城市维护建设税　　　　D. 资源税

17. 根据资源税法律制度的规定，下列矿产品中，应当征收资源税的有（　　）。

    A. 用于出口的自产矿产品　　　　　　B. 用于销售的自产矿产品

    C. 用于对外赠送的自产矿产品　　　　D. 作为职工福利的自产矿产品

18. 根据土地增值税法律制度的规定，下列单位中，属于土地增值税纳税人的有（　　）。

    A. 建造房屋的施工单位　　　　　　　B. 中外合资房地产公司

    C. 转让国有土地的事业单位　　　　　D. 负责房地产管理的物业公司

19. 根据土地增值税法律制度的规定，下列行为中，属于土地增值税征税范围的有（　　）。

    A. 合作建房后转让　　　　　　　　　B. 房地产出租

    C. 以赠与方式转让房地产　　　　　　D. 房地产的交换

20. 下列各项中，在计算土地增值税时允许扣除的项目有（　　）。

    A. 房地产开发费用　　　　　　　　　B. 取得土地使用权支付的金额

    C. 旧房及建筑物的评估价格　　　　　D. 房地产出租费用

21. 根据契税法律制度的规定，下列各项中，属于契税征税范围的有（　　）。

    A. 土地使用权的转让　　　　　　　　B. 房屋买卖

    C. 房屋互换　　　　　　　　　　　　D. 国有土地使用权的出让

22. 根据契税法律制度的规定，下列各项交易中，以成交价格为契税计税依据的有（　　）。

    A. 等价互换房屋　　　　　　　　　　B. 国有土地使用权出让

    C. 土地使用权出售　　　　　　　　　D. 受赠房屋

23. 根据契税法律制度的规定，下列各项中，属于契税纳税义务发生时间的有（　　）。

    A. 取得具有房地产权属转移合同性质凭证的当天

    B. 签订房地产权属转移合同的当天

    C. 办理房地产权证的当天

    D. 缴纳房地产预付款的当天

24. 根据环境保护税法律制度的规定，下列关于环境保护税计税依据的表述中，正确的有（　　）。
    A. 应税大气污染物按照污染物排放量折合的污染当量数确定
    B. 应税水污染物按照污染物排放量折合的污染当量数确定
    C. 应税固体废物按照固体废物的排放量确定
    D. 应税噪声按照超过国家规定标准的分贝数确定

25. 根据环境保护税法律制度的规定，下列各项中，属于环境保护税征税范围的有（　　）。
    A. 煤矸石　　　　B. 大气污染物　　　　C. 水污染物　　　　D. 电磁辐射

26. 根据车辆购置税法律制度的规定，下列各项中，属于车辆购置税征税范围的有（　　）。
    A. 汽车　　　　　　　　　　B. 排气量为120毫升的摩托车
    C. 有轨电车　　　　　　　　D. 汽车挂车

27. 根据车辆购置税法律制度的规定，下列行为中，属于车辆购置税法规定的"购置"行为的有（　　）。
    A. 购买自用　　　　　　　　B. 进口自用
    C. 自产自用　　　　　　　　D. 受赠、获奖自用

28. 根据车辆购置税法律制度的规定，下列车船中，免征车辆购置税的有（　　）。
    A. 外国驻华使馆人员自用的车辆
    B. 设有固定装置的非运输专用作业车辆
    C. 城市公交企业购置的公共汽电车辆
    D. 商贸公司进口自用的车辆

（三）判断题

1. 名胜古迹内的索道公司经营用地，不需要缴纳城镇土地使用税。（　　）
2. 土地使用权未确定或权属纠纷未解决的，其实际使用人为城镇土地使用税的纳税人。（　　）
3. 纳税单位与免税单位共同使用的房屋，也应征收房产税。（　　）
4. 旧房安装与房产不可分割的空调设备，应计入房产原值中。（　　）
5. 房产税的征税范围包括城市、县城、工矿区、建制镇及农村的房屋。（　　）
6. 货物运输合同印花税的计税依据为所运输货物的价款。（　　）
7. 未经批准占用耕地的，耕地占用税纳税义务发生时间为获得有关部门批准占用耕地的当天。（　　）
8. 资源税的纳税人是在中华人民共和国领域及管辖海域开发应税资源的单位和个人。（　　）
9. 从量征收资源税时，纳税人开采或者生产应税资源用于销售的，以实际开采或生产数量为计税依据。（　　）
10. 资源税纳税人按月申报缴纳资源税的，自月度终了之日起10日内申报缴纳资源税。（　　）
11. 对以继承、赠与等方式无偿转让的房地产，不征收土地增值税。（　　）
12. 取得销售（预售）许可证满3年仍未销售完毕的，主管税务机关可要求纳税人进行土地增值税清算。（　　）
13. 房屋出租，属于契税的征税范围。（　　）

14. 纳税人综合利用的固体废物，符合国家和地方环境保护标准的，免征环境保护税。

　　　　　　　　　　　　　　　　　　　　　　　　　　　　　　（　　　）

15. 应税车辆在课征车辆购置税后再发生转售，购买者在办理车辆过户手续时，还要再缴纳车辆购置税。　　　　　　　　　　　　　　　　　　　　　　　　　　（　　　）

（四）实训题

1. 坐落在县城的甲公司，2024年用于生产经营的厂房原值为5 000万元；甲公司还有一个用于出租的仓库，年租金为4万元。

已知：当地政府规定计算房产余值的扣除比例为20%。

要求：计算甲公司2024年应缴纳的房产税税额。

2. 甲运输公司2024年拥有整备质量为8吨的货车10辆，客车3辆，净吨位为500吨的机动船4艘。

已知：货车年基准税额为120元/吨，客车年基准税额为1 440元/辆，机动船年基准税额为1.6元/吨。

要求：计算甲运输公司2024年度应缴纳的车船税税额。

3. 甲油田2024年12月生产原油15万吨，其中销售14万吨，不含增值税售价为2 000元/吨，开采原油过程中用于加热的原油为1万吨；当月在采油过程中还回收伴生天然气3 000立方米，全部销售，不含增值税售价为10 000元/千立方米。

已知：原油资源税税率为10%，天然气适用的资源税税率为5%。

要求：计算甲油田当月应缴纳的资源税税额。

4. 甲房地产公司2024年发生以下经济业务。（1）转让一块土地的使用权，取得收入600万元，取得该土地使用权时支付金额400万元，转让时发生相关费用5万元。（2）签订一份写字楼销售合同，当年收到全部款项，共计20 000万元，该写字楼经税务机关审核可以扣除的项目如下：开发成本为5 000万元，缴纳的土地使用权转让费为3 000万元，利息支出为150万元（不能够提供金融机构的证明），相关税金为1 100万元，其他费用为800万元，加计扣除额为1 600万元。

已知：当地政府规定开发费用的扣除比例为10%

要求：（1）计算转让土地使用权应缴纳的土地增值税税额。

（2）计算销售写字楼应缴纳的土地增值税税额。

5. 居民甲有两套住房，将一套出售给居民乙，成交价格为100 000元；将另一套两居室住房与居民丙交换成两处一居室住房，并支付换房差价款40 000元。居民丙取得该现值150 000元的房屋和40 000元差价款后，将该房屋等价交换给居民丁。

已知：契税税率为3%。

要求：计算甲、乙、丙、丁相关行为应缴纳的契税税额。

6. 甲公司为增值税一般纳税人，2025年1月进口一辆自用小汽车，海关核定的关税计税价格为100万元。

已知：关税税率为4.5%，消费税税率为5%，增值税税率为13%，车辆购置税税率为10%。

要求：（1）计算进口该小汽车甲公司应缴纳的关税、消费税和增值税税额。

（2）计算进口自用该小汽车甲公司应缴纳的车辆购置税税额。

▲ 税收史事专栏

"章旦村"与刘伯温

在浙江省青田县，有个美丽的乡村叫章旦村。这个村名的由来，与明朝开国元勋刘伯温体察民情、为民请命的故事有关。

刘基，字伯温，浙江省青田县南田乡人，元末明初政治家、文学家、军事家，也是"明初诗文三大家"之一。元至正二十年（1360年），刘伯温被朱元璋请至应天（今南京），担任谋臣。在刘伯温的辅佐下，朱元璋集中兵力先后剿灭陈友谅、张士诚等势力。明洪武元年（1368年），朱元璋于南京称帝，建立明朝。刘伯温被任命为御史中丞兼太史令。

据《青田县志》载，刘伯温在担任御史中丞期间，到故乡青田县一带察访民情。在前往阜山途中，刘伯温一行费力爬上水南岭，累得气喘吁吁，就坐在岭头凉亭里歇力，只见几名衙役押着一个农民走过。刘伯温上前问："这个人犯的什么罪？"那农民唱起歌回答道："三年大旱三年灾，百家种田百家哀；缸无粒米怎完税？官吏日日捕人来。"原来，当地遭遇三年旱灾，农民收成不好，无法缴纳田赋，就被衙役押走。

看到青田百姓苦到这个地步，刘伯温叹息不已，想要为家乡百姓做些力所能及的事。天色已晚，刘伯温就在岭头村子里过宿，伏在案头连夜拟写奏章，向朝廷请示为青田百姓减免赋税。直到天亮，奏章才写好。他决定不回老家南田乡，而是立即赶回南京。

数日后，朱元璋在朝堂上接过刘伯温的奏章，边看边念："青田，青田，叠石成田。田无水，民无粮，赋粮减半，减半再减半……"这时，刘伯温赶忙跪下磕头感谢。朱元璋恍然大悟，原来是刘伯温做的好戏。可君无戏言，朱元璋只好同意减掉青田县部分田赋。

后来，青田县人民为了纪念刘伯温为民请命的恩情，就把他通宵达旦写奏章的村子取名为"章旦村"，这便是"章旦"地名的由来。刘伯温为民请命的故事也被传为佳话。

参考文献

[1] 中国注册会计师协会. 税法[M]. 北京：中国财政经济出版社，2024.

[2] 财政部会计资格评价中心. 经济法基础[M]. 北京：经济科学出版社，2024.